实用统计分析程序设计

魏　赟　编著

西安电子科技大学出版社

内 容 简 介

本书提供了24个多元分析程序，涉及多元回归分析、多因素分析、聚类分析和概率统计模型等内容。为了方便读者使用本书中所提供的程序，每个方法都对数学原理做了简要的论述，对程序的使用做了较为详细的说明，并附有实例和计算结果。

本书可供从事多元统计分析的研究人员使用，也可作为大专院校数据科学与大数据技术专业及相关专业教师、学生学习多元统计分析或程序设计的参考书。

图书在版编目(CIP)数据

实用统计分析程序设计/魏赟编著. 一西安：西安电子科技大学出版社，2020.10
ISBN 978-7-5606-5714-1

Ⅰ. ①实…　Ⅱ. ①魏…　Ⅲ. ①统计分析—统计程序　Ⅳ. ①C819

中国版本图书馆CIP数据核字(2020)第135021号

策划编辑　刘玉芳
责任编辑　王　静　刘玉芳
出版发行　西安电子科技大学出版社(西安市太白南路2号)
电　　话　(029)88242885　88201467　邮　　编　710071
网　　址　www.xduph.com　电子邮箱　xdupfxb001@163.com
经　　销　新华书店
印刷单位　陕西天意印务有限责任公司
版　　次　2020年10月第1版　2020年10月第1次印刷
开　　本　787毫米×1092毫米　1/16　印张 17
字　　数　405千字
印　　数　1～1000册
定　　价　46.00元
ISBN 978-7-5606-5714-1/C
XDUP 6016001-1

前　　言

在科研和教学工作中，我们经常会遇到多因素、多指标的实际问题，需要进行定量分析，探索其内在规律和联系。笔者开展了甘肃省哲学社会科学规划项目“大数据推动农民增收应用研究”课题的研究，研究的内容涉及基于分布式计算的投入产出分析模型、多元回归分析模型、多因素分析模型、预测分析模型、聚类分析模型和判别分析模型、时间序列分析模型、马尔科夫链分析模型等统计分析模型。由于所处理的对象涉及较大规模的数据以及计算机技术的快速发展，一些原有的多元统计分析程序已经不能直接用来分析、处理教学科研中所遇到的实际问题。为了解决科研项目中所遇到的难点，并适应计算机技术的发展和科研生产不断增长的需求，我们将开展课题研究时编写的程序进行了系统规划和编排，编写了本书，供从事此项工作的人员查阅和使用。

本书的选材着眼于我们在实际工作中常遇到的一些多因素、多指标问题的解析，每个方法都对数学原理做了简要的论述，对程序的使用做了较为详细的说明，每一程序之后均附有计算实例。这些计算实例有一部分来自于公开发表的文献，读者可通过所列出的参考文献进行查阅，有一部分内容是我们在科研教学活动中所使用的范例，可供读者在调试有关程序时参考，以便增强对多元分析方法的理解，掌握相关分析方法的技巧，领会多元分析的运用，设计自己在科研教学工作中的有关程序。在编写本书时，我们对利用 Excel 作为分析程序的输入与输出端进行了探索，由于 Excel 可以存储数以亿计的数据，将有关科研教学工作中的海量数据存储于 Excel 中，分析程序可非常方便地进行存取，这为开展大数据计算进行了有益的探索。但由于程序设计没有统一的格式，读者可根据自己的计算结果和数据读取和存入的多少，进行有关程序设计，本书不再一一赘述。

书中所有的程序都在 Visual Basic 6.0 环境下进行了认真的调试。本书的出版得到了甘肃省哲学社会科学规划项目“大数据推动农民增收应用研究”课题的资助，在此表示诚挚谢意！

限于作者水平，书中难免有疏漏之处，恳请读者批评指正！

作　者

2020 年 4 月

目　　录

第 1 章　多元回归分析

1.1　多元线性回归分析

1. 多元线性回归方法与原理

在我们的实际工作中，客观事物间的关系往往是比较复杂的。用数学语言描述，一个因变量通常总是和若干个自变量有关。比如农作物产量的高低，不但与播种日期、密度、施肥、病虫害防治等人为因素有关，也与气温、降雨量、阳光辐射等自然因素有关；虫害发生量的多少则与上代遗留基数、食物多少、繁殖率以及温度、降雨量有关；某个区域内的空气质量，与污染源的分布、污染物的排放和迁移、风速、温度、湿度有关。为了研究多个因素间的相互关系，需将多个自变量与因变量综合起来进行研究。因变量和两个或两个以上自变量构成的回归，称为多元回归。

此外，回归分析在经济领域的应用更为广泛。计量经济学是现代经济学中影响最大的一门独立学科，诺贝尔经济奖获得者 Samuelson 曾经说过，第二次世界大战后是计量经济学时代。自从 1969 年设立诺贝尔经济奖以来，已有五十多位学者获奖，其中绝大部分获奖者是统计学家、计量经济学家、数学家。从大多数获奖者的著作看，他们应用统计学以及回归分析方法的技巧娴熟。

回归分析主要涉及 4 个方面的内容：根据一组实验数据，分析变量之间存在怎样的关系，建立这些变量之间的回归方程，并对这些关系式之间的可信度进行分析；利用回归方程，根据一个或几个变量的值，预测或控制另外一个变量的取值；从影响某一个变量的多个变量中，判断哪些变量的影响是显著的，哪些是不显著的，从而建立更实用的回归方程；根据预测和控制提出的要求，选择试验点，对实验进行设计。

回归方程可应用于预测分析。回归分析方法在预测中又叫因素分析法，其实质是找出一个因变量与某些视作导致它变化原因的自变量之间的数量关系，即建立数学模型，然后用某种方法给出未来期间外生变量(即不受模型中变量的影响，由外部条件决定的变量)的数值，将这些数值代入数学模型，计算出要预测的因变量的未来值。按照处理方法来划分，回归方法的类型有以下几种：一元线性回归分析，一元非线性回归分析，多元线性回归分析，多元逐步回归分析，多元岭回归分析，多因变量、多自变量的线性回归分析和多元非线性回归分析。由于多元非线性回归方程可以通过一定的数学变换转换为多元线性回归方程，因此本节只讨论多元线性回归方程计算程序的设计。

2. 多元线性回归的数学模型解析

在实际生活中，我们对于因变量的每一观测值 y_i，对应有一组自变量 x_{ij}，其中 $i=1$，

2，3，…，n；$j=1$，2，3，…，m。在这种情况下可建立以下回归模式：

$$\begin{pmatrix} y_1 \\ y_2 \\ \vdots \\ y_n \end{pmatrix} = \begin{pmatrix} 1 & x_{11} & \cdots & x_{1m} \\ 1 & x_{21} & \cdots & x_{2m} \\ \vdots & \vdots & & \vdots \\ 1 & x_{n1} & \cdots & x_{nm} \end{pmatrix} \begin{pmatrix} \beta_0 \\ \beta_1 \\ \vdots \\ \beta_n \end{pmatrix} + \begin{pmatrix} \varepsilon_1 \\ \varepsilon_2 \\ \vdots \\ \varepsilon_n \end{pmatrix}$$

或写成矩阵形式：

$$\boldsymbol{Y}=\boldsymbol{X\beta}+\boldsymbol{\varepsilon} \tag{1.1}$$

根据最小二乘准则，可得到正规方程如下：

$$(\boldsymbol{X}'\boldsymbol{X})\hat{\boldsymbol{\beta}}=\boldsymbol{X}'\boldsymbol{Y}$$

其中，$\hat{\boldsymbol{\beta}}$ 为系数向量 $\boldsymbol{\beta}$ 的最小二乘估计，当$(\boldsymbol{X}'\boldsymbol{X})$有逆时，则可得到

$$\hat{\boldsymbol{\beta}}=(\boldsymbol{X}'\boldsymbol{X})^{-1}\boldsymbol{X}'\boldsymbol{Y} \tag{1.2}$$

此时称 $\hat{\boldsymbol{Y}}=\boldsymbol{X}\hat{\boldsymbol{\beta}}$ 为回归值，并称 $\hat{\boldsymbol{\varepsilon}}=\boldsymbol{Y}-\hat{\boldsymbol{Y}}$ 为剩余。

下面介绍回归方程的显著性检验。在实际问题中，事先并不能断定因变量与自变量之间确有线性关系，在求解回归方程前，线性回归模型只是一种假设，所以在求出线性回归方程后，还需对其进行统计检验，给出肯定或否定的结论。具体讲，对于一个所求出的回归方程，必须计算出该回归方程的回归平方和、剩余平方和、剩余标准差，进而求出 F 检验值，对回归方程进行显著性检验。

回归平方和表示所有自变量对因变量的变差的总影响；剩余平方和表示除了自变量的影响外，其他随机因素对因变量的影响；剩余标准差可以看作是排除了自变量对因变量的线性影响之后，衡量自变量值随机波动大小的一个估计值。

回归平方和越大，或剩余平方和越小，则表示因变量与各自变量间的线性关系越密切，回归的规律性越强，回归出来的结果可信程度越高。剩余标准差越小，则从回归方程预测因变量就越精确，因此剩余标准差是预测精度的标志。相关系数实质上是回归平方和与因变量的离差平方和的比值，其大小表示因变量与各自变量关系的密切程度。相关系数越接近于1，表明因变量与各自变量间的线性关系越强。在实际工作中，一般不对相关系数进行显著性检验，而是利用 F 值进行显著性检验。通过 F 值进行显著性检验，可以比较准确地判断因变量与所有关联的自变量间线性关系究竟是否显著。

3. 多元线性回归分析应用实例

在农业科研中，获取农作物的最高产量是一切科研工作的终极目标。比如研究水稻的产量，重点分析的指标是每亩穗数和每穗粒数的多少，因为这两个指标对于水稻产量的高低起着决定性的作用。但获取农作物的最高产量，每亩穗数、每穗粒数必须在一个适当的范围内，其值高或低将会影响农作物的产量。要获取其最佳值，必须通过定量分析获取水稻最高产量相应的参数估计值。

农业科研工作者在研究杂交水稻“南优 3 号”在不同密度和肥料条件下的每亩穗数（X_1，万穗/亩）、每穗总粒数（X_2）、结实率的关系（Y，%）时，观测所得的原始数据见表1.1，试通过分析，建立结实率依每亩穗数、每穗粒数的二元回归方程。

表 1.1　"南优 3 号"穗数(X_1)、粒数(X_2)和结实率(Y)的关系及回归分析数据

序　号	X_1	X_2	Y
1	16.6	146.5	81.3
2	15.9	163.5	77.2
3	18.8	140.0	78
4	19.9	122.4	82.6
5	23.5	140.0	66.2
6	14.4	174.3	77.9
7	16.4	145.9	80.4
8	17.3	147.5	77.7
9	18.4	139.1	79.7
10	19.3	126.8	80.6
11	19.9	125.2	83.3

设计多元回归的分析程序，依据表 1.1 的原始数据，经求解后所得的回归方程为

$$Y=175.436\ 756\ 171\ 374-2.465\ 217\ 016\ 728\ 69X_1-0.363\ 336\ 830\ 277\ 931X_2 \quad (1.3)$$

回归平方和 U、剩余平方和 Q、F 值、剩余标准差 S、相关系数 r 的计算结果分别如下：

$U=196.641\ 750\ 315\ 887$，$Q=14.560\ 067\ 865\ 926\ 2$，$F=54.022\ 207\ 073\ 930\ 7$

$S=1.349\ 076\ 900\ 417\ 75$，$r=0.964\ 914\ 959\ 055\ 927$

经查 F 分布的 $F_{0.05}$ 和 $F_{0.01}$ 值表，计算结果 $F>F_{0.01}(8.65)$，可以推断"南优 3 号"的结实率与每亩穗数、每穗粒数的二元线性回归为极显著。

式(1.3)的统计意义：$\beta_1=-2.465\ 217\ 016\ 728\ 69$ 表示在 X_2(每穗总粒数)固定时，X_1(每亩穗数)每增加一个单位(万/亩)，Y(结实率)平均将下降 2.465 217 016 728 69%。同理，$\beta_2=-0.363\ 336\ 830\ 277\ 931$ 表示在 X_1 固定时，X_2 每增加 1 个单位(粒/穗)，Y(结实率)平均将下降 0.363 336 830 277 931%。

4. 多元线性回归分析源代码设计

本书的全部程序代码用 Visual Basic 6.0 编程，为了程序设计的简洁和运行的方便，将代码设计分为两个独立部分，即在编写每一具体计算分析程序时，将变量的定义和分析程序作为两个独立的模块分别进行设计。具体讲就是程序设计所用的数组变量、简单变量、常量在标准模块文件(.bas)中用 Public 声明，定义为全局变量；本书中数组变量的下标界值的定义，是针对书中所涉及例题而定的，读者可根据自己的具体问题，确定数组变量下标界值的大小及类型。主程序通过窗体文件创建。如本例中全部变量在标准模块中的定义

如下：

```
Public FF(200, 200) As Double, XX(300, 200) As Double, K As Integer
Public F(200, 200) As Double, A(200, 200) As Double, B1(200, 100) As Double, W(200) As Double, N As Integer, M As Integer, S As Integer
Public K1 As Double, T As Integer, SS As Double, B As Double, I As Integer, J As Integer, b0 As Double
Public U As Double, U1 As Double, Q As Double, C As Double, R As Double, F1 As Double, U2 As Double, U4 As Double, U5 As Double
```

在窗体文件设计多元回归分析的源代码时，由于自变量的个数、数据组数(样本数)是可变的，可通过输入框(Inputbox)输入。其运行界面分别如图 1.1、图 1.2 所示。

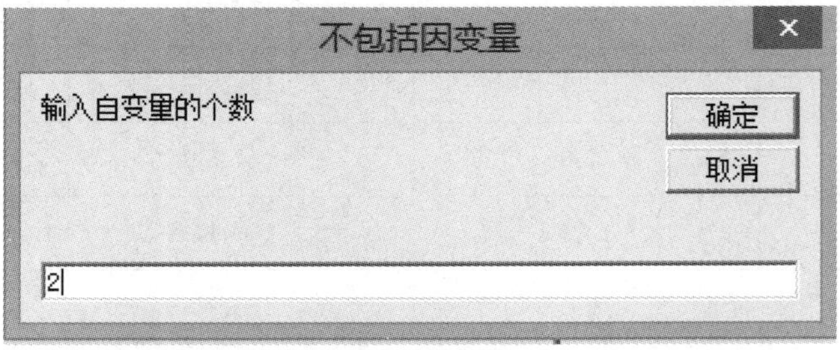

图 1.1　自变量个数的输入

图 1.2　数据组数的输入

由于文本文件的编辑简单易行，常常作为程序所需数据的输入端，一般的数据可利用文本文件输入。数据文本文件的编辑，可通过 Word 进行，保存时存为纯文本文件，或利用“记事本”进行编辑。本例中所用数据的输入顺序见表 1.1。编辑原始数据时首先录入序号为 1 的观测数据 X_{11}，X_{12}，…，X_{1n}，Y_1，再录入序号为 2 的观测值 X_{21}，X_{22}，…，X_{2n}，Y_2，数据间用逗号分隔，也可用空格分开，直到所有数据全部录入完毕。尤其值得注意的是，数据输入要确保准确，否则会影响程序的运行以及结果的正确。

根据我们在程序设计中取得的经验，程序运行时有可能出错，大多数错误都是由数据输入引起的。文本文件一般应该和程序在同一文件夹中。如本例的文本文件为“E:\应用实例\dyxxhg1.txt”，即将文本文件 dyxxhg1.txt 存储在 E 盘名为“应用实例”的文件夹中。本例中文本框输入自变量的个数 N=2，输入数据的组数 M=11。

根据以上算法设计的多元线性回归分析源代码如下。其中 dyxxhg1 为高斯消元法解线性方程组的子过程，dyxxhg2、dyxxhg3、dyxxhg4 是 dyxxhg1 的子过程，主程序包括最小二乘法和方差分析。

```
Private Sub Command1_Click( )
M = Val(InputBox("输入数据的组数","有多少组数据"))
N =Val( InputBox("输入自变量的个数","不包括因变量"))
Open "e:\应用实例\dyxxhg1.txt"  For  Input  As  #1
For  I = 0  To  M - 1
For  J = 0  To  N
Input  #1, XX(I, J)
Next  J
Next  I
Close #1

For  I = 0  To  M - 1
FF(I, 0) = XX(I, N)
For  J = 1  To  N
FF(I, J) = XX(I, J - 1)
Next  J
Next  I

For  I = 0  To M - 1
For  J = 0  To  N
F(J, I) = FF(I, J)
Next  J
Next  I
For  I = 0  To N - 1
U4 = 0
U5 = 0
For  J = 0  To  N - 1
U1 = 0
U2 = 0
U3 = 0
For  K = 0  To  M - 1
U1 = U1 + F(I + 1, K)
U2 = U2 + F(J + 1, K)
U3 = U3 + F(I + 1, K) * F(J + 1, K)
Next  K
If  J < I  Then  GoTo  128
A(I + 1, J + 1) = U3 - (U1 * U2) / M
A(J + 1, I + 1) = A(I + 1, J + 1)
128  Next  J
For  K = 0  To  M - 1
U4 = U4 + F(I + 1, K) * F(0, K)
```

```
U5 = U5 + F(0, K)
Next K
A(I + 1, N + 1) = U4 - (U1 * U5) / M
Next I
For I = 1 To N
For J = 1 To N + 1
B1(I, J) = A(I, J)
Next J
Next I
Call dyxxhg1(A, S)
For I = 0 To N
W(I) = 0
For K = 0 To M - 1
W(I) = W(I) + F(I, K)
Next K
W(I) = W(I) / M
Next I
L = 0
For I = 1 To N
L = L + W(I) * A(I, N + 1)
Next I

b0 = W(0) - L
Print "多元线性回归计算结果"

Print Tab(10); "y(———"; " )="; b0;
For I = 1 To N
Print "+"; A(I, N + 1); "(X)"; I;
Next I

U = 0
For I = 1 To N
U = U + A(I, N + 1) * B1(I, N + 1)
Next I
U1 = 0
U2 = 0
For K = 0 To M - 1
U1 = U1 + F(0, K) * F(0, K)
Next K
Q = U1 - (U5 * U5) / M - U
SS = Sqr(Q / (M - N - 1))
R = Sqr(1 - Q / (U1 - (U5 * U5) / M))
F1 = (M - N - 1) * U / (N * Q)
```

```
Print  Tab(10); "U="; U; "  "; "Q="; Q; "  "; "F="; F1; "  "; "S="; SS; "  "; "r
="; R
End  Sub

Public  Sub  dyxxhg1(A( ) As Double, S)
For  S = 1  To  N
For  T =  S  To  N
If  A(T, S) <> 0  Then
GoTo 16
End  If
Next  T
Print  "没有唯一解"
GoTo  62
16  Call  dyxxhg2(A( ), S)
C = 1 / A(S, S)
Call  dyxxhg3(A, S)
For  T = 1  To  N
If  T = S  Then
GoTo 30
End  If
C = -A(T, S)
Call  dyxxhg4(A, S)
30  Next T
Next  S
62 End  Sub

Public  Sub dyxxhg2(A( ) As Double, S)
For  J = 1  To  N + 1
B = A(S, J)
A(S, J) = A(T, J)
A(T, J) = B
Next  J
End  Sub

Public  Sub dyxxhg3(A( ) As Double, S)
For J = 1 To N + 1
A(S, J) = C * A(S, J)
Next  J
End Sub

Public  Sub  dyxxhg4(A( ) As Double, S)
For  J = 1  To  N + 1
```

```
A(T, J) = A(T, J) + C * A(S, J)
Next J
End Sub
```

计算完毕后如果输出的数据较少，可直接使用 VB 的输出语句 print 在屏幕上输出。输出的数据较多时，也可考虑使用 Printer 将结果打印在纸上。上面的例子从屏幕输出的效果见图 1.3。

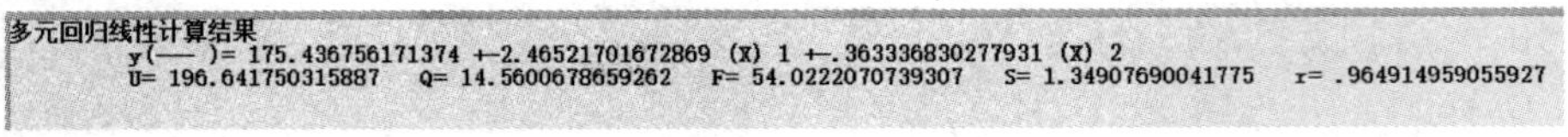

图 1.3 多元线性回归计算结果屏幕输出的效果图

我们在实际工作中发现，仅靠屏幕输出数据时，受计算机屏幕的尺寸限制，一些数据从计算机屏幕上无法观察，更无法直接引用。在论文中要引用大量计算所得的数据，采取将计算结果打印在纸上然后再用手工输入，很费时费力。解决的有效方法是将分析结果导入到 Excel 表格中，如此观察、使用这些计算结果的数据将十分方便、快捷。具体方法是利用 Visual Basic 的 Active 技术来实现。以下简单介绍一下其程序设计思路。

Visual Basic 访问 Excel 数据的步骤：

(1) 创建 Application 对象，Application 对象位于 Excel 层次结构对象的最上层，它代表的是 Excel 自身，Visual Basic 要访问 Excel，必须从 Application 对象的建立开始。

(2) 建立 Workbooks 对象，Workbooks 对象是 Application 对象的下层，指的是 Excel 的工作簿文件，访问 Excel 数据就要获得当前的工作簿文件。

(3) 再建立 Worksheets 对象，它是 Workbooks 对象集的下层，表示的是 Excel 的工作表，对 Excel 数据的操作都是在工作表上完成的。

(4) 利用 Range 和 Cells 对象完成对 Excel 数据的具体操作。

目前大量的科研观测数据都存于 Excel 表格中，如果将其导入其他数据库供计算分析程序调用，多有不便。而 Excel 的单元格区域非常大，可以存储海量的数据，因此在从事科研工作时，我们可以事先把所用原始数据存入 Excel 工作表中，利用上面介绍的方法，将它们从不同的单元格区域中读出进行各种数学分析，计算完毕后再存入到 Excel 中，这样将为数据的处理分析带来极大的方便和快捷，也是实现大数据计算的一个非常有效的方法。

需要注意的是，无论是从 Excel 中读出数据还是存入数据，必须知道数据在哪些单元格中。因此利用 Visual Basic 访问 Excel，实现数据的输入或输出最终落实于具体的单元格区域，由于数据多少不同，没有统一的程序来完成相应的操作，具体编程时一定要根据数据所在的单元格区域而设计。如从 Excel 输出数据，必须清楚数据开始和结束的行和列。如图 1.4 所示，读入的数据起于第 1 行第 1 列，终结于第 11 行第 3 列。将数据输出到 Excel 中时，需注意每个数据将要占据的行、列，一个单元格存放一个数据，不要将几个数放入同一个单元格中，避免出现后面的输出内容覆盖前面输出内容的情况。如上面的多元线性回归的求解，数据输入如果用 Excel 来实现，在 Excel 中数据的存放见图 1.4，而计算结果的输出见图 1.5。

A	B	C	D
16.6	146.5	81.3	
15.9	163.5	77.2	
18.8	140.0	78	
19.9	122.4	82.6	
23.5	140.0	66.2	
14.4	174.3	77.9	
16.4	145.9	80.4	
17.3	147.5	77.7	
18.4	139.1	79.7	
19.3	126.8	80.6	
19.9	125.2	83.3	

图 1.4　在 Excel 中存放的原始数据

	计算多元回归自变量系数x0-xn			
175.4367562	-2.465217017	-0.36333683		
		各统计值		
回归平方和	残差平方和	F值	剩余标准差	相关系数
196.6417503	14.56006787	54.02220707	1.3490769	0.964914959

图 1.5　将计算结果输出到 Excel 工作表中

1.2　逐步回归分析

1. 逐步回归分析方法与原理

在实际工作中，我们所分析数据的各个自变量，不可能都对因变量有显著的线性效应。实际上一个多变量组成的分析系统，既含有对因变量有显著线性效应的自变量，也含有对因变量没有显著性效应的自变量。因此在多元线性回归分析时，必须将没有显著效应的自变量予以剔除，使得所建立的多元回归方程既简略又能比较准确地反映出因变量和各个自变量间的相互关系。这种只包含显著自变量的多元回归方程，称为最优线性回归方程。其解析过程可以有两种方法：一是从 n 元线性回归分析开始，每步剔除一个不显著而偏回归平方和为最小的自变量，直到再也没有不显著的自变量可以剔除为止；二是从一元回归分析开始，每步选入一个最显著的自变量，直至选入的自变量都显著，而未选入的自变量都不显著为止。如果预期要剔除的自变量不多，可以使用第一种方法，反之则采用第二种方法。

逐步剔除不显著自变量的回归分析，第一步首先进行偏回归的显著性检验，如果各自变量的偏回归皆显著，分析结束；若有一个以上自变量的偏回归不显著，则剔除偏回归平方和最小的自变量，然后开始第二步的分析。第二步对于所剩余的 $n-1$ 个自变量的回归方程再进行偏回归的显著性检验，这时需要重新计算留下的 $n-1$ 个自变量的偏回归系数、偏回归平方和，如果这一步仍有一个以上自变量的偏回归不显著，则再将偏回归平方和最小的自变量剔除，然后开始第三步分析。第三步分析所剩 $n-2$ 个自变量的回归方程，重新计算各参数值，剔除偏回归平方和最小的自变量。如此重复进行，直到所选入的所有自变量的偏回归平方和皆为显著，得到最优的多元线性回归方程。

逐步选入显著性自变量的回归分析，首先计算每个尚未入选的自变量的偏回归平方和，其次比较每个自变量偏回归平方和的大小，找出最大自变量的偏回归平方和，并进行 F 值检验，若偏回归平方和显著，将选入该自变量，若所有自变量的偏回归平方和都不显著，表明已无自变量可选入，逐步回归分析结束。当选入一个偏回归平方和显著的自变量后，要对之前已入选的各自变量再做偏回归平方和的 F 检验，若有自变量的偏回归平方和又变为不显著，则将该自变量予以剔除。

本节采用逐步选入显著性自变量的回归分析方法，即第二种方法。

因此，逐步回归分析的每一步必须保证只有偏回归平方和显著的自变量才能入选回归方程，一直到没有偏回归平方和显著的自变量入选时，最优多元线性回归方程也就建立了。

关于引入自变量临界值 F_1 和剔除自变量临界值 F_2 取值多少，一般也没有相应的规定。本例引入自变量的临界值 F_1 为 3.5，剔除自变量临界值 F_2 为 3。如果想引入较多的自变量，两者的取值可以小一点，反之两者的取值较大一点。通常 F_1 略大于 F_2，当自由度较大时，两者可以相等。

2. 逐步回归分析应用实例

已测定"丰产 3 号"小麦的每株穗数(X_1)、每穗结实小穗数(X_2)、百粒重(X_3)、株高(X_4)和每株籽粒产量(Y)之间的原始数据，见表 1.2，试建立每株籽粒产量与各自变量间的最优线性回归方程。

表 1.2 "丰产 3 号"小麦每株籽粒产量与各自变量的观测数据

X_1	X_2	X_3	X_4	Y
10	23	3.6	113	15.7
9	20	3.6	106	14.5
10	22	3.7	111	17.5
13	21	3.7	109	22.5
10	22	3.6	110	15.5
10	23	3.5	103	16.9
8	23	3.3	100	8.6
10	24	3.4	114	17
10	20	3.4	104	13.7
10	21	3.4	110	13.4
10	23	3.9	104	20.3
8	21	3.5	109	10.2
6	23	3.2	114	7.4
8	21	3.7	113	11.6
9	22	3.6	105	12.3

3. 逐步回归计算结果分析

在本例中，根据各自变量偏回归的显著性检验，计算出引入自变量 X_1、X_3、X_2 的偏回归的 F 值分别为 53.725 545 095 162 3、7.785 172 581 413 34、5.344 273 102 949 5，均大于剔除变量的临界值 $F_2=3$，因此引入的自变量的次序为 X_1、X_3、X_2，而自变量 X_4 的 F 值小于 $F_1=3.5$ 没有被引入，最终得到最优回归方程：

$$Y=-46.966\,359\,073\,799\,5+2.013\,139\,044\,142\,81X_1+0.674\,643\,549\,674\,918X_2+7.830\,226\,987\,567\,02X_3 \tag{1.4}$$

$F=42.438\,726\,579\,325\,4$，$F_{0.01}(3, 11)=6.22$，因此 F 值的显著性检验达到极显著水平，用式(1.4)模拟"丰产 3 号"小麦每株籽粒产量与小麦的每株穗数、每穗结实小穗数、百粒重间的相互关系，具有很高的可信度。但株高与"丰产 3 号"小麦的每株籽粒产量间没有相应关系，因此被剔除。用小麦的每株穗数、每穗结实小穗数、百粒重三个变量即可准确地反映它们与每株籽粒产量间的相互关系。用式(1.4)进行拟合，结果如表 1.3 所示。

表 1.3　逐步回归原始数据与拟合结果对比分析

序号	原始数据	拟合结果
1	15.70	16.870 650 165 392 9
2	14.50	12.833 580 472 225 4
3	17.50	16.979 029 314 474 7
4	22.50	22.343 802 897 228 2
5	15.50	16.196 006 615 718
6	16.90	16.087 627 466 636 2
7	8.60	10.495 303 980 837 2
8	17.00	15.979 248 317 554 5
9	13.70	13.280 674 118 854 8
10	13.40	13.955 317 668 529 7
11	20.30	19.219 718 261 663
12	10.20	10.712 062 279 000 8
13	7.40	5.686 003 193 794 9
14	11.60	12.278 107 676 514 2
15	12.30	14.182 867 571 575 2

4. 逐步回归分析源代码设计

在实际应用时，由于因变量和自变量的个数，样本数的多少，引入自变量、剔除自变量的临界值都没有固定的数值，因此这些数据可通过窗体的提示输入，设计程序时所用的数组变量和其他变量大小以及类型，均在标准模块文件中建立。数据文件同样可通过 Word 进行编辑，保存为纯文本文件，与源程序代码放在同一磁盘上。本例的数据文件存放在 E 盘上，文件的具体存放路径和文件名为 E:\应用实例\ zubuhg1.txt。输入有关参数时，关键点是因变量、自变量的个数和样本数要正确，数据输入的顺序是先输入第一个样本 X_1，X_2，…，X_n 的观测值，最后输入对应 Y_1 的观测值，然后再输入第二个样本 X_1，X_2，…，X_n 的观测值，以及对应 Y_2 的观测值，直到全部样本的观测数据输入完毕为止。其中 M 为自变量、因变量的总数，本例为 5；P 为样本数，本例的具体数据为 15；自变量和因变量的和为 5，F_1 为引入自变量的临界值，数值为 3.5，F_2 为剔除自变量的临界值，数值为 3。入选变量的次序是按照各自变量偏回归的显著性来进行，即首先选入 F 值最大的变量，再选入 F 值小的变量，直至所有符合条件的变量入选完毕。

逐步回归分析的变量定义仍在标准模块中，所有变量的定义结果如下：

```
Public D(200, 200) As Double, DD(200) As Double, R(200, 200) As Double, M1(200) As Double, S1(200) As Double, S2(200) As Double, B1(200) As Double, V(200) As Double
Public I As Integer, J As Integer, M As Integer, N As Integer, P As Integer, V1 As Double, V2 As Double, I2 As Integer, I3 As Integer, F1 As Double, F2 As Double, A As String, b0 As Double, M2 As Double, F As Double
Public FF(200) As Double, YR(200) As Integer, TCH(200) As Integer, F22(200) As Double, P1 As Integer, JSH1 As Integer, JSH2 As Integer, K As Integer, XX(200, 200) As Double
```

逐步回归分析的主程序代码如下：

```
Private Sub Command1_Click( )
P = Val(InputBox("数据的组数", "共有多少组数据"))
M = Val(InputBox("自变量和因变量之和", "共有多少变量"))
F1 = Val(InputBox("入选变量的值", "入选变量的临界值"))
F2 = Val(InputBox("剔除变量的值", "剔除变量的临界值"))
Open "E:\应用实例\zubuhg1.txt" For Input As #1
For I = 1 To P
For J = 1 To M
Input #1, D(I, J)
Next J
Next I
Close #1
N = M - 1
For I = 1 To M
S = 0
For J = 1 To P
S = S + D(J, I)
Next J
M1(I) = S / P
A$ = "D(" + Str$(J) + ", " + Str$(I) + ")="
Next I

For I = 1 To M
For J = 1 To I
S = 0
```

```
For K = 1 To P
S = S + (D(K, I) - M1(I)) * (D(K, J) - M1(J))
Next K
R(I, J) = S
Next J
Next I

For I = 1 To M
S1(I) = Sqr(R(I, I))
Next I
For I = 1 To M
For J = 1 To I
R(I, J) = R(I, J) / (S1(I) * S1(J))
R(J, I) = R(I, J)
Next J
Next I
P1 = P - 1
S3 = S1(M) / Sqr(P1)
I1 = 0
JSH1 = 0
JSH2 = 0
370  I = 0
V1 = 10 ^ 10
V2 = 0
I2 = 0
I3 = 0

For K = 1 To M
V(K) = 0
B1(K) = 0
S2(K) = 0
Next K

420  I = I + 1
If R(I, I) < 0 Then
GoTo 540
End If
V(I) = R(I, M) * R(M, I) / R(I, I)
If V(I) < 0 Then
GoTo 490
End If
If V(I) > V2 Then
```

```
GoTo 480
End If
GoTo 540
480  V2 = V(I)
I3 = I
JSH2 = JSH2 + 1
GoTo 540
490  B1(I) = R(I, M) * S1(M) / S1(I)
S2(I) = Sqr(R(I, I)) * S3 / S1(I)
If Abs(V(I)) < V1 Then
V1 = Abs(V(I))
I2 = I
JSH1 = JSH1 + 1
End If

540  If I = N Then
GoTo 560
End If
GoTo 420
560  If P1 = N - 1 Then
GoTo 630
End If
S = 0
580  For I = 1 To N
S = S + B1(I) * M1(I)
Next I
B1(M) = M1(M) - S
b0 = B1(M)
S2(M) = S3
V(M) = Q
GoTo 700
630  B1(M) = M1(M)
S2(M) = S3
700  Print " 已选入的回归系数 B0 和 B(I) "
B1(0) = B1(M)
For I = 0 To M - 1
A$ = "B(" + Str$(I) + ")="

Print A$; B1(I);
Next I
Print
Print "————————————————————————————————————"
Print "各自变量的贡献率和残差平方的标准值"
```

```
For I = 1 To M
Print V(I);
Next I
Print
Print "———————————————————————————————————"
F3 = V1 * P1 / R(M, M)
If F3 < F2 Then
GoTo 920
End If
GoTo 1150
920   Print  " F 的最小值="; F3
Print  "剔除的变量 X"; I2
F22(JSH1) = F3
TCH(JSH1) = I2
P1 = P1 + 1
K = I2

960   For I = 1 To M
If I = K Then
GoTo 1020
End If
For J = 1 To M
If J = K Then
GoTo 1010
End If
R(I, J) = R(I, J) - R(K, J) * R(I, K) / R(K, K)
1010   Next J
1020   Next I
For I = 1 To M
If I = K Then
GoTo 1060
End If
R(K, I) = R(K, I) / R(K, K)
1060   Next I
For I = 1 To M
If I = K Then
GoTo 1100
End If
R(I, K) = -1 * R(I, K) / R(K, K)
1100   Next I
R(K, K) = 1 / R(K, K): Q = R(M, M) * S1(M) * S1(M)
S3 = Sqr(R(M, M) / P1) * S1(M)
M2 = Sqr(1 - R(M, M))
```

```
F = (P1 * (1 - R(M, M))) / ((P - P1 - 1) * R(M, M))
I1 = I1 + 1
1140   GoTo 370
1150   F4 = ((P1 - 1) * V2) / (R(M, M) - V2)

If F4 < F1 Then
GoTo 1220
End If
P1 = P1 - 1
K = I3
Print  " F 的最大值="; F4;
Print  "入选的变量 X"; I3;
FF(JSH2) = F4
YR(JSH2) = I3

1200   GoTo 960
1220   If P1 = N - 1 Then
GoTo 1140
End If
Print  " Y 的原始数据与拟合值"
Print "-----------------------------------"
Print "I            Y            Y1"
Print "-----------------------------------"
For I = 1 To P
S = 0
For J = 1 To N
S = S + B1(J) * D(I, J)
Next J
Y1 = b0 + S
Print Tab(1); I; Tab(5); D(I, M); Tab(15); Y1;
DD(I) = Y1
Next I
Print

Print
Print  "-----------------------------------"
Print  "最终的多元相关系数="; M2;
Print  "最终的 F 回归值="; F;
Print
Print  "已没有变量可选入"
End   Sub
```

1.3　岭回归分析

1. 岭回归分析方法与原理

多元线性回归分析中，在一般情况下最小二乘估计具有一系列优良的性质，因而应用十分广泛。但在长期的实践中，特别是在处理涉及众多自变量的“大型”回归问题时积累的经验表明，这种估计有时不理想，一般需要采用“岭回归分析”来求得更为精确的结果。相对于式(1.2)所表示的求回归系数的表达式，岭回归系数的表达式为

$$\hat{\beta}(K)=(\boldsymbol{X}'\boldsymbol{X}+K\boldsymbol{I})^{-1}\boldsymbol{X}'\boldsymbol{Y} \tag{1.5}$$

其中，K 为一给定的正的常数，称为岭参数，$\boldsymbol{I}$ 为一单位矩阵。当 K 为 0 时，式(1.5)就是一经典的最小二乘估计所得的回归系数。如果 K 值不为 0，则式(1.5)为一岭回归系数。与经典最小二乘法不同之处是，岭回归分析需首先计算出岭参数 K 值。常用的 K 值计算方法是对增广矩阵 $\boldsymbol{X}'\boldsymbol{X}$ 作特征分解。如果 $0<K<\frac{\sigma^2}{\max\gamma_i^2}$ 成立，则岭回归将优于最小二乘法估计，其中：

$$\gamma=\boldsymbol{P}'\hat{\boldsymbol{\beta}}=(\gamma_1, \gamma_2, \cdots, \gamma_n)' \tag{1.6}$$

式(1.6)中，$\boldsymbol{P}$ 为一正交矩阵，由 $\boldsymbol{X}'\boldsymbol{X}=\boldsymbol{P}'\boldsymbol{\Lambda}\boldsymbol{P}$ 得出，$\boldsymbol{\Lambda}$ 为一对角矩阵，其主对角元素为 $\boldsymbol{X}'\boldsymbol{X}$ 的特征值。令

$$K_t=\frac{\sigma^2}{\max\gamma_i^2}$$

$$\hat{\sigma}^2=\frac{(\boldsymbol{Y}-\boldsymbol{X}\hat{\boldsymbol{\beta}})'(\boldsymbol{Y}-\boldsymbol{X}\hat{\boldsymbol{\beta}})}{N-M} \tag{1.7}$$

式(1.7)中，N 是样品的个数，M 是自变量的个数。在实际计算中，根据所计算得的岭参数 K_t 值，一般取 $K=K_t/4$、$K_t/2$、$3K_t/4$、K_t，分别求得不同的岭回归方程。

2. 岭回归分析应用实例

空气质量指数与风速、温度、湿度等主要气象因子有关，可采用岭回归分析构建模型预测空气质量指数的变动。以空气质量指数作为因变量 y，风速 x_1(m/s)、平均温度 x_2(℃)、平均相对湿度(%)为自变量，建立因变量与各自变量间的岭回归方程，原始样本数据、预测样本数据见表 1.4、表 1.5。

表 1.4　2019 年 9 月兰州市主要气象因子和空气质量指数

序号	平均风速/($\mathrm{m\cdot s^{-1}}$)	平均温度/℃	平均相对湿度/(%)	空气质量指数
1	1.347 908 229	15	77.1	55
2	2.589 671 51	16.5	72	46
3	3.176 117 523	17.5	77.3	36

续表

序号	平均风速/(m·s^{-1})	平均温度/℃	平均相对湿度/(%)	空气质量指数
4	2.062 948 846	15	80.8	41
5	1.227 246 934	19	77.1	50
6	1.917 363 742	16.5	83.6	51
7	1.798 785 599	18	76.6	49
8	1.866 659 909	18	72	71
9	3.726 142 415	19	78.3	37
10	1.535 830 069	13	88	37
11	1.409 638 623	17.5	79.7	50
12	2.212 042 863	17.5	83.1	42
13	1.705 756 793	13	78.9	27
14	1.227 246 934	11	79.9	45
15	2.004 897 149	14	74.2	40
16	1.110 417 792	11.5	78.3	60
17	1.866 659 909	12.5	79	39
18	2.743 488 975	13	73.3	37
19	2.364 565 076	11	86.9	35
20	1.074 069 238	9.5	80.2	56
21	1.600 265 347	11	64	63
22	1.535 830 069	10.5	65.2	66
23	1.665 577 363	13	67.4	62
24	1.347 908 229	12.5	73	61
25	1.409 638 623	11	76	60
26	1.168 345 518	12	72.7	68
27	1.466 551 18	12	70.2	69
28	1.347 908 229	13	67.2	69
29	2.291 058 622	14	68.4	62
30	1.866 659 909	14.5	72.3	63

表 1.5　预测样本的数据

序号	平均风速/(m·s^{-1})	平均温度/℃	平均相对湿度/(%)
1	2.041 666 667	14.5	73.1
2	2	15.5	71.8
3	1.75	12	78.1

续表

序号	平均风速/(m·s^{-1})	平均温度/℃	平均相对湿度/(%)
4	1.875	13.5	61.5
5	1.25	7	87.9
6	2.166 666 667	9	89.3
7	1.347 826 087	5.5	87.7
8	1.410 755 149	7.5	85.7
9	1.473 684 211	10	83.7
10	1.291 666 667	8.5	80.5

3. 岭回归计算结果分析

由表 1.4 的数据依据最小二乘估计得到的结果如表 1.6 所示。

表 1.6　最小二乘法拟合结果

序号	原始数据	回归值	误　差
1	55	57.458 603 299	−2.458 603 299
2	46	44.519 251 262	1.480 748 738
3	36	43.650 732 048	−7.650 732 048
4	41	52.855 807 404	−11.855 807 404
5	50	64.600 185 133	−14.600 185 133
6	51	58.249 484 976	−7.249 484 976
7	49	57.271 333 027	−8.271 333 027
8	71	53.747 060 521	17.252 939 479
9	37	41.199 831 639	−4.199 831 639
10	37	59.451 559 853	−22.451 559 853
11	50	62.218 017 711	−12.218 017 711
12	42	56.583 897 861	−14.583 897 861
13	27	52.135 082 832	−25.135 082 832
14	45	54.395 049 610	−9.395 049 610
15	40	47.807 451 367	−7.807 451 367
16	60	55.273 308 104	4.726 691 896
17	39	49.895 572 966	−10.895 572 966
18	37	38.614 822 598	−1.614 822 598
19	35	47.769 215 501	−12.769 215 501
20	56	53.821 552 731	2.178 447 269
21	63	40.875 775 892	22.124 224 108

续表

序号	原始数据	回归值	误　差
22	66	41.499 783 418	24.500 216 582
23	62	45.352 479 610	16.647 520 390
24	61	51.167 310 861	9.832 689 139
25	60	50.200 602 217	9.799 397 783
26	68	51.968 544 428	16.031 455 572
27	69	47.527 880 936	21.472 119 064
28	69	48.297 633 302	20.702 366 698
29	62	41.425 447 045	20.574 552 955
30	63	48.705 525 083	14.294 474 917

对表 1.4 中数据采用岭回归估计，所得的岭参数值为 $K_t=2.384\ 928\ 052\ 753\ 64$。以 $K=\dfrac{K_t}{4}$、$\dfrac{K_t}{2}$、$\dfrac{3K_t}{4}$、K_t 建立新的岭回归方程。由于计算结果较多，只给出岭参数为 $K=\dfrac{K_t}{4}$、$K=K_\tau$ 时所得的拟合结果，见表 1.7、表 1.8。

表 1.7　岭回参数为四分之一时的拟合结果

序号	原始数据	岭回归值	误　差
1	55	57.088 788 549	−2.088 788 549
2	46	44.835 359 592	1.164 640 408
3	36	44.255 544 935	−8.255 544 935
4	41	52.930 779 476	−11.930 779 48
5	50	63.866 570 411	−13.866 570 41
6	51	58.119 473 235	−7.119 473 235
7	49	56.971 538 083	−7.971 538 083
8	71	53.498 652 400	17.501 347 6
9	37	42.042 356 644	−5.042 356 644
10	37	59.324 055 924	−22.324 055 92
11	50	61.702 637 888	−11.702 637 89
12	42	56.569 041 160	−14.569 041 16
13	27	52.131 755 117	−25.131 755 12
14	45	54.231 426 263	−9.231 426 263
15	40	47.929 871 820	−7.929 871 82
16	60	55.002 906 308	4.997 093 692
17	39	50.029 638 755	−11.029 638 75
18	37	39.277 318 044	−2.277 318 044

续表

序号	原始数据	岭回归值	误　差
19	35	48.310 990 239	−13.310 990 239
20	56	53.668 468 660	2.331 531 340
21	63	40.977 194 842	22.022 805 158
22	66	41.594 230 445	24.405 769 555
23	62	45.345 063 146	16.654 936 854
24	61	50.984 828 448	10.015 171 552
25	60	50.159 401 683	9.840 598 317
26	68	51.709 149 789	16.290 850 211
27	69	47.461 468 174	21.538 531 826
28	69	48.089 939 783	20.910 060 217
29	62	41.739 351 148	20.260 648 852
30	63	48.708 200 606	14.291 799 394

表 1.8　岭回归值为 K_t 时的拟合结果

序号	原始数据	岭回归值	误　差
1	55	56.220 470 626	−1.220 470 626
2	46	45.575 596 235	0.424 403 765
3	36	45.673 283 252	−9.673 283 252
4	41	53.106 581 833	−12.106 581 833
5	50	62.142 629 869	−12.142 629 869
6	51	57.813 765 196	−6.813 765 196
7	49	56.266 091 284	−7.266 091 284
8	71	52.913 405 609	18.086 594 391
9	37	44.017 329 134	−7.017 329 134
10	37	59.026 247 909	−22.026 247 909
11	50	60.491 765 147	−10.491 765 147
12	42	56.533 062 458	−14.533 062 458
13	27	52.124 582 189	−25.124 582 189
14	45	53.849 101 286	−8.849 101 286
15	40	48.216 929 605	−8.216 929 605
16	60	54.369 628 030	5.630 371 970
17	39	50.345 137 217	−11.345 137 217
18	37	40.832 190 225	−3.832 190 225

续表

序号	原始数据	岭回归值	误　差
19	35	49.584 657 163	−14.584 657 163
20	56	53.311 605 060	2.688 394 940
21	63	41.215 503 126	21.784 496 874
22	66	41.816 513 895	24.183 486 105
23	62	45.327 314 494	16.672 685 506
24	61	50.556 954 918	10.443 045 082
25	60	50.064 040 319	9.935 959 681
26	68	51.100 990 920	16.899 009 080
27	69	47.305 976 977	21.694 023 023
28	69	47.602 173 290	21.397 826 710
29	62	42.475 279 298	19.524 720 702
30	63	48.713 850 387	14.286 149 613

由表 1.6～表 1.8 的计算结果可见，采用岭回归分析，一些绝对值较大的误差有了一定程度的减小。利用岭回归参数值 K_t，计算所得岭回归估计的预测值和实际观测值见表 1.9，而全部的回归系数 $\hat{\beta}_k$ 见表 1.10。

表 1.9　预测值与观测值的比较

序号	预测值	观测值
1	47.886 535 09	57
2	48.651 229 8	46
3	50.043 800 9	49
4	40.729 683 2	52
5	53.605 691 1	45
6	50.055 030 45	30
7	50.864 436 72	40
8	51.660 036 91	53
9	53.082 035 48	53
10	50.601 218 28	59

表 1.10　不同 K_t 值时回归系数的岭估计值 $\hat{\beta}_k$

	$\hat{\beta}_1$	$\hat{\beta}_2$	$\hat{\beta}_3$
$K_t=0$	−9.663 717 442	1.493 886 293	0.623 555 294
K_t=596 232 013 188 409	−9.032 093 889	1.421 989 429	0.621 704 031
K_t=1.192 464 026 376 82	−8.477 638 683	1.358 788 454	0.620 094 976
K_t=1.788 696 039 565 23	−7.987 025 484	1.302 782 314	0.618 686 18
K_t=2.384 928 052 753 64	−7.549 829 384	1.252 796 763	0.617 444 829

4. 岭回归分析源代码设计

数据的输入分为两部分，在第一个文本文件中输入建立岭回归的原始数据，数据输入的顺序是先输入第一个样本的 X_1，X_2，…，X_m，Y_1，再输入第二个样本的全部变量，直到所有数据输入完毕。而预测样本只输入各自变量的原始数据。岭回归分析的变量定义和主程序如下。

标准模块中所有变量的定义：

```
Public X(200, 100) As Double, XX(300, 100) As Double, XA(200, 100) As Double, A(100, 100) As Double, Z(100, 100)  As Double, BB(100)  As Double, B(100)  As Double, D(100) As Double, E(100) As Double, AP(100)  As Double, W(100)  As Double, W1(100) As Integer, N As Integer, M As Integer, NN As Integer, I As Integer, J As Integer, K As Integer
Public EPS As Double, NI As Integer, JN As Integer, C As Double, T As Double, P  As Double, D1  As Double, GW  As Double, L  As Double, F  As Double, G  As Double, H  As Double, HH  As Double, TOL  As Double, EP  As Double, MM As Integer, F1  As Double, KC As Integer, B1  As Double, TH  As Double, S  As Double, F11 As Double, II As Integer
```

以下是岭回归主程序的全部代码：

```
Private Sub Command1_Click()
N = Val(InputBox("样本的个数","共有多少组数据"))
M = Val(InputBox("自变量的总数","共有多少变量"))
NN = Val(InputBox("预测样品的组数","共有多少预测样品"))
Open "e:\应用实例\lhgfx1.txt"  For  Input  As  #1

For  I = 1  To  N
For  J = 1  To  M + 1
Input  #1, X(I, J)
Next  J
Next  I
Close #1
Open "e:\应用实例\lhgfx2.txt"  For  Input  As  #2
For  I = 1  To  NN
For  J = 1  To  M
Input #2, XA(I, J)
Next  J
Next  I
Close #2

Call  L1(A)
Call  L2(X, B)
Call  L3(BB)
EPS = 0.0000000001
Call  L4(W1, A, B)
Call  L5(B)
```

```
Call  L6(XA, B)
Call  L1(A)
Call  L7(X, B, D)
TOL = 0.0000000001
Call  L8(A, Z, E, D)
EP = 0.0000000001
Call  L9(E, D, Z)
Call  L10(AP, Z, B)
For  II = 1  To  4
F11 = F * (II / 4)
Print  Tab(20); "第"; II; " 次 "; "计算所得的 Kt 值="; F11
Call  L1(A)
For  I = 1  To  M
A(I, I) = A(I, I) + F11
Next  I
For  K = 1  To  M
B(K) = BB(K)
Next  K
EPS = 0.00000000001
Call  L4(W1, A, BB)
Call  L5(BB)
Call  L6(XA, BB)
For  I = 1  To  M
BB(I) = B(I)
Next  I
Next  II
Print  Tab(20); "全部计算结束"
End  Sub

Public  Sub  L1(A( ) As Double)
For  I = 1  To  M
For  K = I  To  M
A(I, K) = 0
For  J = 1  To  N
A(I, K) = A(I, K) + X(J, I) * X(J, K)
Next  J
A(K, I) = A(I, K)
Next  K
Next  I
End Sub

Public  Sub L2(X( ) As Double, B( ) As Double)
For  I = 1  To  M
```

```
B(I) = 0
For J = 1 To N
B(I) = B(I) + X(J, M + 1) * X(J, I)
Next J
Next I
End Sub
Public Sub L3(BB( ) As Double)
For K = 1 To M
BB(K) = B(K)
Next K
End Sub
Public Sub L4(W1( ) As Integer, A( ) As Double, B( ) As Double)
For I = 1 To M
W1(I) = I
Next I

For K = 1 To M
C = 0
For I = K To M
For J = K To M
If Abs(A(I, J)) > Abs(C) Then
C = A(I, J)
NI = I
JN = J
End If
Next J
Next I
If Abs(C) <= EPS Then
Print "值小于 EPS，无解"：End
End If

If JN <> K Then
For I = 1 To M
T = A(I, JN)
A(I, JN) = A(I, K)
A(I, K) = T
Next I
J = W1(K)
W1(K) = W1(JN)
W1(JN) = J
End If

If NI <> K Then
```

```
For J = K To M
T = A(NI, J)
A(NI, J) = A(K, J)
A(K, J) = T
Next J
T = B(NI)
B(NI) = B(K)
B(K) = T
End If


C = 1 / C
For J = K + 1 To M
A(K, J) = A(K, J) * C
Next J
B(K) = B(K) * C
For I = K + 1 To M
For J = K + 1 To M
A(I, J) = A(I, J) - A(I, K) * A(K, J)
Next J
B(I) = B(I) - A(I, K) * B(K)
Next I
Next K
For I = M - 1 To 1 Step -1
For J = I + 1 To M
B(I) = B(I) - A(I, J) * B(J)
Next J
Next I
For K = 1 To M
A(1, W1(K)) = B(K)
Next K
For K = 1 To M
B(K) = A(1, K)
Next K
Print " 回归方程系数"
For I = 1 To M
If I / 10 = Int(I / 10) Then
Print
End If
Print "X"; "("; I; ")="; Int(B(I) * 100000000 + 0.5) / 100000000; " ";
Next I
Print
End Sub
```

```
Public  Sub  L5(B( ) As Double)
Print  Tab(1); "序号"; Tab(10); "原始数据"; Tab(30); "回归值"; Tab(50); "误差"
For  I = 1  To  N
P = 0
For  J = 1  To  M
P = P + X(I, J) * B(J)
Next  J
D1 = X(I, M + 1) - P
Print  Tab(1); I; Tab(10); X(I, M + 1); Tab(30); P; Tab(50); D1
Next  I
Print
End Sub

Public  Sub  L6(XA( ) As Double, B( ) As Double)
Print  "预测值"
Print  Tab(15); "编号"; Tab(35); "预测值"
For  I = 1  To  NN
P = 0
For  J = 1  To  M
P = P + XA(I, J) * B(J)
Next  J
Print  Tab(15); I; Tab(35); P
Next  I
Print
End Sub

Public  Sub  L7(X( ) As Double, B( ) As Double, D( ) As Double)
For  I = 1  To  N
P = 0
For  J = 1  To  M
P = P + X(I, J) * B(J)
Next  J
D(I) = X(I, M + 1) - P
Next  I
P = 0
For  I = 1  To  N
P = P + D(I) * D(I)
Next  I
If  N - M > 0  Then
GW = P / (N - M)
Else
GoTo 180
```

```
End If
GoTo 190
180  Print "数据组数小于自变量数": End
190  Print Tab(5); "因变量的方差="; GW
End Sub

Public  Sub  L8(A( ) As Double, Z( ) As Double, E( ) As Double, D( ) As Double)
For  I = 1  To  M
For  J = 1  To  I
Z(I, J) = A(I, J)
Next  J
Next  I

For  I = M  To  2  Step -1
L = I - 2
F = Z(I, I - 1)
G = 0
For  K = 1  To  L
G = G + Z(I, K) * Z(I, K)
Next  K
H = G + F * F
If  G <= TOL  Then
E(I) = F
H = 0
GoTo 300
End If
L = L + 1
If  F >= 0  Then
E(I) = -Sqr(H)
G = -Sqr(H)
Else
E(I) = Sqr(H)
G = Sqr(H)
End If

H = H - F * G
Z(I, I - 1) = F - G
F = 0
For  J = 1  To  L
Z(J, I) = Z(I, J) / H
G = 0
For  K = 1  To  J
G = G + Z(J, K) * Z(I, K)
```

```
Next  K
For  K = J + 1  To  L
G = G + Z(K, J) * Z(I, K)
Next  K
E(J) = G / H
F = F + G * Z(J, I)
Next  J
HH = F / (H + H)
For  J = 1  To  L
F = Z(I, J)

E(J) = E(J) - HH * F
G = E(J)
For  K = 1  To  J
Z(J, K) = Z(J, K) - F * E(K) - G * Z(I, K)
Next  K
Next  J
300 D(I) = H
Next  I
D(1) = 0
E(1) = 0
For  I = 1  To  M
L = I - 1
If  D(I) <> 0  Then
For  J = 1  To  L
G = 0
For  K = 1  To  L
G = G + Z(I, K) * Z(K, J)
Next  K
For  K = 1  To  L
Z(K, J) = Z(K, J) - G * Z(K, I)
Next  K
Next  J
End If
D(I) = Z(I, I)
Z(I, I) = 1
For  J = 1  To  L
Z(I, J) = 0
Z(J, I) = 0
Next  J
Next  I
End Sub
```

```
Public  Sub L9(E( ) As Double, D( ) As Double, Z( ) As Double)
For  I = 2  To  M
E(I - 1) = E(I)
Next  I
E(M) = 0
B1 = 0
F = 0
For  L = 1  To  M
J = 0
H = EP * (Abs(D(L)) + Abs(E(L)))
If  B1 < H  Then
B1 = H
End If
For  MM = L  To  M
If  Abs(E(MM)) <= B1  Then
GoTo 400
End If
Next  MM
400  If  MM = L  Then
GoTo 500
End If
405  If  J = 30  Then
Print  "迭代失效": End
End If

J = J + 1
G = D(L)
P = (D(L + 1) - G) / (2 * E(L))
If  Abs(P) < 100000  Then
R = Sqr(P * P + 1)
Else
R = Abs(P)
End If
If  P < 0  Then
D(L) = E(L) / (P - R)
Else
D(L) = E(L) / (P + R)
End If
H = G - D(L)
For  I = L + 1  To M
D(I) = D(I) - H
Next  I
F = F + H
```

```
P = D(MM)
C = 1
S = 0
For  I = MM - 1  To  L  Step -1
G = C * E(I)
H = C * P
If  Abs(P) >= Abs(E(I))  Then
C = E(I) / P
R = Sqr(C * C + 1)
E(I + 1) = S * P * R
S = C / R
C = 1 / R
Else
C = P / E(I)
R = Sqr(C * C + 1)
E(I + 1) = S * E(I) * R
S = 1 / R
C = C / R
End If
P = C * D(I) - S * G
D(I + 1) = H + S * (C * G + S * D(I))
For  K = 1  To  M
H = Z(K, I + 1)
Z(K, I + 1) = S * Z(K, I) + C * H
Z(K, I) = C * Z(K, I) - S * H
Next  K
Next  I
E(L) = S * P
D(L) = C * P
If  Abs(E(L)) > B1  Then
GoTo 405
End If
500  D(L) = D(L) + F
Next  L
For  I = 1  To  M
K = I
P = D(I)
For  J = I + 1  To M
If  D(J) > P  Then
K = J
P = D(J)
End If
Next  J
```

```
If  K <> I  Then
D(K) = D(I)
D(I) = P
For  J = 1  To  M
P = Z(J, I)
Z(J, I) = Z(J, K)
Z(J, K) = P
Next  J
End If
Next  I
End Sub

Public  Sub  L10(AP( ) As Double, Z( ) As Double, B( ) As Double)
For  I = 1  To  M
AP(I) = 0
For  J = 1  To  M
AP(I) = AP(I) + Z(J, I) * B(J)
Next  J
AP(I) = AP(I) * AP(I)
Next  I
Print  Tab(2); "计算 Kt 时用到的中间值即伽马平方值向量"
For  I = 1  To  M
Print  AP(I); "   ";
Next  I
Print
F = -100000000#
For  I = 1  To  M
If  AP(I) > F  Then
F = AP(I)
End If
Next  I
F1 = GW / F
F = F1
Print  "岭参数 Kt="; F
Print
End Sub
```

1.4 配方回归分析

1. 配方回归分析方法与原理

在许多种配比的配方中，为求得最佳配比，常用线性回归或非线性回归(可转换为线性回归)来解决。但有时会出现回归系数为负的情况，这往往与其物理意义不相符合。有时根据实际需要，对一般的线性回归再加上回归系数总和为 1，而且回归系数非负的约束条件。其模型为

$$\boldsymbol{Y}=\boldsymbol{X\beta}+\boldsymbol{\varepsilon} \tag{1.8}$$

$$\boldsymbol{I}_m'\boldsymbol{\beta}=1 \tag{1.9}$$

$$\boldsymbol{\beta}\geqslant 0 \tag{1.10}$$

式(1.8)是一般的线性回归表达式，$\boldsymbol{Y}$ 是因变量的观测数据，$\boldsymbol{X}$ 是各自变量的观测数据矩阵。$\boldsymbol{I}_m$ 是矩阵因素皆为 1 的向量，$\boldsymbol{\varepsilon}$ 为误差向量，$\boldsymbol{\beta}$ 为欲求之配比向量，即在式(1.10)的约束条件下，使$(\boldsymbol{Y}-\boldsymbol{X\beta})'(\boldsymbol{Y}-\boldsymbol{X\beta})$达到极小值时的结果。

具体的解析过程与线性回归的解析一样，即求得各回归系数，当所求得的 $\hat{\boldsymbol{\beta}}$ 的第 k 个自变量的值为负时，通过数学变换剔除其影响。如此继续下去，直到所有的回归系数都大于 0 为止。

2. 配方回归分析应用实例

这里以沥青混凝土配方为例。在来料配比时，除沥青之外还要有大石子、小石子、石屑、粗砂、细砂、石粉。它们的通过率分别为 X_1、X_2、X_3、X_4、X_5、X_6，以 β_1、β_2、β_3、β_4、β_5、β_6 分别表示其配比分量。根据配方回归的要求，上述配比分量应该满足以下条件：

$$\beta_i \geqslant 0,\ \sum_{i=1}^{6}\beta_i=1$$

而根据建筑学的要求有

$$\hat{Y}_i=\sum_{j=1}^{6}\beta_i X_{ij}$$

因而混凝土的配方问题可以用上述所讲述的模型予以解决。配方回归建模所用原始数据见表 1.11，同样也是数据文件中原始数据输入的顺序。

表 1.11　配方回归分析原始数据

筛孔	X_1	X_2	X_3	X_4	X_5	X_6	Y
25	100	100	100	100	100	100	100
15	10.15	72.25	100	100	100	100	85
5	0	0	87.5	98.4	94.7	100	60
2	0	0	32.8	65.55	88.4	100	45
1	0	0	27.3	52.45	86.8	100	37
0.5	0	0	12	15.05	78	95.3	29
0.25	0	0	4.7	0.95	5.2	77.9	22
0.15	0	0	4.2	0.55	2.4	71.9	19
0.014	0	0	1.5	0.2	0.4	56.4	15

3. 配方回归计算结果分析

利用表 1.11 的原始数据，根据配方回归的计算程序，经计算分析得出如下结果：

$\hat{\beta}_1=0.076\ 105\ 01$，$\hat{\beta}_2=0.294\ 124\ 86$，$\hat{\beta}_3=0.219\ 079\ 14$

$\hat{\beta}_4=0.156\ 156\ 74$，$\hat{\beta}_5=0$，$\hat{\beta}_6=0.254\ 534\ 25$

回归系数均大于或等于 0，各回归系数的总和等于 1。其拟合结果见表 1.12。

表 1.12　配方回归拟合结果分析

序号	原始数据 Y	拟合结果 $\hat{Y}$
1	100	100
2	85	85
3	60	59.988 673 283 535 7
4	45	42.875 295 361 538 1
5	37	39.624 706 806 930 3
6	29	29.236 222 927 445 6
7	22	21.006 239 176 809 4
8	19	19.307 031 392 494 6
9	15	14.715 581 929 436 5

4. 配方回归分析源代码设计

本例的样本数为 9，自变量的个数为 6，程序设计过程与前面所讲述的完全一样，不再赘述。数据输入顺序为 X_1，X_2，…，X_6、Y_1，直到所有数据输入完毕。

在标准模块中定义的各变量的类型及其数组变量下标为

```
Public X(200, 150) As Double, B(200) As Double, W(2000, 2000) As Double, BL(200) As Double, M As Integer, N As Integer, I As Integer, J As Integer, P As Double, Q As Integer, V As Integer, J1 As Integer, K As Integer, L As Integer, I1 As Integer, Z As Double
```

配方回归分析主程序的代码如下：

```
Private Sub Command1_Click()
N = Val(InputBox("样本数", "共有多少组数据"))
M = Val(InputBox("自变量的总数", "共有多少变量"))
Open "E:\应用实例\pfhgfx.txt" For Input As  #1
For I = 1 To N
For J = 1 To M + 1
Input #1, X(I, J)
Next J
Next I
Close #1
For I = 1 To M + 2
For J = 1 To M + 2
W(I, J) = 1
Next J
Next I
```

```
W(1, 1) = 0
For I = 1 To M
For J = 1 To M
P = 0
For K = 1 To N
P = P + X(K, I) * X(K, J)
Next K
W(I + 1, J + 1) = P
Next J
Next I
For I = 1 To M
P = 0
For K = 1 To N
P = P + X(K, I) * X(K, M + 1)
Next K
W(M + 2, I + 1) = P
W(I + 1, M + 2) = W(M + 2, I + 1)
Next I
P = 0
For K = 1 To N
P = P + X(K, M + 1) * X(K, M + 1)
Next K
W(M + 2, M + 2) = P
Q = M + 2
V = 2
Call pfhg1(W, Q, V)
V = 1
Q = M + 2
Call pfhg1(W, Q, V)
For I = 1 To M + 2
B(I) = 0
Next I
For I = 1 To M
BL(I) = 0
Next I
B(1) = W(1, M + 2)
B(2) = W(2, M + 2)
B(M + 2) = W(M + 2, M + 2)
BL(1) = 1
For I = 3 To M + 1
V = I
Q = M + 2
Call pfhg1(W, Q, V)
```

```
BL(I - 1) = 1
If W(I, M + 2) < 0 And W(M + 2, M + 2) > B(M + 2) Then
GoTo 5
End If
For K = 1 To M + 2
If K <= I Or K = M + 2 Then
GoTo 2
End If
B(K) = 0
GoTo 4
2 B(K) = W(K, M + 2)
4 Next K
5 Next I
1 L = 0
For I = 2 To M + 1
If B(I) < 0 Then
GoTo 10
End If
L = L + 1
10 Next I
If L = M Then
GoTo 40
End If
For I = 2 To M + 1
If W(I, M + 2) >= 0 Then
GoTo 30
End If
V = I
Q = M + 2
Call pfhg1(W, Q, V)
BL(I - 1) = BL(I - 1) + 1
If BL(I - 1) <> Int(BL(I - 1) / 2) * 2 Then
GoTo 20
End If
BL(I - 1) = 0
20 If W(M + 2, M + 2) > B(M + 2) * 1.25 Then
GoTo 30
End If
B(M + 2) = W(M + 2, M + 2)
For J = 2 To M + 1
If BL(J - 1) <> 0 Then
GoTo 15
```

```
End If
B(J) = 0
GoTo 18
15 B(J) = W(J, M + 2)
18 Next J
30 Next I
GoTo 1
40 Print Tab(20); "配方回归系数"
Z = 0
For I = 2 To M + 1
Z = Z + B(I)
Print Tab(20); "B("; I - 1; ")="; Int(B(I) * 100000000 + 0.5) / 100000000;
Next I
Print
Print Tab(20); "回归系数的总和="; Z

Print Tab(20); "拟合结果"
For I = 1 To N
P = 0
For J = 1 To M
P = P + X(I, J) * B(J + 1)
Next J
Print Tab(20); "Y("; I; ")="; P;
Next I
Print
End Sub

Public Sub pfhg1(W( ) As Double, Q, V)
For I1 = 1 To Q
If I1 = V Then
GoTo 72
End If
For J1 = 1 To M + 2
If J1 = V Then
GoTo 70
End If
W(I1, J1) = W(I1, J1) - W(I1, V) * W(V, J1) / W(V, V)
70 Next J1
72 Next I1
For J1 = 1 To Q
If J1 = V Then
GoTo 85
End If
```

```
W(V, J1) = W(V, J1) / W(V, V)
W(J1, V) = -W(J1, V) / W(V, V)
85 Next J1
W(V, V) = 1 / W(V, V)
End Sub
```

1.5　阶段回归分析

1. 阶段回归分析方法与原理

阶段回归分析也称为逐段回归，是一种逐步挑选预报变量，并不断校正预报误差的回归方法。对于具体分析处理时的具有 m 个变量、n 组观测数据的矩阵，第一步是对各变量进行无量纲化处理，即由公式(1.11)、式(1.12)对因变量、自变量进行无量纲处理。

$$Y_i' = \frac{Y_t - \bar{Y}}{\sigma_Y} \tag{1.11}$$

$$X_{it}' = \frac{X_{it} - \bar{X}_i}{\sigma_X} \tag{1.12}$$

式(1.11)和式(1.12)中，σ_Y、σ_X 是因变量、自变量的标准差，$\bar{Y}$、$\bar{X}_i$ 是因变量、自变量的平均值，Y_i'、X_{it}'是经过无量纲化处理后的数据。

第二步是计算经过正规化处理的自变量与因变量的相关系数，从中选取相关系数绝对值最大者所对应的因子，作为第一个因子，建立线性预报回归方程，并计算出观测值 Y' 与预报值 $\hat{Y}$ 的误差。

第三步是计算每个自变量与误差的相关系数，再次选出误差相关系数绝对值最大者所对应的变量，建立减少预报误差的回归方程。

第四步是再次减去误差的能减少部分，得出新的更小误差。重复以上第二至四步的计算，直到满足以下条件：

(1) 增加挑选的变量，不再明显地使预报误差的百分数减少，其中衡量误差百分数的计算公式为

$$\mathrm{RE} = 100 \times \left(1 - \frac{\sum_{i=1}^{n} (Y_t' - \hat{Y}_i')^2}{\sum_{i=1}^{n} Y_i'^2} \right) \tag{1.13}$$

(2) 足够的精度已达到；

(3) 预报方程不需要过多的自变量。

最后得到预期的预报回归方程，并将正规化变量还原到非正规化变量，得到能供使用的预报方程。

2. 阶段回归分析应用实例

阶段回归分析所采用的原始数据见表 1.13。

表 1.13　阶段回归分析的原始数据

X_1	X_2	X_3	Y
32	48	54	15
36	33	19	16
3	28	30	14
12	33	64	22
36	34	60	24
24	36	53	19
19	42	29	13
20	33	55	15
27	36	62	23
15	22	33	12
45	46	68	25
9	28	42	17
11	32	45	18
33	34	39	19
21	45	39	18

3. 阶段回归计算结果分析

对表 1.13 的原始数据进行阶段回归分析计算，首先入选自变量 X_3，第二次入选自变量 X_1，最后入选自变量 X_2，最终所建立的阶段回归分析方程为

$$\hat{Y}=8.546\,972\,11+0.093\,348\,97X_1-0.063\,393\,44X_2+0.207\,189\,66X_3$$

对上式进行统计检验，所得的统计量回归平方和 $U=157.239\,323\,953\,315$，残差平方和 $Q=78.583\,489\,697\,425\,9$，复相关系数 $RA=0.816\,559\,198\,724\,089$，剩余标准差 $SS=2.672\,817\,541\,258\,08$，$F=7.336\,708\,894\,561\,93>F_{0.01}(3,11)=6.22$，达到极显著水平，说明所建立的回归方程具有较高的可信度，可用于预报分析。

拟合结果与原始数据的对比见表 1.14。

表 1.14　阶段回归拟合结果对比分析

序号	原始数据	拟合结果
1	15	19.679 495 695 8
2	16	13.752 155 082 2
3	14	13.267 692 536 0
4	22	20.835 314 451 7
5	24	22.183 537 632 8
6	19	19.486 235 526 7

续表

序号	原始数据	拟合结果
7	13	13.666 578 265 7
8	15	19.717 399 277 9
9	23	21.630 989 357 1
10	12	15.389 809 755 7
11	25	23.920 474 378 3
12	17	16.314 062 247 4
13	18	16.868 755 413 2
14	19	17.552 507 903 8
15	18	15.734 992 475 7

4. 阶段回归分析源代码设计

本例中因变量、自变量的和为 4，数据组数为 15，分别由对话框输入。数据的输入顺序是：首先输入第一个样本的每个指标值，即 X_1，X_2，…，X_n 的观测值，最后输入对应 Y_1 的观测值，直到所有数据全部输入完毕。数组变量、简单变量和数据文件的设定和前面相同。

在标准模块中各变量的定义如下：

```
Public X(200, 100) As Double, M1(100) As Double, SA(100) As Double, B(100) As Double, RR(100) As Double, P(100) As Double, Y(100) As Double, YY(100) As Double, E(100) As Double, E1(100) As Double, EE(100) As Double, K(100) As Double, XX(200, 100) As Double, R(100) As Double
Public Y2 As Double, I As Integer, J As Integer, C As Integer, T As Integer, N As Integer, MM As Integer, M As Integer, W As Double, H As Double, Q As Double, QQ As Double, RA As Double, U As Double, S As Double, Z As Double, RE As Double, F1 As Double
```

主程序全部代码如下：

```
Private Sub Command1_Click()
MM = Val(InputBox("变量的总数", "自变量和因变量的总和"))
N = Val(InputBox("数据的组数", "有多少组数据"))
M = MM - 1
Open "E:\应用实例\jdhgfx.txt" For  Input  As #1
For  I = 1 To  N
For  J = 1  To  M + 1
Input #1, X(I, J)
Next  J
Next  I
Close #1
Y2 = 0
For  T = 1 To  N
```

```
Y2 = Y2 + X(T, M + 1) * X(T, M + 1)

Next  T
For  T = 1 To  M + 1
M1(T) = 0
SA(T) = 0
Next  T

For  I = 1 To  M + 1
For  T = 1 To  N
M1(I) = M1(I) + X(T, I)
Next  T
M1(I) = M1(I) / N
For  T = 1  To  N
SA(I) = SA(I) + (X(T, I) - M1(I)) * (X(T, I) - M1(I))
Next  T
SA(I) = Sqr(SA(I) / N)
For  T = 1  To  N
XX(T, I) = (X(T, I) - M1(I)) / SA(I)
Next  T
Next  I
Print "平均值"

For  I = 1  To  M + 1
Print  M1(I); "  ";
Next  I
Print
Print "标准差"
For  I = 1  To  M + 1
Print  SA(I); "  ";
Next  I
Print
For  I = 1  To  M
R(I) = 0
Next  I
For  I = 1  To  M
For  T = 1  To  N
R(I) = R(I) + XX(T, I) * XX(T, M + 1)
Next  T
R(I) = R(I) / N
Next  I
For  I = 1  To  N
P(I) = 0
```

```
Next  I
J = 0
H = M1(M + 1)

Z = 0
20 J = J + 1
W = R(1)
C = 1
For  I = 2  To  M
If  Abs(R(I)) > Abs(W)  Then
W = R(I)
C = I
End If
Next  I
RR(J) = W
W = RR(J) * SA(M + 1) / SA(C)
H = H - W * M1(C)
Q = 0
For T = 1 To N
P(T) = P(T) + W * X(T, C)
Y(T) = H + P(T)
E(T) = X(T, M + 1) - Y(T)
Q = Q + E(T) * E(T)
Next  T

RE = 100 * (1 - Q / Y2)
If  RE > Z  And  J <= M  Then
Z = RE
B(0) = H
K(J) = C
B(K(J)) = W
For  T = 1  To  N
YY(T) = Y(T)
EE(T) = E(T)
Next  T
QQ = Q

If  J = 1  Then
For  T = 1 To  N
E1(T) = XX(T, M + 1) - RR(J) * XX(T, C)
Next  T
Else
For  T = 1 To N
```

```
E1(T) = E1(T) - RR(J) * XX(T, C)
Next  T
End If
For  I = 1  To  N
R(I) = 0
Next  I
For  I = 1  To  M
For  T = 1 To  N
R(I) = R(I) + E1(T) * XX(T, I)
Next  T

R(I) = R(I) / N
Next  I
GoTo 20
End If

Print
U = 0
For  T = 1  To  N
U = U + (YY(T) - M1(M + 1)) * (YY(T) - M1(M + 1))
Next  T
RA = Sqr(U / (QQ + U))
S = Sqr(QQ / (N - M - 1))
F1 = (U / M) / (QQ / (N - M - 1))

Print "回归系数"
For  I = 0 To  M
Print "B("; I; ")="; Int(B(I) * 100000000 + 0.5) / 100000000; "  ";
Next  I
Print
Print "拟合结果"
Print Tab(2); "序号"; Tab(20); "原始数据"; Tab(40); "拟合结果"
For  I = 1  To  N
Print  Tab(2); I; Tab(20); X(I, M + 1); Tab(40); YY(I);
Next  I
Print

Print  "残差平方和="; QQ
Print  "回归平方和="; U
Print  "复相关系数="; RA
Print  "剩余标准差="; S
Print  "F值="; F1
End Sub
```

1.6 多项式回归分析

1. 多项式回归分析方法与原理

在实际工作中，因变量与自变量间存在线性关系的概率是有限的，大多数情况下会遇到Y与X的关系为非线性关系，但又找不到适当的变量转换形式使其改为线性，则可选用一个多项式回归来进行模拟分析。多项式回归的一般表达式为

$$\hat{Y}=\beta_0+\beta_1X+\beta_2X^2+\cdots+\beta_nX^n \tag{1.14}$$

但一般常用的多项式回归是二次和三次，即

$$\hat{Y}=\beta_0+\beta_1X+\beta_2X^2 \tag{1.15}$$

和

$$\hat{Y}=\beta_0+\beta_1X+\beta_2X^2+\beta_3X^3 \tag{1.16}$$

对式(1.15)、式(1.16)两个多项式回归方程的解析，同样采用最小二乘法估计，求得各回归系数，再进行显著性检验。

2. 多项式回归分析应用实例

取连年施用有机肥的水稻土，加入 HCl 或 Na_2CO_3，改变其 pH 值，在 30℃下放置 28 天，然后中和之，测定每 100 克烘干土中 NH_4^+-N 的毫克数，结果见表 1.15。

表 1.15 调整水稻土 pH(x)值后释放量 NH_4^+-N(y)的观测值

X	Y
2	13
3	9.2
4	6.6
5	4.7
6	4
7	7.1
8	13.2
9	20

3. 多项式回归计算结果分析

表 1.14 的原始数据如果用一元回归进行模拟分析，$F<1$，说明 pH 值与 NH_4^+-N 间不存在线性关系。如果利用二次多项式回归分析，所得结果为

$$\hat{Y}=30.273\,809\,52-10.221\,428\,57X+1.004\,761\,9X^2$$

复相关系数、剩余标准误差分别为 0.988 298 139 12 和 0.972 723 226 9，回归平方和

U=198.604 047 62，F=104.949 295 42，达到极显著水平。为了探索 pH 值与 NH_4^+－N 间是否存在更高的多项式回归，根据表 1.14 的原始数据再求得三次多项式回归，其结果为

$$\hat{Y}=22.223\,809\,52-4.541\,125\,541X-0.145\,238\,1X^2+0.069\,696\,97X^3$$

复相关系数、剩余标准误差分别为 0.995 451 58 和 0.679 245 51，回归平方和 U=201.489 502 16，F=145.571 923 4，残差平方和 Q=1.845 497 84。回归平方和、F 值较二次多项式回归都有了一定的增加，说明显著性水平有了进一步提高。因此，三次多项式回归更适合描述 pH 值与 NH_4^+－N 间的相互关系。对两个拟合结果进行比较，从中可以看出三次多项式回归的拟合结果与原始数据更为接近。其拟合值见表 1.16。

表 1.16　多项式回归拟合比较

原始数据	二次多项式拟合结果	三次多项式拟合结果
13	13.85	13.118 181 81
9.2	8.652 380 95	9.175 108 23
6.6	5.464 285 71	6.196 103 9
4.7	4.285 714 29	4.599 350 65
4	5.116 666 67	4.803 030 3
7.1	7.957 142 86	7.225 324 68
13.2	12.807 142 86	12.284 415 58
20	19.666 666 67	20.398 484 85

4. 多项式回归分析源代码设计

本实例数据输入的方式是用两个文件存放原始数据，即首先用 dxshhgfx1.txt 文件存放 X 的值，再利用 dxshhgfx2.txt 文本文件存放 Y 的值。

在标准模块中定义的变量及类型如下：

```
Public X(200, 100) As Double, S(100, 100) As Double, R(100, 100) As Double, C(100) As Double, C1(100) As Double, F(20) As Double, C2(100) As Double, M As Integer, C11 As Integer, N As Integer, S1 As Double, T1 As Integer, S11 As Integer, S2 As Double, S3 As Double, I As Integer, J As Integer, Q As Double, P As Double, PJ As Double, CC(100) As Double, Y(100, 100) As Double, Y1(100) As Double
Public QQ As Double, U As Double

Private Sub Command1_Click()
M = Val(InputBox("多项式的最高方次", "拟合时的最高方次"))
N = Val(InputBox("数据的组数", "X 和 Y 共有多少组"))
C11 = M
M = M + 1
Open "E:\应用实例\dxshhgfx1.txt" For Input As #1
For  I = 1  To  N
Input  #1, X(1, I)
```

```
Next  I
Close #1
S1 = 0
For  I = 1  To N
S1 = S1 + X(1, I)
Next  I
C(1) = S1

Open "E:\应用实例\dxshhgfx2.txt" For Input As #2
For  I = 1  To  N
Input #2, X(M, I)
Next  I
Close #2
S1 = 0
For  I = 1  To  N
S1 = S1 + X(M, I)
Next  I
C(M) = S1
PJ = C(M) / N
For  I = 2  To  C11
S1 = 0
For  J = 1  To N
X(I, J) = X(I - 1, J) * X(1, J)
S1 = S1 + X(I, J)
Next  J
C(I) = S1
Next  I
For  I = 1  To  M
For  J = I  To  M
S1 = 0
For  K = 1  To N
S1 = S1 + X(I, K) * X(J, K)
Next  K
R(I, J) = S1 - C(I) * C(J) / N
R(J, I) = R(I, J)
Next  J
Next  I
T1 = 0
Call  dxshhg1(R, S)
70  If  C2(C11) / S3 > F(T1)  Then
GoTo 100
End If
C11 = C11 - 1
```

```
T1 = T1 + 1
Call  dxshhg1(R, S)
GoTo 70
100  Print "最高次方"; C11
Print
For  I = 1  To  C11
A$ = "b" + Str$(I) + "="
Next  I
Print
Print "多项式回归方程是:"
S1 = 0
Print  "Y=(";
For  I = 1  To  C11
S1 = S1 + C1(I) * C(I) / N
Print  C1(I); ")X"; "^"; I; "+(";
Next  I
Print  C(M) / N - S1; ")"
Print
CC(0) = C(M) / N - S1
For  I = 1  To  C11
CC(I) = C1(I)
Next  I
Print "回归系数的值，从常数项开始，依次向后乘方次数不断增加"
For  I = 0  To  C11
Print  CC(I);
Next  I
Print

For  I = 1  To  N
For  J = 1  To  C11
Y(I, J) = X(1, I) ^ J
Print  Y(I, J);
Next  J
Print
Next  I
Print "拟合值"
For  I = 1  To  N
For  J = 1  To  C11
Y1(I) = Y1(I) + CC(J) * Y(I, J)
Next  J
Y1(I) = Y1(I) + CC(0)
Print  Y1(I);
If  I  Mod  5 = 0  Then  Print
```

```
Next  I
Print
For  I = 1  To  N
QQ = QQ + (X(M, I) - Y1(I)) * (X(M, I) - Y1(I))
U = U + (Y1(I) - PJ) * (Y1(I) - PJ)
Next  I

Print  "残差平方和 QQ="; QQ
Print  "回归平方和 U="; U
Print  "F 值="; (N - C11 - 1) * U / (C11 * QQ)
Print
Print  "复相关系数 R="; Sqr(U / (U + QQ))
Print  "剩余标准差 Sy="; Sqr(QQ /(N-C11-1))
End Sub

Public Sub dxshhg1(R() As Double, S() As Double)
For  I = 1  To  C11
For  J = 1  To  C11
S(I, J) = R(I, J)
Next  J
Next  I
For  I = 1  To  C11
S(I, I) = S(I, I) + 1
Next  I
For  K = 1  To  C11
P = S(K, K) - 1
If  P = 0  Then
GoTo  900
End If
For  J = 1  To  C11
S(K, J) = S(K, J) / P
Next  J
For  I = 1  To  C11
If  I = K  Then
GoTo  890
End If
Q = S(I, K)
For  J = 1  To  C11
S(I, J) = S(I, J) - Q * S(K, J)
Next  J
890  Next  I
900  Next  K
For  I = 1  To  C11
```

```
S(I, I) = S(I, I) - 1
Next I
For I = 1 To C11
S1 = 0
For J = 1 To C11
S1 = S1 + S(J, I) * R(J, M)
Next J
C1(I) = S1
Next I
S11 = 0
950 For I = 1 To C11
S11 = S11 + C1(I) * R(M, I)
Next I
S2 = R(M, M) - S11
S3 = S2 / (N - M + T1)
For I = 1 To C11
If C1(I) = 0 Then
GoTo 990
End If
C2(I) = C1(I) * C1(I) / S(I, I)
990 Next I
End Sub
```

1.7　调和趋势分析

1. 调和趋势分析方法和原理

调和趋势分析是利用二维傅里叶级数拟合规则网格点上的观测值，得出调和趋势面拟合模型。具体的解析步骤是，假定在规则网格点(x_i，y_j)上得到一观测值 z_{ij}，它的分布可采用二级傅里叶级数来拟合，即通过观测数据建立调和趋势面方程，从而计算各测点上的趋势值及剩余，以及粗功率谱和平滑后的功率谱。调和趋势所采用的傅里叶级数的表达式为

$$z_{ij}=\sum_{n=0}^{\infty}\sum_{m=0}^{\infty}\alpha_{nm}\cos\frac{2n\pi x_i}{\lambda_1}\cos\frac{2m\pi y_j}{\lambda_2}+\sum_{n=0}^{\infty}\sum_{m=0}^{\infty}\beta_{nm}\cos\frac{2n\pi x_i}{\lambda_1}\sin\frac{2m\pi y_j}{\lambda_2}+\sum_{n=0}^{\infty}\sum_{m=0}^{\infty}\gamma_{nm}\sin\frac{2n\pi x_i}{\lambda_1}\cos\frac{2m\pi y_i}{\lambda_2}+\sum_{n=0}^{\infty}\sum_{m=0}^{\infty}\delta_{nm}\sin\frac{2n\pi x_i}{\lambda_1}\sin\frac{2m\pi y_j}{\lambda_2} \tag{1.17}$$

式(1.17)中，x 和 y 为两个互相垂直的坐标，i 为 x 方向上的测线号，j 为 y 方向上的测线号，$i=0, 1, 2, 3, \cdots, N$，$j=0, 1, 2, 3, \cdots, M$。λ_1 和 λ_2 分别为在 x 与 y 方向上相应的基波波长。n 和 m 分别代表 x 与 y 方向上的谐波数。N 和 M 分别代表 x 和 y 方向上测区的观测线数，或称为测区程度。α_{nm}、β_{nm}、γ_{nm}、δ_{nm} 为相应于 n、m 次谐波的傅里叶系数，在一般情况下用最小二乘法确定。

由于通常不能精确知道 λ_1 和 λ_2，一般取 $\lambda_1 = N$，$\lambda_2 = M$。令

$$C_n = \cos\frac{2n\pi x_i}{N},\quad C_m = \cos\frac{2m\pi x_i}{M},\quad S_n = \sin\frac{2n\pi x_i}{N},\quad S_m = \sin\frac{2m\pi x_i}{M}$$

则傅里叶系数的计量 A、B、C、D 可表示为

$$A_{nm} = \frac{K}{NM}\sum_{i=0}^{N}\sum_{j=0}^{M} z_{ij} C_n C_m \tag{1.18}$$

$$B_{nm} = \frac{K}{NM}\sum_{i=0}^{N}\sum_{j=0}^{M} z_{ij} C_n S_m \tag{1.19}$$

$$G_{nm} = \frac{K}{NM}\sum_{i=0}^{N}\sum_{j=0}^{M} z_{ij} S_n C_m \tag{1.20}$$

$$D_{nm} = \frac{K}{NM}\sum_{i=0}^{N}\sum_{j=0}^{M} z_{ij} S_n S_m \tag{1.21}$$

其中 $K=1$，若 $n=0$ 且 $m=0$；$K=2$，若 $n=0$ 或 $m=0$，但不同时为 0；$K=4$，若 $n>0$ 且 $m>0$。利用原始观测数据，可求出式(1.18)～式(1.21)的傅里叶系数，然后按照下式求出趋势值：

$$z_{ij} = \sum_{n=0}^{N}\sum_{m=0}^{M} A_{nm} C_n C_m + \sum_{n=0}^{N}\sum_{m=0}^{M} B_{nm} C_n S_m + \sum_{n=0}^{N}\sum_{m=0}^{M} G_{nm} S_n C_m + \sum_{n=0}^{N}\sum_{m=0}^{M} D_{nm} S_n S_m \tag{1.22}$$

每一测点上的剩余可由下式求出：

$$\Delta z_{ij} = z_{ij} - \hat{z}_{ij} \tag{1.23}$$

根据傅里叶系数，可求出二维粗功率谱，其表达式为

$$S_{nm}^2 = A_{nm}^2 + B_{nm}^2 + G_{nm}^2 + D_{nm}^2 \tag{1.24}$$

S_{nm}^2 表示 x 方向上第 n 次谐波与 y 方向上的第 m 次谐波所贡献的方差。如果用 S_z^2 表示所有谐波的方差，则任一谐波贡献的方差百分数为

$$E = \frac{S_{nm}^2}{S_z^2} \times 100\% \tag{1.25}$$

总方差的计算表达式为

$$S_z^2 = \sum_{n=0}^{N}\sum_{m=0}^{M} S_{nm}^2 \tag{1.26}$$

由式(1.24)计算所得的粗功率谱，有时会显著地偏离总体功率谱。为了改进功率谱计量的稳定性，可将粗功率普进行滑动平均，所采用的表达式为

$$\hat{S}_{nm} = \frac{1}{4} S_{nm}^2 + \frac{1}{8}(S_{n-1,\,m}^2 + S_{n+1,\,m}^2 + S_{n,\,m-1}^2 + S_{n,\,m+1}^2) + \frac{1}{16}(S_{n-1,\,m-1}^2 + S_{n-1,\,m+1}^2 + S_{n+1,\,m-1}^2 + S_{n+1,\,m+1}^2) \tag{1.27}$$

2. 调和趋势分析应用实例

本实例所采用的数据，为 2011—2019 年 8 月份兰州市空气质量指数(AQI)的观测数

据，每次的观测数据有 31 天，可以认为有 31 条测线，从 2011—2019 年，一共有 9 年的观测数据，相当于每条测线上共有 9 个观测数据。将 9 年的全部原始数据进行整理，所得的全部数据见表 1.17。

表 1.17　2011—2019 年兰州市空气质量指数观测数据

2011 年	2012 年	2013 年	2014 年	2015 年	2016 年	2017 年	2018 年	2019 年
55	80	87	74	73	58	98	52	58
70	74	92	79	71	60	69	43	46
82	79	101	87	63	59	89	35	38
83	64	91	60	64	60	62	47	54
96	61	107	72	72	69	70	70	49
86	66	121	57	68	77	56	88	52
90	62	81	60	66	81	45	49	70
90	65	86	81	50	77	61	38	59
94	66	121	72	40	72	58	61	38
77	58	99	98	49	67	75	58	54
78	90	62	63	70	92	71	69	63
76	70	61	64	65	82	63	73	64
81	67	88	60	66	66	50	52	64
91	74	68	63	53	63	70	65	52
68	80	72	76	84	51	73	50	71
27	79	82	77	72	75	74	56	79
45	57	79	74	95	68	60	55	62
19	58	67	84	82	58	56	63	56
57	63	79	76	68	40	59	81	54
64	82	75	69	78	48	48	84	62
61	100	98	78	61	67	48	44	37
53	68	82	101	77	73	41	47	37
69	77	81	130	74	46	49	72	35
69	72	60	70	75	40	50	82	36
62	70	74	72	78	40	59	51	51
88	80	95	73	74	48	32	60	34
81	70	76	80	59	65	52	48	49
64	73	86	68	67	68	55	58	48
74	85	112	57	77	61	38	64	57
74	75	120	55	81	63	57	57	47
110	61	100	61	64	87	84	49	38

3. 调和趋势计算结果分析

由表 1.17 的原始数据可知，测线数 $N=31$，每条测线数上的观测点数为 9，n 和 m 一般取 6，即 x 和 y 方向的最大谐波数均为 6。调和趋势分析完毕后输出的数据较多，我们在实际设计分析程序时，将其结果输出到 Excel 表格中。由于篇幅所限，兰州市 AQI 调和趋势分析的拟合值、剩余值只列出前 6 年的，所有的计算结果见表 1.18～表 1.26。

表 1.18　傅里叶系数 A_{nm} 值

谐波号	0	1	2	3	4	5	6
0	67.663 082 44	−7.670 722 178	−3.465 252 979	0.057 505 708	−4.519 427 434	−4.519 473 265	0.057 031 559
1	0.915 140 654	−1.078 843 582	−3.902 783 257	0.353 910 737	−4.018 133 661	−4.017 908 43	0.354 054 69
2	0.494 278 199	0.300 001 341	−1.646 167 865	1.532 735 26	5.124 090 19	5.124 402 324	1.532 825 805
3	1.006 651 53	−0.948 658 369	−2.698 751 324	0.437 741 916	−0.746 086 101	−0.746 197 447	0.437 840 865
4	0.725 237 964	−1.923 353 193	−0.057 740 127	0.557 274 517	0.752 880 121	0.752 923 188	0.557 422 922
5	−0.189 217 524	3.553 014 53	1.700 183 092	−0.946 307 258	−2.369 869 726	−2.369 779 287	−0.946 640 139
6	1.866 603 838	1.045 919 947	−2.455 760 87	0.629 648 011	−0.630 310 479	−0.630 218 628	0.629 645 119

表 1.19　傅里叶系数 B_{nm} 值

谐波号	0	1	2	3	4	5	6
0	0	9.264 370 118	−1.412 771 374	1.328 786 933	2.769 673 394	−2.769 079 959	−1.328 005 433
1	0	4.302 653 75	1.260 435 874	2.751 576 998	4.415 572 894	−4.415 743 179	−2.751 646 799
2	0	−3.434 293 859	0.666 970 323	−1.332 882 693	3.342 122 855	−3.341 680 224	1.333 014 192
3	0	0.321 809 351	−0.536 559 668	1.009 005 516	−1.567 733 511	1.567 633 213	−1.009 006 828
4	0	0.073 117 52	−0.141 063 837	1.663 464 715	0.456 708 718	−0.456 602 211	−1.663 427 712
5	0	−3.031 850 737	0.715 625 035	−2.935 228 341	2.194 568 667	−2.194 747 808	2.935 146 66
6	0	0.200 683 728	0.457 914 19	−0.111 362 662	1.642 550 057	−1.642 548 033	0.111 403 083

表 1.20　傅里叶系数 G_{nm} 值

谐波号	0	1	2	3	4	5	6
0	0	0	0	0	0	0	0
1	2.811 732 754	4.264 387 991	−3.848 245 1	5.211 488 77	−2.591 338 086	−2.591 317 625	5.211 828 991
2	0.101 125 627	−2.956 439 189	0.403 985 565	−0.258 412 477	2.039 051 13	2.039 195 98	−0.258 363 217
3	0.250 347 97	−0.244 896 519	−0.857 431 58	−4.723 856 654	1.624 110 26	1.624 139 901	−4.723 664 433
4	−1.164 030 415	−2.012 790 788	0.515 164 943	−2.207 778 666	3.751 470 844	3.751 561 658	−2.207 509 024
5	−1.033 646 972	2.218 390 399	−1.222 868 419	−0.443 075 088	0.681 018 533	0.681 035 762	−0.442 899 373
6	0.669 885 958	−2.856 837 064	0.646 283 585	1.792 055 831	2.073 479 725	2.073 299 161	1.792 083 965

表 1.21　傅里叶系数 D_{nm}

谐波号	0	1	2	3	4	5	6
0	0	0	0	0	0	0	0
1	0	−1.477 108 262	3.076 872 44	5.855 442 4	2.038 982 892	−2.038 825 887	−5.854 955 285
2	0	−0.979 098 299	−3.154 087 788	−0.451 991 36	1.423 487 971	−1.423 393 764	0.451 871 186
3	0	0.071 882 721	1.003 820 961	2.249 179 34	−0.923 633 274	0.923 742 491	−2.249 507 529
4	0	−2.365 938 358	−2.299 538 961	2.269 567 184	−0.253 343 553	0.253 592 751	−2.269 784 09
5	0	2.487 925 262	1.987 803 274	2.243 240 807	−0.048 948 703	0.049 100 206	−2.243 195 827
6	0	−2.926 902 852	1.665 444 059	−0.760 500 925	−3.110 996 205	3.111 088 087	0.760 699 841

表 1.22　粗功率谱方差贡献的百分数

谐波号	0	1	2	3	4	5	6
0	82.115 759 55	2.594 759 037	0.251 172 446	0.031 728 262	0.503 932 446	0.503 880 923	0.031 690 048
1	0.156 819 298	0.718 217 406	0.737 103 246	1.240 127 858	0.834 290 957	0.834 272 082	1.240 097 869
2	0.004 565 354	0.387 120 045	0.237 940 977	0.078 862 801	0.782 186 594	0.782 196 692	0.078 871 662
3	0.019 299 403	0.019 167 287	0.167 054 897	0.512 667 664	0.116 677 731	0.116 680 417	0.512 663 174
4	0.033 736 28	0.239 509 159	0.100 019 627	0.235 012 036	0.267 480 235	0.267 494 141	0.235 009 101
5	0.019 805 337	0.590 576 147	0.158 723 861	0.264 366 204	0.195 476 037	0.195 483 139	0.264 362 494
6	0.070 541 09	0.320 379 869	0.169 168 333	0.075 307 139	0.306 217 272	0.306 211 9	0.075 314 471

表 1.23　粗功率谱计算结果

谐波号	0	1	2	3	4	5	6
0	4578.292 725	144.668 532 4	14.003 901 16	1.768 981 62	28.096 315 04	28.093 442 41	1.766 851 029
1	8.743 323 499	40.043 586 52	41.096 550 1	69.142 249 68	46.515 166 41	46.514 114 01	69.140 577 66
2	0.254 537 33	21.583 541 28	13.266 192 16	4.396 926 848	43.610 132 97	43.610 695 95	4.397 420 903
3	1.076 021 408	1.068 655 39	9.314 000 423	28.583 339 51	6.505 265 395	6.505 415 13	28.583 089 2
4	1.880 936 912	13.353 624 75	5.576 507 28	13.102 891 58	14.913 127 78	14.913 903 06	13.102 727 97
5	1.104 229 334	32.927 059 21	8.849 510 765	14.739 507 69	10.898 596 37	10.898 992 35	14.739 300 84
6	3.932 957 085	17.862 500 81	9.431 833 238	4.198 684 019	17.072 877 55	17.072 578 06	4.199 092 808

表 1.24　功率谱平滑后的值

谐波号	1	2	3	4	5
1	324.839 868	38.271 499 18	36.163 413	40.885 849 34	40.079 844 42
2	14.002 965 85	19.007 857 93	24.388 288 58	30.452 066 28	30.417 722 5
3	6.763 592 88	12.211 771 22	14.352 530 1	16.285 794 81	18.623 517 78
4	9.762 505 553	10.938 800 88	13.749 827 17	13.475 915 99	12.336 162 63
5	14.920 345 54	12.522 584 47	11.388 218 24	13.143 133	12.451 807 31

表 1.25　2011—2016 年兰州市 AQI 调和趋势分析的模拟值

线号	2011 年	2012 年	2013 年	2014 年	2015 年	2016 年
1	83.496 565 47	63.324 584 94	99.292 785 8	70.743 687 65	72.734 220 55	63.612 805 6
2	80.442 493 26	64.463 845 23	86.785 219 21	91.438 569 39	61.632 799 76	53.757 673 72
3	90.297 390 82	58.899 120 11	96.277 621 36	87.886 533 33	61.270 112 73	44.403 112 59
4	103.061 316 6	50.847 639 5	116.804 219 2	64.933 698 72	70.424 442 02	50.593 427 52
5	107.264 979 2	44.587 587 6	128.489 217 3	44.816 640 7	77.034 530 54	72.717 987 32
6	104.284 578 7	40.681 051 37	124.422 000 5	44.449 988 77	70.235 639 94	92.806 313 73
7	103.688 291 7	38.437 882 57	115.009 855 4	61.259 916 21	51.567 031 09	94.810 911 92
8	107.555 360 8	39.400 226 15	111.419 375	79.999 377 43	33.906 779 46	83.654 625 17
9	106.844 395 6	45.859 608 16	110.697 129 5	88.826 230 65	29.484 648 09	78.144 624 43
10	95.498 760 59	56.431 483 08	101.597 619	86.526 583 05	39.243 589 51	86.361 257 49
11	82.017 392 95	65.719 462 72	82.379 897 6	77.771 845 35	53.607 000 73	95.271 089 99
12	80.089 845 91	69.722 674 42	66.135 832 29	67.219 877 24	62.620 788 34	88.228 027 89
13	88.660 497 4	70.220 130 07	65.761 005 7	59.409 237 99	64.681 845 58	67.659 356 79

续表

线号	2011 年	2012 年	2013 年	2014 年	2015 年	2016 年
14	88.898 061 98	71.948 414 51	77.668 539 36	59.374 325 09	65.961 745 72	53.073 483 13
15	65.877 166	75.912 196 24	85.542 435 28	68.104 660 93	72.633 669 91	56.489 810 29
16	29.822 311 25	77.890 361 42	79.894 772 42	78.045 947 45	84.274 214 11	67.151 557 88
17	8.930 211 2	74.722 903 33	68.931 281 11	78.348 740 16	94.210 708 1	65.811 053 36
18	19.484 698 32	70.206 040 99	67.315 959 07	67.664 618 1	95.492 240 92	50.403 534 75
19	47.967 881 11	71.903 848 92	77.424 082 11	59.045 685 61	86.839 530 01	39.486 549 81
20	66.773 358 67	81.648 140 16	86.656 707 92	67.472 460 86	73.979 872 46	48.112 820 89
21	64.890 523 79	91.569 540 57	83.403 984 77	91.828 676 14	65.677 306 06	66.812 222 84
22	57.220 076 87	91.781 687 23	70.868 490 38	113.011 345	67.308 336 06	71.400 420 57
23	62.958 764 01	81.510 879 78	61.966 207 4	112.877 031 4	76.554 622 29	52.473 005 3
24	81.144 653 24	70.388 533 59	63.517 414 52	93.436 811 62	84.902 745 75	28.057 974 91
25	93.279 009 19	67.853 788 41	70.733 097 64	73.759 272 89	84.657 628 24	23.464 671 54
26	87.893 939 46	72.859 024 62	77.588 992 99	67.863 008 03	76.036 134 77	42.868 517 74
27	74.989 788 19	75.832 875 31	86.739 173 89	69.864 298 2	67.486 515 84	66.565 480 47
28	72.700 532 57	70.265 754 13	103.986 755 6	64.078 334 97	67.819 070 48	75.189 464 24
29	84.410 060 59	60.083 609 71	124.965 845 3	47.285 528 32	77.120 274 88	69.731 700 7
30	95.667 663 02	54.544 946 71	134.384 858 8	35.203 561 72	85.905 937 56	64.345 490 81
31	93.692 416 01	57.425 192 79	122.501 096 6	44.346 749 73	84.366 105 76	65.012 486 43

表 1.26　原始数据与模拟值间的剩余差

线号	2011 年	2012 年	2013 年	2014 年	2015 年	2016 年
1	−28.496 565 47	16.675 415 06	−12.292 785 8	3.256 312 354	0.265 779 453	−5.612 805 604
2	−10.442 493 26	9.536 154 769	5.214 780 795	−12.438 569 39	9.367 200 239	6.242 326 277
3	−8.297 390 815	20.100 879 89	4.722 378 641	−0.886 533 329	1.729 887 274	14.596 887 41
4	−20.061 316 58	13.152 360 5	−25.804 219 25	−4.933 698 721	−6.424 442 017	9.406 572 479
5	−11.264 979 16	16.412 412 4	−21.489 217 27	27.183 359 3	−5.034 530 541	−3.717 987 32
6	−18.284 578 65	25.318 948 63	−3.422 000 476	12.550 011 23	−2.235 639 944	−15.806 313 73
7	−13.688 291 68	23.562 117 43	−34.009 855 44	−1.259 916 214	14.432 968 91	−13.810 911 92
8	−17.555 360 82	25.599 773 85	−25.419 375 03	1.000 622 572	16.093 220 54	−6.654 625 167
9	−12.844 395 6	20.140 391 84	10.302 870 53	−16.826 230 65	10.515 351 91	−6.144 624 433
10	−18.498 760 59	1.568 516 921	−2.597 618 966	11.473 416 95	9.756 410 485	−19.361 257 49
11	−4.017 392 951	24.280 537 28	−20.379 897 6	−14.771 845 35	16.392 999 27	−3.271 089 993
12	−4.089 845 909	0.277 325 575	−5.135 832 287	−3.219 877 242	2.379 211 662	−6.228 027 891

续表

线号	2011 年	2012 年	2013 年	2014 年	2015 年	2016 年
13	−7.660 497 402	−3.220 130 072	22.238 994 3	0.590 762 008	1.318 154 416	−1.659 356 787
14	2.101 938 025	2.051 585 486	−9.668 539 36	3.625 674 908	−12.961 745 72	9.926 516 874
15	2.122 834 001	4.087 803 764	−13.542 435 28	7.895 339 067	11.366 330 09	−5.489 810 293
16	−2.822 311 255	1.109 638 581	2.105 227 584	−1.045 947 448	−12.274 214 11	7.848 442 116
17	36.069 788 8	−17.722 903 33	10.068 718 89	−4.348 740 16	0.789 291 898	2.188 946 639
18	−0.484 698 323	−12.206 040 99	−0.315 959 07	16.335 381 9	−13.492 240 92	7.596 465 251
19	9.032 118 893	−8.903 848 915	1.575 917 893	16.954 314 39	−18.839 530 01	0.513 450 187
20	−2.773 358 674	0.351 859 841	−11.656 707 92	1.527 539 142	4.020 127 539	−0.112 820 89
21	−3.890 523 794	8.430 459 43	14.596 015 23	−13.828 676 14	−4.677 306 062	0.187 777 159
22	−4.220 076 866	−23.781 687 23	11.131 509 62	−12.011 345 03	9.691 663 944	1.599 579 427
23	6.041 235 99	−4.510 879 778	19.033 792 6	17.122 968 62	−2.554 622 286	−6.473 005 299
24	−12.144 653 24	1.611 466 407	−3.517 414 519	−23.436 811 62	−9.902 745 753	11.942 025 09
25	−31.279 009 19	2.146 211 591	3.266 902 365	−1.759 272 892	−6.657 628 235	16.535 328 46
26	0.106 060 538	7.140 975 383	17.411 007 01	5.136 991 966	−2.036 134 772	5.131 482 256
27	6.010 211 81	−5.832 875 311	−10.739 173 89	10.135 701 8	−8.486 515 841	−1.565 480 47
28	−8.700 532 569	2.734 245 865	−17.986 755 65	3.921 665 031	−0.819 070 483	−7.189 464 24
29	−10.410 060 59	24.916 390 29	−12.965 845 34	9.714 471 676	−0.120 274 883	−8.731 700 696
30	−21.667 663 02	20.455 053 29	−14.384 858 77	19.796 438 28	−4.905 937 556	−1.345 490 81
31	16.307 583 99	3.574 807 205	−22.501 096 58	16.653 250 27	−20.366 105 76	21.987 513 57

根据表 1.26 可见，用调和趋势分析拟合兰州市空气质量指数(AQI)，精度较高。

4. 调和趋势分析源代码设计

趋势分析所用的原始数据输入的顺序，与表 1.16 一致。在程序中 x 和 y 两个方向最大谐波数为 6，可由对话窗口输入，本程序在标准模块中所定义的变量如下：

```
Public N As Integer, M As Integer, NI As Integer, MJ As Integer, I As Integer, J As Integer, K As Integer, H As Integer, S As Integer, T As Integer
Public CI As Double, CJ As Double, SI As Double, SJ As Double, KA As Double, X(200, 200) As Double, F(200) As Double, R(200) As Double
Public SP(200, 200) As Double, AP(200, 200) As Double, BT(200, 200) As Double, GM(200, 200) As Double, DL(100, 100) As Double, PI As Double, SP11(200, 200) As Double
Public F1(200, 200) As Double, R1(200, 200) As Double, Exl As Object, Exl1 As Object, Exl11 As Object, CJ1(200, 200) As Double
```

调和趋势分析的主程序的代码如下：

```
Private Sub Command1_Click()
N = Val(InputBox("测线数", "数组的行数"))
```

```
M = Val(InputBox("每条测线上的测点数", "数组的列数"))
NI = Val(InputBox("x 方向的最大谐波数", "谐波数"))
MJ = Val(InputBox("y 方向的最大谐波数", "谐波数"))
Open "E:\专著文件\thqshfxzhzh.txt" For Input As #1
For  I = 1  To  N
For  J = 1  To  M
Input #1, X(I, J)
Next  J
Next  I
Close #1
End Sub

Private Sub Command2_Click()
PI = 3.1416
For  I = 0  To  NI
For  J = 0  To  MJ
AP(I, J) = 0
BT(I, J) = 0
GM(I, J) = 0
DL(I, J) = 0
Next  J
Next  I
For  I = 0  To  NI
For  J = 0  To  MJ
For  H = 1  To  N
CI = Cos(2 * PI * I * H / N)
SI = Sin(2 * PI * H * I / N)
For  K = 1  To  M
CJ = Cos(2 * PI * J * K / M)
SJ = Sin(2 * PI * J * K / M)
AP(I, J) = AP(I, J) + X(H, K) * CI * CJ
BT(I, J) = BT(I, J) + X(H, K) * CI * SJ
GM(I, J) = GM(I, J) + X(H, K) * SI * CJ
DL(I, J) = DL(I, J) + X(H, K) * SI * SJ
Next  K
Next  H
If  I = 0  And  J = 0  Then
KA = 1 / (N * M)
ElseIf  I = 0  Or  J = 0  Then
KA = 2 / (N * M)
ElseIf  I <> 0  And  J <> 0  Then
KA = 4 / (N * M)
End If
```

```
AP(I, J) = KA * AP(I, J)
BT(I, J) = KA * BT(I, J)
GM(I, J) = KA * GM(I, J)
DL(I, J) = KA * DL(I, J)
Next  J
Next  I
Print "傅里叶系数 Anm"
For  I = 0  To NI
Print I;
For  J = 0  To MJ
Print  AP(I, J);
Next J
Print
Next I
Print
Print  "傅里叶系数 Bnm"
For  I = 0  To  NI
Print  I;
For  J = 0  To  MJ
Print  BT(I, J);
Next  J
Print
Next  I
Print
Print  "傅里叶系数 Gnm"
For  I = 0  To  NI
Print  I;
For  J = 0  To  MJ
Print  GM(I, J);
Next  J
Print
Next  I
Print
Print  "傅里叶系数 Dnm"
For  I = 0  To  NI
Print  I;
For  J = 0  To  MJ
Print  DL(I, J);
Next  J
Print
Next  I
Print
```

```
For  H = 1  To  N
For  K = 1  To  M
F(K) = 0
Next  K
For  I = 0  To  NI
CI = Cos(2 * PI * I * H / N)
SI = Sin(2 * PI * I * H / N)
For  J = 0  To  MJ
For  K = 1  To  M
CJ = Cos(2 * PI * J * K / M)
SJ = Sin(2 * PI * J * K / M)
F(K) = F(K) + AP(I, J) * CI * CJ + BT(I, J) * CI * SJ + GM(I, J) * SI * CJ +
DL(I, J) * SI * SJ
R(K) = X(H, K) - F(K)
Next  K
Next  J
Next  I
For K = 1 To M
F1(H, K) = F(K)
R1(H, K) = R(K)
Next  K
Next  H

Print  "粗功率谱"
For  I = 0  To  NI
For  J = 0  To  MJ
SP(I, J) = AP(I, J) ^ 2 + BT(I, J) ^ 2 + GM(I, J) ^ 2 + DL(I, J) ^ 2
Print  SP(I, J);

Next  J: Print
Next  I
Print
Print  "粗功率谱方差贡献的百分数"
SJ = 0
For  I = 0  To  NI
For  J = 0  To  MJ
SJ = SJ + SP(I, J)
Next  J
Next  I
For  I = 0  To  NI
For  J = 0  To  MJ
SP11(I, J) = SP(I, J) * 100 / SJ
Print  SP(I, J) * 100 / SJ;
```

```
Next J: Print
Next I
Print
Print "粗平滑后的功率谱"
For I = 1 To NI - 1
For J = 1 To MJ - 1
CJ = SP(I, J) / 4
CJ = CJ + (SP(I - 1, J) + SP(I + 1, J) + SP(I, J - 1) + SP(I, J + 1)) / 8
CJ = CJ + (SP(I - 1, J - 1) + SP(I + 1, J + 1) + SP(I + 1, J - 1) + SP(I + 1,
J + 1)) / 16
CJ1(I, J) = CJ
Print CJ;
Next J: Print
Next I
End Sub
```

第2章　多因素分析

2.1　主成分分析

1. 主成分分析方法和原理

主成分分析又称为主分量分析。其原理是用多变量表示样品的特性时，如果变量之间存在一定的相关性，就可以将某些变量进行综合，以比较小的综合变量来代替原有的变量。假定具有 n 个样本、p 个变量的样本，其观测数据矩阵为

$$\boldsymbol{X}=\begin{pmatrix} x_{11} & x_{12} & \cdots & x_{1p} \\ x_{21} & x_{22} & \cdots & x_{2p} \\ \vdots & \vdots & & \vdots \\ x_{n1} & x_{n2} & \cdots & x_{np} \end{pmatrix}$$

将原始数据进行标准化处理，即：

$$x'_{ik}=\frac{x_{ik}-\bar{x}_k}{s_k} \tag{2.1}$$

其中：

$$\bar{x}_k=\frac{1}{n}\sum_{i=1}^{n}x_{ik}$$

$$s_k^2=\frac{1}{n-1}\sum_{i=1}^{n}(x_{ik}-\bar{x}_k)^2$$

$$i=1,\ 2,\ \cdots,\ n;\ k=1,\ 2,\ \cdots,\ p$$

然后再计算其相关系数矩阵：

$$\boldsymbol{R}=\begin{pmatrix} r_{11} & r_{12} & \cdots & r_{1p} \\ r_{21} & r_{22} & \cdots & r_{2p} \\ \vdots & \vdots & & \vdots \\ r_{p1} & r_{p2} & \cdots & r_{pp} \end{pmatrix}$$

对于相关系数矩阵 $\boldsymbol{R}$，用雅克比法求特征方程 $|\boldsymbol{R}-\lambda\boldsymbol{I}|=0$ 的 p 个非负的特征值。对应于特征值 λ_i 相应的特征向量为

$$\boldsymbol{\beta}^{(i)}=(\beta_1^{(i)},\ \beta_2^{(i)},\ \cdots,\ \beta_p^{(i)})$$

由特征向量组成 p 个新因子，用 z_1，z_2，…，z_p 表示，最后选择 $m(m<p)$个主分量。选择的标准是对于所选择的 m 个主分量 z_1，z_2，…，z_m，如果其方差占全部总方差的比例为

$$\gamma = \frac{\sum_{i=1}^{m} \lambda_i}{\sum_{i=1}^{p} \lambda_i} \tag{2.2}$$

当式(2.2)所得的结果达到一定的百分比，如接近 1，我们就选取前 m 个因子 Z_1，Z_2，…，Z_m 为第一主分量、第二主分量。而这 m 个主分量的方差占全部总方差的比例已经接近 1，即基本保证保留了原来因子 X_1，X_2，…，X_p 的信息，还可以用少量的因子代替全部因子，起到了筛选因子的作用。

2. 主成分分析应用实例

为了研究土壤质量，抽取了 20 个样本，每个样本有 4 个指标，即淤泥含量、黏土含量、有机物、酸性 pH 值，其原始数据见表 2.1。

表 2.1　土壤质量观测数据

淤泥含量/(%)	黏土含量/(%)	有机物/(%)	pH 值
13	9.7	1.5	6.4
10	7.5	1.5	6.5
20.6	12.5	2.3	7
33.3	19	2.8	5.8
20.5	14.2	1.9	6.9
10	6.7	2.2	7
12.7	5.7	2.9	6.7
36.5	15.7	2.3	7.2
37.1	14.3	2.1	7.2
25.5	12.9	1.9	7.3
26.5	14.9	2.4	6.7
22.3	8.4	4	7
30.8	7.4	2.7	6.4
25.3	7	4.8	7.3
31.2	11.6	2.4	6.3
22.7	10.1	3.3	6.2
31.2	9.6	2.4	6
13.2	6.6	2	5.8
11.1	6.7	2.2	7.2
20.7	9.6	3.1	5.9

3. 主成分计算结果分析

根据表 2.1 的数据，按照前面所讲的计算过程，经计算得到相应的结果如表 2.2～表

2.4所示。

表 2.2　相关系数矩阵

	X_1	X_2	X_3	X_4
X_1	1	0.669 989 99	0.212 914 92	0.009 510 37
X_2	0.669 989 99	1	−0.195 976 7	0.007 003 97
X_3	0.212 914 92	−0.195 976 7	1	0.081 400 7
X_4	0.009 510 37	0.007 003 97	0.081 400 7	1

由表 2.2 可以看出，X_1(淤泥含量)与 X_2(黏土含量)间有着较强的相关性。计算所得的特征向量、特征值结果见表 2.3、表 2.4。

表 2.3　各变量的特征向量

X_1	X_2	X_3	X_4
0.710 211 41	0.188 848 98	−0.140 421 26	0.663 489 02
0.703 344 01	−0.230 508 92	0.129 849 52	−0.659 781 74
0.022 391 8	0.835 593 95	−0.421 914 13	−0.351 098 04
0.020 138 4	0.461 502 39	0.886 233 29	0.034 648 99

表 2.4　特征值表

变量	特征值	每个变量占总体的比例	累计百分比
X_1	1.670 493 62	0.417 623 4	0.417 623 4
X_2	1.147 308 55	0.286 827 14	0.704 450 554
X_3	0.960 640 35	0.240 160 09	0.944 610 63
X_4	0.221 557 48	0.055 389 37	1

由表 2.4 可以看出，如果选择前 3 个主分量，它所构成的信息量为总信息量的 94.461%，即几乎代表了全部信息量。第 1 主分量的主要代表变量为 X_1 和 X_2，它们的权重系数分别为 0.710 211 41 和 0.703 344 01，且相关系较强，因此在实际研究工作中，在二者中可选择其一进行土壤质量的分析。而第 2 主分量的代表变量为 X_3(有机物)，其权重系数为 0.83559395，第 3 个主分量的代表变量为 X_4(pH)值，第 4 主分量的代表变量也为 X_1，因此可选取第 1、第 3、第 4 共 3 个变量来分析土壤质量的好坏。

由特征向量新组成的 4 个变量的主成分表达式为

$$Z_1=0.710\,211\,41X_1'+0.703\,344\,01X_2'+0.022\,391\,8X_3'+0.020\,138\,4X_4'$$

$$Z_2=0.188\,848\,98X_1'-0.230\,508\,92X_2'+0.835\,593\,95X_3'+0.461\,502\,39X_4'$$

$$Z_3=-0.140\,421\,26X_1'+0.129\,849\,52X_2'-0.421\,914\,13X_3'+0.886\,233\,29X_4'$$

$$Z_4=0.663\,489\,02X_1'-0.659\,781\,74X_2'-0.351\,098\,04X_3'+0.034\,648\,99X_4'$$

4. 主成分分析源代码设计

原始数据输入的顺序与表 2.1 相同，首先输入第一组 X_1，X_2，…，X_n 的观测值，直到最后一组数据输入完毕，需要注意的是，在输入特征值贡献率的数值时，输入的数据为小数，如本例输入的数据为0.9。输出结果精度为8位小数，使用者要改变，可对程序中的有关语句进行修改，在标准模块中定义的全部变量及类型：

```
Public YY(200, 50) As Double, T(50) As Double, X(100, 50) As Double, C(100, 50) As Double, S(50, 50) As Double, XK(50) As Double, DK(50) As Double
Public H(50) As Double, LH(50) As Double, LH1(50) As Double, A(50, 50) As Double, N As Integer, P As Integer, KR As Double, I As Integer, J As Integer, Q As Integer, L As Integer
Public E As Double, V As Double, EA As Double, EB As Double, VA As Double, VB1 As Double, VC As Double, M As Double, SI As Double, CO As Double, D As Double, B As Double
```

主成分分析主程序的全部代码：

```
Private Sub Command1_Click()
N = Val(InputBox("样本数", "有多少组数据"))
P = Val(InputBox("指标数", "有多少个变量"))
KR = Val(InputBox("所选指标特征值贡献率的百分数 ", "挑选变量的标准，小数"))
Open "e\应用实例\zhchffxz.txt" For Input As #1
For I = 1 To N
For J = 1 To P
Input #1, X(I, J)
Next J
Next I
Close #1

For J = 1 To P
XK(J) = 0
DK(J) = 0
For I = 1 To N
XK(J) = XK(J) + X(I, J)
Next I
XK(J) = XK(J) / N
For I = 1 To N
DK(J) = DK(J) + (X(I, J) - XK(J)) ^ 2
Next I
DK(J) = Sqr(DK(J) / (N - 1))
For I = 1 To N
X(I, J) = (X(I, J) - XK(J)) / DK(J)
Next I
Next J

Print Tab(20); "* * * * * 相关系数矩阵 * * * * *"
Prin t
For I = 1 To P
For J = 1 To P
```

```
If  J >= I  Then
C(I, J) = 0
For  K = 1  To N
C(I, J) = C(I, J) + X(K, I) * X(K, J)
Next  K
C(I, J) = C(I, J) / (N - 1)
Else
GoTo 70
End If
GoTo 80
70  C(I, J) = C(J, I)
80  Print  Int(C(I, J) * 100000000 + 0.5) / 100000000;
Next  J
Print
Next  I
E = 0.001
For  I = 1  To  P
For  J = 1  To  P
A(I, J) = C(I, J)
Next  J
Next  I

For  I = 1  To  P
For  J = 1  To  P
If  I = J  Then
S(I, J) = 1
Else
S(I, J) = 0
End If
Next  J
Next  I
V = 0
For  I = 1  To  P - 1
For  J = I + 1  To  P
V = V + 2 * (A(I, J) ^ 2)
Next  J
Next  I
EA = Sqr(V)
EB = EA * E / P
K = 0
20  EA = EA / P
21  For  L = 1  To  P - 1
For  Q = L + 1  To  P
```

```
If  EA < Abs(A(L, Q))  Then
K = 1
VA = A(L, L)
VB1 = A(L, Q)
VC = A(Q, Q)
M = (VA - VC) * 0.5
V = -VB1 / Sqr(VB1 * VB1 + M * M)
If  M = 0  Then
V = 1
Else
V = Sgn(M) * V
End If
SI = V / Sqr(2 * (1 + Sqr(1 - V * V)))
CO = Sqr(1 - SI * SI)
For  I = 1  To P
V = A(I, L)
M = A(I, Q)
A(L, I) = V * CO - M * SI
A(I, L) = A(L, I)
A(Q, I) = V * SI + M * CO
A(I, Q) = A(Q, I)
V = S(I, L)
M = S(I, Q)
S(I, L) = V * CO - M * SI
S(I, Q) = V * SI + M * CO
Next  I
A(L, L) = CO ^ 2 * VA + SI ^ 2 * VC - 2 * VB1 * SI * CO
A(Q, Q) = SI ^ 2 * VA + CO ^ 2 * VC + 2 * VB1 * SI * CO
A(L, Q) = 0
A(Q, L) = 0
End If
Next  Q
Next  L
If  K = 1  Then
K = 0
Else
GoTo  40
End If
GoTo  21
40  If  EB < EA  Then
GoTo  20
End If
For  I = 1  To  P
```

```
H(I) = A(I, I)
Next  I
For  I = 1  To  P - 1
M = H(I)
Q = I
For  J = I + 1  To P
If  M < H(J)  Then
M = H(J)
Q = J
End If
Next  J
If  I <> Q  Then
H(Q) = H(I)
H(I) = M
For  L = 1  To  P
M = S(L, I)
S(L, I) = S(L, Q)
S(L, Q) = M
Next  L
End If
Next  I
Print

Print  Tab(20); "* * * * * 特征向量  * * * * *"
For  I = 1  To  P
For  J = 1  To  P
Print  Int(S(I, J) * 100000000 + 0.5) / 100000000;
Next  J
Print
Next  I
Print
D = 0
For  I = 1  To  P
D = D + H(I)
Next  I
B = 0
For  I = 1  To  P
LH(I) = H(I) / D
B = B + LH(I)
LH1(I) = B
Next  I

Print  Tab(15); "序号"; Tab(25); "特征值"; Tab(40); "占总体的百分比率"; Tab(63); "累
```

```
计百分比"
For I = 1 To P
Print Tab(14); : Print I;
Print Tab(20); : Print Int(H(I) * 100000000 + 0.5) / 100000000;
Print Tab(40); : Print Int(LH(I) * 100000000 + 0.5) / 100000000;
Print Tab(60); : Print Int(LH1(I) * 100000000 + 0.5) / 100000000
Next I
Print
Print Tab(20); "由特征累加百分率确定的个数"

B = 0
For I = 1 To P
B = B + H(I) / D
If KR < B Then
M = I
Else
GoTo 8
End If
GoTo 90
8 Next I
90 Print Tab(20); "主分量数 m="; M
For I = 1 To N
For K = 1 To M
YY(I, K) = 0
For J = 1 To P
YY(I, K) = YY(I, K) + X(I, J) * S(J, K)
Next J
Next K
Next I
Print Tab(20); "* * * * * 各样品的主分量 * * * * *"
Print Tab(5); "序号";
For I = 1 To M
If I = 1 Then
Print Tab(12); "YY(I, 1)";
Else
GoTo 190
End If
GoTo 191
190 Print Tab(I * 11); "YY(i, "; I; ")";
191 Next I
Print
For I = 1 To N:    Print Tab(4); I;
Print Tab(10);
```

```
For  J = 1  To  M
Print  Int(YY(I, J) * 100000000 + 0.5) / 100000000;
Print  "  ";
Next  J
Print
Next  I
Print  Tab(30); "已经完成全部计算结果"
End Sub
```

2.2 因子分析

1. 因子分析的方法与原理

因子分析使用少量的“因子”代替原始变量或样品，其计算过程是将变量的特征值或样品的特征值进行某种组合，以变量间相关系数矩阵为基础，研究变量间的组合与关联状况，称为 R 模式的因子分析。以样品间的相似系数矩阵为基础，研究样品间的组合、演化、相似情况，称为 Q 模式因子分析。实际工作中应用 R 模式因子分析较多，下面着重讨论 R 模式因子分析。

设有 p 个变量 X_1、X_2、X_3，…，X_p，可以用数目较少的 $k(k<p)$个且本身互不相关的公因子 F_1，F_2，…，F_k 以及既与公因子不相关且本身也不相关的单因子 U_1，U_2，…，U_p 表示，其模型为

$$X_i = a_{i1}F_1 + a_{i2}F_2 + \cdots + a_{ik}F_k + c_iU_i \tag{2.3}$$

上式中 a_{ij} 称为因子载荷矩阵，F_i 称为因子得分。记

$$\boldsymbol{X} = (X_1, X_2, \cdots, X_p)'$$

$$\boldsymbol{F} = (F_1, F_2, \cdots, F_k)'$$

$$\boldsymbol{U} = (U_1, U_2, \cdots, U_p)'$$

$$\boldsymbol{A} = \begin{pmatrix} a_{11} & a_{12} & \cdots & a_{1k} \\ a_{21} & a_{22} & \cdots & a_{2k} \\ \vdots & \vdots & & \vdots \\ a_{p1} & a_{p2} & \cdots & a_{pk} \end{pmatrix}$$

$$\boldsymbol{C} = \begin{pmatrix} c_1 & & & 0 \\ & c_2 & & \\ & & \ddots & \\ 0 & & & c_p \end{pmatrix}$$

于是得到

$$\boldsymbol{X} = \boldsymbol{AF} + \boldsymbol{CU}$$

对式(2.3)两端求方差，得到

$$\mathrm{Var}(X_i) = \sum_{j=1}^{k} a_{ij}^2 + c_i^2$$

令 $\sum_{j=1}^{k} a_{ij}^2 = h_i^2$，上式为

$$\mathrm{Var}(x_i)=h_i^2+c_i^2$$

实际分析中假设 X_i 的方差为 1，得

$$h_i^2=1-c_i^2 \tag{2.4}$$

A 矩阵的第 j 列元素平方和代表了第 j 个公因子的方差贡献，记为

$$s_j^2=\sum_{i=1}^{p}a_{ij}^2,\quad j=1,2,3,\cdots,k \tag{2.5}$$

在求因子载荷矩阵时，将式(2.3)两端乘以 x_t，求期望值得

$$r_{it}=a_{i1}a_{t1}+a_{i2}a_{t2}+\cdots+a_{ik}a_{tk},\quad i\neq t$$
$$1=a_{i1}^2+a_{i2}^2+\cdots+a_{ik}^2+c_i^2,\quad i=t$$

上式写成矩阵形式为

$$\boldsymbol{R}=\boldsymbol{A}\boldsymbol{A}'+\boldsymbol{C}^2$$

用 **T** 表示标准正交变换矩阵，该矩阵有以下形式：

$$\boldsymbol{T}_{rg}=\begin{pmatrix}1 &&&&&&&&\\ &\ddots&&&&&&&\\ &&1&&&&&&\\ &&&\ddots&&&&&\\ &&&&\cos\varphi&&\cdots&&-\sin\varphi&&\\ &&&&&\ddots&&&&&\\ &&&&\vdots&&1&&\vdots&&\\ &&&&&&&\ddots&&&\\ &&&&\sin\varphi&&\cdots&&\cos\varphi&&\\ &&&&&&&&&\ddots&\\ &&&&&&&&&&1\end{pmatrix}$$

其中 r，$g=1, 2, 3, \cdots, p$。

实际计算时为了克服因子分析的不确定性，依据每一因子只有少数几个变量具有高载荷，其余的载荷很小以及每一变量只在少数因子上具有显著的载荷的原则，依据方差最大正交变换法(Varimax 法)，并且记 $\boldsymbol{B}=\boldsymbol{A}\boldsymbol{T}$。矩阵 **B** 的元素为 b_{ij}。要满足这一准则，采用方差最大正交变换法即使下式：

$$V=p\sum_{j=1}^{k}\sum_{i=1}^{p}\left(\frac{b_{ij}}{h_i}\right)^4-\sum_{j=1}^{k}\left(\sum_{i=1}^{p}\frac{b_{ij}^2}{h_i^2}\right)^2 \tag{2.6}$$

达到极大。由于正交变换矩阵的乘积仍然是一正交矩阵，因此取 r，g 为一切可能的值，计算所有正交矩阵的乘积：

$$\boldsymbol{T}_1=\prod_{r=1}^{k-1}\prod_{g=r+1}^{k}\boldsymbol{T}_{rg}$$

得到 $\boldsymbol{B}_1=\boldsymbol{A}\boldsymbol{T}_1$。然后再对 $\boldsymbol{B}_1$ 重复使用以上变换，得到 $\boldsymbol{B}_2$，如此继续重复 s 次，一直到满足式(2.6)为止。但在实际计算中，用 V_1 表示与 $\boldsymbol{B}_1$ 相应的 V 值，V_2 表示与 $\boldsymbol{B}_2$ 相应的 V 值，用 V_s 表示与 B_s 相应的 V 值。经过 s 次变换后只要满足下式：

$$|V_s-V_{s-1}|<\varepsilon \tag{2.7}$$

ε 为给定的一个很小的正数，当上式成立时便认为变换已经符合方差最大正交变换法。

这样最后的正交变换矩阵应为

$$\boldsymbol{T}=\prod_{i=1}^{s}\boldsymbol{T}_i \tag{2.8}$$

一个完整的因子解包括“因子模式”和“因子结构”两个方面，因子模式是指因子在斜坐标系内的坐标，而因子结构指因子在斜坐标轴上的投影。在斜交因子解中，分为“斜主因子解”和“斜参考因子解”，前者的特点是将斜因子坐标轴通过变量点群的形心，而斜参考因子解在于使尽可能多的因子在斜因子轴上的投影为极小。

设 $\boldsymbol{A}$ 为正交因子载荷矩阵，$\boldsymbol{Q}$ 为斜交变换矩阵，则斜主因子解的因子结构矩阵 $\boldsymbol{S}$ 为

$$\boldsymbol{S}=\boldsymbol{AQ} \tag{2.9}$$

此时因子的相关矩阵 $\boldsymbol{\Phi}$ 为

$$\boldsymbol{\Phi}=\boldsymbol{Q}'\boldsymbol{Q} \tag{2.10}$$

相应的因子模式矩阵 $\boldsymbol{M}$ 为

$$\boldsymbol{M}=\boldsymbol{S\Phi}^{-1}=\boldsymbol{AQ}\ (\boldsymbol{Q}'\boldsymbol{Q})^{-1}=\boldsymbol{A}\ (\boldsymbol{Q}')^{-1} \tag{2.11}$$

斜参考因子解可以仿照上面的方法来构建，即用 $\boldsymbol{Z}$ 表示变换矩阵，斜参考因子的结构阵 $\boldsymbol{D}$ 可以表示为

$$\boldsymbol{D}=\boldsymbol{AZ} \tag{2.12}$$

斜参考因子的相关矩阵 $\boldsymbol{K}$ 用下式表示：

$$\boldsymbol{K}=\boldsymbol{Z}'\boldsymbol{Z} \tag{2.13}$$

相应的因子模式矩阵 $\boldsymbol{W}$ 为

$$\boldsymbol{W}=\boldsymbol{DK}^{-1}=\boldsymbol{AZ}\ (\boldsymbol{Z}'\boldsymbol{Z})^{-1}=\boldsymbol{A}\ (\boldsymbol{Z}')^{-1} \tag{2.14}$$

从正交因子出发，依据“双四次幂极小准则”求出相应的变换矩阵，“双四次幂极小准则”是综合“四次幂极小准则”与“协方差极小准则”而成的，简称为 B 准则。记参考因子结构矩阵的元素为 d_{ts}，四次幂极小准则是使

$$\Omega=\sum_{t<s=1}^{k}\sum_{i=1}^{p}d_{it}^2d_{is}^2=\min$$

式中，$d_{it}=\sum_{j=1}^{k}a_{ij}\lambda_{jt}$，$d_{is}=\sum_{j=1}^{k}a_{ij}\lambda_{is}$。

上面表达式中的 a 代表正交因子载荷，λ 代表正交轴与斜交轴夹角方向的余弦。满足表达式 $\sum_{j=1}^{k}\lambda_{jt}^2=1$。

在程序中可通过迭代法求解极值问题的解。

协方差极小准则是使

$$\Delta=\sum_{t<s=1}^{k}\left(p\sum_{i=1}^{p}d_{it}^2d_{is}^2-\sum_{i=1}^{p}d_{it}^2\sum_{i=1}^{p}d_{ts}^2\right)=\min$$

给 Ω 和 Δ 一定的权重，则两个准则结合起来，得到

$$B^*=\beta\frac{\Delta}{p}+\alpha\Omega=\min \tag{2.15}$$

即

$$B^*=\sum_{t<s=1}^{k}\left[\alpha\sum_{i=1}^{p}d_{it}^2d_{is}^2+\beta\left(p\sum_{i=1}^{p}d_{it}^2d_{is}^2-\sum_{i=1}^{p}d_{it}^2\sum_{i=1}^{p}d_{is}^2\right)\right]\Big/p \tag{2.16}$$

用 p 乘以上式两端，合并后再除以$(\alpha+\beta)$，令 $\gamma=\beta/(\alpha+\beta)$，得

$$B^*=\sum_{t<s=1}^{k}\left(p\sum_{i=1}^{p}d_{it}^2d_{is}^2-\gamma\sum_{i=1}^{p}d_{it}^2\sum_{i=1}^{p}d_{is}^2\right) \tag{2.17}$$

一般取 $\gamma=0.5$，并对 d 元素进行正规化处理，最后利用迭代求上式的极小值，即可获得符合“双四次幂极小准则”的 $\boldsymbol{Z}$ 矩阵，以及斜参考因子相关矩阵、结构矩阵与模式矩阵。

对式(2.3)中 F 的求解，一般通过回归模式求得。即建立 $F_j(j=1,2,3,\cdots,k)$与变量 $x_i(i=1,2,3,\cdots,p)$之间的表达式：

$$F_j=\beta_{j1}x_1+\beta_{j2}x_2+\cdots+\beta_{jp}x_p$$

写成矩阵的形式为

$$\boldsymbol{F}'=\boldsymbol{X}'\boldsymbol{\beta}$$

式中，$\boldsymbol{\beta}$ 为回归系数，按照最小二乘法求解，$\boldsymbol{\beta}$ 满足如下正规方程组：

$$\boldsymbol{R\beta}=\boldsymbol{A}$$
$$\boldsymbol{\beta}=\boldsymbol{R}^{-1}\boldsymbol{A}$$

最后得到计算因子得分 F 的表达式：

$$\boldsymbol{F}'=\boldsymbol{X}'\boldsymbol{R}^{-1}\boldsymbol{A} \tag{2.18}$$

2. 因子分析应用实例

影响农业总产值的主要指标有耕地面积(万亩)、化肥使用量折纯量(吨)、农业自然灾害受灾面积(万亩)、农村劳动力(万人)、塑料薄膜使用量(吨)、生产资料价格指数、商品零销售价格指数7个，甘肃省2000—2015年上述数据的统计数据见表2.5，需要说明的是，Q 模式因子分析样品间的相似程度用样品间的相关系数来表示。

表 2.5　甘肃省 2000—2015 年农业生产统计数据

耕地面积/万亩	化肥使用量折纯量/吨	农业自然灾害受灾面积/万亩	农村劳动力/万人	塑料薄膜使用量/吨	生产资料价格指数	商品零销售价格指数
5149.8	645 415.88	3006.18	660.59	64 233.45	103.9	99.6
5128.27	660 597.63	2363.38	660.1	69 968.84	98.6	100.5
5112.93	694 089.3	1905.44	697.58	79 409.89	100.4	99.3
5098.3	695 719.49	1764.62	718.31	77 199.95	101.8	100.6
5105.84	723 871.48	1865.8	720.21	77 012.58	107.4	102.1
5131.57	759 185.67	1706.93	718.07	78 173.57	109	100.6
5162.03	765 015.31	2133.2	707.33	79 188.71	104.4	102
5173.49	801 409.09	2154.24	697.22	84 642.16	107.1	105.5
5202.53	813 650	1858.1	682.94	90 670.24	114.7	108.4
5227.78	861 121.43	1949.8	686.61	105 389.6	99	102.3
5240.71	852 613.26	1751.22	678.67	123 712.1	101.7	103.2
5254.51	872 353.98	1814.66	667.88	143 405.1	107.6	104.9
5296.37	921 287.86	1014.64	647.9	150 374.2	105.2	103.3
5306.9	947 071	1466.46	627.93	165 791	102.1	103.1
5320.2	976 042	1043.01	621.16	176 169	99	102
5330.02	979 200	996.57	613.13	183 700	98.6	101.5

3. 因子分析计算结果分析

对表 2.5 的原始数据，首先进行标准化处理，然后计算出样品的相关系数矩阵，再分析因子分析的其他内容，所得的结果如表 2.6 所示。

表 2.6　相关系数矩阵

序号	1	2	3	4	5	6	7
1	1	0.951 521	−0.687 03	−0.842 03	0.952 609	−0.220 96	0.347 144
2	0.951 521	1	−0.813 21	−0.678 84	0.944 575	−0.140 39	0.411 452
3	−0.687 03	−0.813 21	1	0.451 957	−0.810 51	0.152 631	−0.174 87
4	−0.842 03	−0.678 84	0.451 957	1	−0.810 71	0.425 889	−0.051 51
5	0.952 609	0.944 575	−0.810 51	−0.810 71	1	−0.299 23	0.220 523
6	−0.220 96	−0.140 39	0.152 631	0.425 889	−0.299 23	1	0.648 576
7	0.347 144	0.411 452	−0.174 87	−0.051 51	0.220 523	0.648 576	1

表 2.6 表明，X_1 与 X_5、X_2 这 2 个变量彼此间的相关性强，而 X_2 与 X_5 变量间的相关系数性强，说明甘肃省的耕地面积与塑料薄膜使用量、化肥使用量的依赖关系最强，这也是甘肃省农业生产资料的主要投入因子，而塑料薄膜使用量、化肥使用量间高度相关，也表明这两者间的投入直接影响农业的增产和农民收入，其余的计算结果见表 2.7～表2.13。

表 2.7　特征值及相关计算结果

序号	特征值	累加值	占特征值总数的百分数/(%)
1	4.356 384	4.356 384	62.234 05
2	1.734 036	6.090 42	87.005 99
3	0.569 229	6.659 649	95.137 84
4	0.210 429	6.870 078	98.143 97
5	0.098 14	6.968 218	99.545 98
6	0.024 094	6.992 312	99.890 18
7	0.007 688	7	100

根据表 2.7，可以看出 3 个主因子所代表的信息量已占全体信息量的 95.14%，几乎完全反映了 7 个变量的总体信息量。因此选出前 3 个因子，即可满足分析要求。

表 2.8　正交因子载荷矩阵

序号	a_1	a_2	a_3
1	0.974 985 808	0.057 323 884	−0.161 845 034
2	0.964 582 495	0.164 374 837	0.088 852 667
3	−0.810 636 676	−0.051 947 975	−0.558 796 021

续表

序号	a_1	a_2	a_3
4	−0.827 151 023	0.261 502 33	0.430 870 854
5	0.987 350 588	−0.044 309 979	0.036 693 26
6	−0.279 323 294	0.905 701 192	0.025 981 329
7	0.284 910 018	0.900 217 022	−0.187 660 364

表 2.9 方差极大正交因子得分值

序号	$\hat{F}_1$	$\hat{F}_2$	$\hat{F}_3$
1	0.760 304 478	−0.557 070 337	−2.581 193 45
2	0.313 138 665	−1.086 477 881	−1.549 847 148
3	−1.018 675 499	−1.234 962 522	−0.075 651 206
4	−1.544 913 158	−0.788 549 267	0.357 402 111
5	−1.476 986 804	0.248 602 554	0.229 531 384
6	−1.640 130 892	0.080 229 166	0.649 745 319
7	−0.622 045 959	0.016 569 896	−0.329 362 057
8	−0.106 008 452	1.187 019 156	−0.591 796 968
9	0.042 392 768	2.690 034 642	−0.370 398 814
10	0.190 168 955	−0.461 110 387	−0.049 723 449
11	0.250 243 557	0.001 259 075	0.197 916 223
12	0.613 522 906	1.086 475 162	0.026 962 264
13	0.365 923 734	0.314 113 195	1.296 984 471
14	1.366 632 937	0.014 570 125	0.405 537 64
15	1.182 348 298	−0.667 494 759	1.172 859 758
16	1.324 084 467	−0.843 207 817	1.211 033 922

表 2.10 斜因子相关矩阵

序号	1	2	3
1	1	0.058 739 382	0.417 551 718
2	0.058 739 382	1	0.091 087 891
3	0.417 551 718	0.091 087 891	1

表 2.11 斜因子结构矩阵

序号	a_1	a_2	a_3
1	−0.714 447 745	−0.121 742 145	0.313 140 835
2	−0.498 750 779	−0.175 746 407	0.537 467 823

续表

序号	a_1	a_2	a_3
3	0.050 621 643	−0.034 090 505	−0.872 990 353
4	0.873 818 717	−0.141 259 907	0.016 052 093
5	−0.578 947 031	0.017 281 296	0.486 847 287
6	0.301 263 595	−0.871 948 047	−0.040 945 116
7	−0.210 851 736	−0.928 697 357	0.031 515 33

表 2.12　斜因子模型矩阵

序号			
1	−1.020 412 334	−0.130 217 777	0.751 077 021
2	−0.870 654 365	−0.208 405 042	0.919 994 225
3	0.501 917 857	0.035 329 022	−1.085 785 062
4	1.054 382 863	−0.165 930 282	−0.409 093 044
5	−0.947 223 197	−0.007 514 235	0.883 046 416
6	0.407 755 855	−0.883 995 738	−0.130 682 966
7	−0.247 887 245	−0.934 186 346	0.220 114 14

表 2.13　斜交因子得分值

序号	$\hat{F}_1$	$\hat{F}_2$	$\hat{F}_3$
1	−1.226 610 842	0.433 508 271	−2.658 932 684
2	−0.588 010 974	1.017 265 719	−1.526 894 855
3	0.998 816 807	1.273 958 683	0.228 064 714
4	1.592 541 013	0.865 847 871	0.752 788 561
5	1.491 176 646	−0.177 094 478	0.563 742 185
6	1.732 176 617	0.012 681 591	1.018 204 682
7	0.548 770 804	−0.001 480 337	−0.171 640 454
8	−0.019 357 358	−1.201 366 605	−0.604 515 736
9	−0.138 805 329	−2.700 691 583	−0.495 944 717
10	−0.191 406 2	0.450 543 996	−0.071 958 734
11	−0.208 539 331	−0.005 030 682	0.132 124 968
12	−0.608 563 492	−1.110 089 225	−0.171 521 868
13	−0.118 569 961	−0.283 931 348	1.155 769 671
14	−1.266 008 902	−0.058 762 522	0.066 196 195
15	−0.933 694 601	0.656 958 458	0.886 541 237
16	−1.063 914 897	0.827 682 192	0.897 976 834

4. 因子分析源代码设计

原始数据的输入顺序见表 2.5。因子分析程序运行时，需要从文本框输入 3 个数据，即样本数、自变量数、选取指标数方差贡献率累计百分数，第 3 个数值以小数形式输入。在标准模块中变量的定义：

```
Public BHYZ As String, LAM1(200) As Double, AN1(200, 100) As Double, HH11(200) As Double, BT11(200, 100) As Double, AA1(200, 100) As Double, FF1(200, 100) As Double, AS11(200, 100) As Double
Public Z(300, 200)    As Double, N    As Integer, M    As Integer, I    As Integer, J As Integer, H(200) As Double, LAM(200) As Double, S(200, 200) As Double, R(200, 200) As Double, R1(200, 200) As Double, ZZ(200, 100) As Double
Public E As Double, F As Double, K As Integer, TOL As Double, D1(200) As Double, D2(200) As Double, CC As Double, AL(200) As Double, A(200, 100) As Double, AN(200, 100) As Double, AS1(100, 100) As Double
Public B As Double, W As Double, WV As Double, C As Double, D As Double, FI As Double, T1 As Double, T2 As Double, MU As Double, DETA As Double, L As Integer, U As Integer
Public BT(100, 200) As Double, FF(100, 200) As Double, KA As Double, LK As Double, N1 As Double, NF As Integer, NK As Double, E1(100) As Double, D11(100) As Double, C1(100, 100) As Double, LA(100, 100) As Double, KK(100, 200) As Double
Public PP As Double, RR As Double, ALL As Double, P As Integer, P11 As Double, K1 As Integer, K11 As Integer, Z1(300, 200) As Double, H1(200) As Double
```

因子分析的主程序代码：

```
Private Sub Command1_Click()
M = Val(InputBox("输入因子的个数", "共有多少个因子"))
N = Val(InputBox("输入数据的组数", "有多少组数据"))
CC = Val(InputBox("因子特征值所占的百分数", "挑选因子的贡献率"))
Open "E:\应用实例\yzfxz.txt" For Input As #1
For I = 1 To N
For J = 1 To M
Input  #1, Z1(I, J)
Next  J
Next  I
Close #1
End Sub

Private  Sub  Command2_Click()
For  J = 1  To  M
E = 0: F = 0
For  I = 1  To  N
E = E + Z1(I, J)
Next  I
E = E / N
```

```
H(J) = E
For  I = 1  To  N
F = F + (Z1(I, J) - E) ^ 2
Next  I
LAM(J) = F / (N - 1)
Next  J
Print  "平均值"
For  I = 1  To  M
Print  H(I);
Next  I
Print
Print  "方差"
For  J = 1 To  M
Print  LAM(J);
Next  J
Print
For  J = 1  To  M
E = Sqr(LAM(J))
F = H(J)
For  I = 1  To  N
ZZ(J, I) = (Z1(I, J) - F) / E
Next  I
Next  J
For  J = 1  To  M
R1(J, J) = 1
R(J, J) = 1
For  K = J + 1  To  M
E = 0
For  I = 1  To N
E = E + ZZ(J, I) * ZZ(K, I)
Next  I
R(K, J) = E / (N - 1)
R(J, K) = R(K, J)
R1(K, J) = R(J, K)
R1(J, K) = R1(K, J)
Next  K
Next  J
Print  "相关系数矩阵"
For  I = 1  To  M
For  J = 1  To  M
Print  R1(I, J);
Next  J
Print
```

```
Next  I
Print
Call  yzfx1(R1, M)
Call  yzfx2(M, 0.0000000001, R, LAM, H, S)
Call  yzfx3(M, 0.0000000001, LAM, H, S)
Print  "相关系数矩阵的特征值"
For  I = 1  To  M
Print  LAM(I);
Next  I
Print
Call  yzfx4(LAM, M, NF, CC)
For  P = 1  To  NF
E = Sqr(LAM(P))
For  J = 1  To  M
AN(J, P) = E * S(J, P)
A(J, P) = AN(J, P)
AN1(J, P) = AN(J, P)
Next  J
Next  P
BHYZ = "正交变换"

Print  "主因子解一因子载荷矩阵"
Call  yzfx5(AN, M, NF)
Call  yzfx6(AN, H, M, NF)
Call  yzfx7(AN, R1, ZZ, M, NF, N)
'斜交变换
BHYZ = "斜交变换"
Print  "斜交因子的计算结果"
Call  yzfx9(AN, A, AS1, LAM, H, M, NF)
Call  yzfx7(A, R1, ZZ, M, NF, N)
Print  "R模式因子分析计算完毕"
End Sub

Public  Sub  yzfx1(A( ) As Double, N As Integer)
For  K = 1  To  N
For  J = 1  To  N
If  J <> K  Then
A(K, J) = A(K, J) / A(K, K)
End  If
Next  J
For  I = 1  To  N
If  I <> K  Then
For  J = 1 To N
```

```
If J <> K Then
A(I, J) = A(I, J) - A(I, K) * A(K, J)
End If
Next J
End If
Next I
For I = 1 To N
If I <> K Then
A(I, K) = -A(I, K) / A(K, K)
End If
Next I
A(K, K) = 1 / A(K, K)
Next K
End Sub
Public Sub yzfx2(M As Integer, TOL As Double, A( ) As Double, D( ) As Double, E( ) As Double, Z( ) As Double)
For I = 1 To M
For J = 1 To I
Z(I, J) = A(I, J)
Next J
Next I

For I = M To 2 Step -1
L = I - 2
F = Z(I, I - 1)
G = 0
For K = 1 To L
G = G + Z(I, K) * Z(I, K)
Next K
H11 = G + F * F
If G <= TOL Then
E(I) = F
H11 = 0
GoTo 300
End If
L = L + 1
If F >= 0 Then
E(I) = -Sqr(H11)
G = -Sqr(H11)
Else
E(I) = Sqr(H11)
G = Sqr(H11)
End If
```

```
H11 = H11 - F * G
Z(I, I - 1) = F - G
F = 0
For  J = 1  To L
Z(J, I) = Z(I, J) / H11
G = 0
For  K = 1  To  J
G = G + Z(J, K) * Z(I, K)
Next  K
For  K = J + 1  To L
G = G + Z(K, J) * Z(I, K)
Next  K
E(J) = G / H11
F = F + G * Z(J, I)
Next  J
HH = F / (H11 + H11)
For  J = 1  To  L
F = Z(I, J)

E(J) = E(J) - HH * F
G = E(J)
For  K = 1  To  J
Z(J, K) = Z(J, K) - F * E(K) - G * Z(I, K)
Next  K
Next  J
300  D(I) = H11
Next  I
D(1) = 0
E(1) = 0
For  I = 1  To  M
L = I - 1
If  D(I) <> 0  Then
For  J = 1  To  L
G = 0
For  K = 1  To  L
G = G + Z(I, K) * Z(K, J)
Next  K
For  K = 1  To  L
Z(K, J) = Z(K, J) - G * Z(K, I)
Next  K
Next  J
End  If
```

```
D(I) = Z(I, I)
Z(I, I) = 1
For  J = 1  To L
Z(I, J) = 0
Z(J, I) = 0
Next  J
Next  I
End Sub

Public  Sub  yzfx3(M As Integer, EP As Double, D( ) As Double, E( ) As Double, Z( ) As Double)
For  I = 2  To  M
E(I - 1) = E(I)
Next  I
E(M) = 0
B1 = 0
F = 0
For  L = 1  To  M
J = 0
H11 = EP * (Abs(D(L)) + Abs(E(L)))
If  B1 < H11  Then
B1 = H11
End  If
For  MM = L  To  M
If  Abs(E(MM)) <= B1  Then
GoTo 400
End If
Next  MM
400  If  MM = L  Then
GoTo 500
End  If
405  If  J = 30  Then
MsgBox ("迭代失效"): End
End If
J = J + 1
G = D(L)
P11 = (D(L + 1) - G) / (2 * E(L))
If  Abs(P11) < 100000  Then
R11 = Sqr(P11 * P11 + 1)
Else
R11 = Abs(P11)
End  If
If  P11 < 0  Then
```

```
D(L) = E(L) / (P11 - R11)
Else
D(L) = E(L) / (P11 + R11)
End If
H11 = G - D(L)
For  I = L + 1   To M
D(I) = D(I) - H11
Next  I
F = F + H11
P11 = D(MM)
C = 1
S11 = 0
For  I = MM - 1  To  L  Step -1
G = C * E(I)
H11 = C * P11
If  Abs(P11) >= Abs(E(I))  Then
C = E(I) / P11
R11 = Sqr(C * C + 1)
E(I + 1) = S11 * P11 * R11
S11 = C / R11
C = 1 / R11
Else
C = P11 / E(I)
R11 = Sqr(C * C + 1)
E(I + 1) = S11 * E(I) * R11
S11 = 1 / R11
C = C / R11
End If


P11 = C * D(I) - S11 * G
D(I + 1) = H11 + S11 * (C * G + S11 * D(I))
For  K = 1  To  M
H11 = Z(K, I + 1)
Z(K, I + 1) = S11 * Z(K, I) + C * H11
Z(K, I) = C * Z(K, I) - S11 * H11
Next  K
Next  I
E(L) = S11 * P11
D(L) = C * P11
If  Abs(E(L)) > B1  Then
GoTo 405
End  If
```

```
500  D(L) = D(L) + F
Next  L
For  I = 1  To  M
K = I
P11 = D(I)
For  J = I + 1  To M
If  D(J) > P11  Then
K = J
P11 = D(J)
End  If
Next  J
If  K <> I  Then
D(K) = D(I)
D(I) = P11
For  J = 1  To M
P11 = Z(J, I)
Z(J, I) = Z(J, K)
Z(J, K) = P11
Next  J
End  If
Next  I
End Sub

Public  Sub  yzfx4(LAM( ) As Double, N As Integer, NF As Integer, C As Double)
NF = 0
E = 0
F1 = 0
For  I = 1  To  N
E = E + LAM(I)
LAM1(I) = LAM(I)
Next  I

For  I = 1  To  N
F1 = F1 + LAM(I)
W = F1 / E * 100
NF = NF + 1
D1(NF) = F1
D2(NF) = W
Next  I
NF = 0
For  I = 1  To  N
If  D2(I) < C  Then
NF = I
```

```
ElseIf  NF <= 2  Then
NF = 3
End If
Next  I
Print  "特征值之累计值"
For  I = 1  To  N
Print  D1(I);
Next  I
Print
Print  "特征值之累计百分数%"
For  I = 1  To  N
Print  D2(I);
Next  I
Print
Print  "入选的因子数="; NF
End Sub

Public  Sub  yzfx5(A( ) As Double, N As Integer, M As Integer)
For  I = 1  To  M
For J = 1 To N
AL(J) = A(J, I)
Print  AL(J);
Next  J
Print
Next  I
End Sub

Public  Sub  yzfx6(A( ) As Double, H1( ) As Double, L As Integer, M As Integer)
WV = 100000#
For  J = 1  To  L
H1(J) = 0
For  P = 1  To  M
H1(J) = H1(J) + A(J, P) * A(J, P)
Next  P
Next  J
For  J = 1  To  L
E = Sqr(H1(J))
For  P =  1  To  M
A(J, P) = A(J, P) / E
Next  P
Next  J
2 For  P = 1  To  M - 1
For  I = P + 1  To  M
```

```
ALL = 0
B = 0
C = 0
D = 0
For  J = 1  To  L
F = A(J, P)
W = A(J, I)
E = F * F - W * W
F = 2 * F * W
ALL = ALL + E
B = B + F
C = C + E * E - F * F
D = D + 2 * E * F
Next  J
DETA = L * C + B * B - ALL * ALL
MU = L * D - 2 * ALL * B
If  DETA <> 0  Then
FI = Atn(MU / DETA) / 4
ElseIf  MU > 0  Then
FI = 0.39269
Else
FI = -0.39269
End  If
If  DETA < 0  Then
If  MU > 0  Then
FI = FI + 0.785398
Else
FI = FI - 0.785398
End If
End If
T1 = Cos(FI)
T2 = Sin(FI)
For  J = 1  To  L
E = A(J, P)
F = A(J, I)
A(J, P) = E * T1 + F * T2
A(J, I) = -E * T2 + F * T1
Next  J
Next  I
Next  P
E = 0
F = 0
W = 0
```

```
For  P = 1  To  M
For  J = 1  To  L
D = A(J, P)
E = E + D * D * D * D
F = F + D * D
Next  J
W = W + L * E - F * F
Next  P
E = (W - WV) / W
'Print  "迭代之差 DV="; E
If  Abs(E) > 0.000005  Then
WV = W
GoTo 2
End  If
For  J = 1  To  L
E = Sqr(H1(J))
For  P = 1  To  M
A(J, P) = E * A(J, P)
If  BHYZ =  "正交变换" Then
AA1(J, P) = A(J, P)
End  If
Next  P
Next  J
Print  "方差"
For  I = 1  To  L
HH11(I) = H1(I)
Print  H1(I);
Next  I
Print
Print  "方差极大变换后的因子载荷矩阵"
Call  yzfx5(A, L, M)
End Sub

Public Sub yzfx7(AN( ) As Double, R1( ) As Double, ZZ( ) As Double, N As Integer, NF As Integer, M As Integer)
For  I = 1  To  NF
For  J = 1  To  N
BT(I, J) = 0
For  K11 = 1  To  N
BT(I, J) = BT(I, J) + AN(K11, I) * R1(K11, J)
Next  K11
If  BHYZ = "正交变换"  Then
BT11(I, J) = BT(I, J)
```

```
End  If
Next  J
Next I

Print  BHYZ  &  "方差极大因子对变量的回归系数"
Call  yzfx5(BT, NF, N)
Print  BHYZ  &  "方差极大因子的得分"
Call  yzfx8(BT, ZZ, FF, NF, N, M)
If  BHYZ = "正交变换"  Then
For  I = 1  To  M
For  J = 1  To  NF
FF1(J, I) = FF(J, I)
Next  J
Next  I
End If
Call  yzfx5(FF, NF, M)
End Sub

Public  Sub  yzfx8(X( ) As Double, Y( ) As Double, Z11( ) As Double, N As Integer, M As Integer, P As Integer)
For  I = 1  To  N
For  J = 1  To  P
Z11(I, J) = 0
For  K1 = 1  To  M
Z11(I, J) = Z11(I, J) + X(I, K1) * Y(K1, J)
Next  K1
Next  J
Next  I
End Sub

Public  Sub  yzfx9(A( ) As Double, AN( ) As Double, AS1( ) As Double, LAM( ) As Double, H1( ) As Double, U As Integer, NF As Integer)
For  J = 1  To  U
E = Sqr(H1(J))
For  I = 1  To  NF
AN(J, I) = A(J, I) / E
A(J, I) = A(J, I) / E
Next  I
Next  J
N1 = 0
33  For  K11 = 1  To  NF
KA = 0
For  J = 1  To  U
```

```
LAM(J) = 0
For  I = 1  To  NF
If  I <> K11  Then
LAM(J) = LAM(J) + AN(J, I) * AN(J, I)
E = LAM(J)
End If
Next  I
KA = KA + E
Next J
KA = KA / 2
For  J = 1  To  U
E = U * LAM(J)
For  I = 1  To  NF
KK(I, J) = E * A(J, I)
Next  I
Next  J
Call  yzfx8(KK, A, C1, NF, U, NF)
For  J = 1  To  NF
For  I = 1  To  NF
KK(J, I) = 0
For  P = 1  To  U
KK(J, I) = KK(J, I) + A(P, J) * A(P, I)
Next  P
Next  I
Next  J
For  J = 1  To  NF
For  I = 1  To  NF
C1(J, I) = C1(J, I) - KA * KK(J, I)
Next  I
Next  J

Call  yzfx2(NF, 0.0000000001, C1, D11, E1, AS1)
Call  yzfx3(NF, 0.0000000001, D11, E1, AS1)
For  I = 1  To  NF
LA(I, K11) = AS1(I, NF)
Next  I
For  J = 1  To  U
AN(J, K11) = 0
For I = 1 To NF
AN(J, K11) = AN(J, K11) + A(J, I) * LA(I, K11)
Next  I
Next  J
Next  K11
```

```
LK = 0
NK = 0
For  J = 1  To  NF - 1
E = 0
For  I = 1  To  U
E = E + AN(I, J) * AN(I, J)
Next  I
For  K11 = J + 1  To NF
KA = 0
For  I = 1  To  U
NK = NK + AN(I, J) ^ 2 * AN(I, K11) ^ 2
KA = KA + AN(I, K11) ^ 2
Next  I
LK = LK + E * KA
Next  K11
Next  J
NK = U * NK - LK / 2
E = (NK - N1) / NK
'Print  "迭代结果 DB="; E
If  Abs(E) > 0.0001  Then
N1 = NK
GoTo 33
End If
For  J = 1  To  NF
For  I = 1  To  NF
C1(J, I) = LA(I, J)
Next  I
Next  J
Call  yzfx8(C1, LA, AS1, NF, NF, NF)
Print  "斜参因子相关系数"
For  I = 1  To  NF
For  J = 1  To  NF
AS11(I, J) = AS1(I, J)
Print  AS1(I, J);
Next  J
Print
Next  I
Call  yzfx1(AS1, NF)
For  J = 1  To  U
E = Sqr(H1(J))
For  I = 1  To  NF
AN(J, I) = E * AN(J, I)
Next  I
```

```
Next J
Print "斜参考因子结构矩阵"
Call yzfx5(AN, U, NF)
Print "斜参考因子的模式矩阵"
Call yzfx8(AN, AS1, A, U, NF, NF)
Call yzfx5(A, U, NF)
End Sub
```

2.3　费歇准则二类线性判别分析

1. 费歇准则二类线性判别分析方法与原理

在我们的实际工作中，经常遇到分类判别的问题，也就是根据观测数据对所研究的对象进行分类判别。判别分析的原理是根据若干已知类型，对预报对象进行分类的一种方法。例如，我们在农作物育种中积累了不同类型的若干农作物品种的历史资料，希望通过一定的分类规律，在以后的育种工作中遇到新的农作物品种，只要根据总结出来的分类规律判断它的所属的类型就行了。在判别分析中，根据不同的判别准则，有 Fisher 判别、Bayes 判别、模糊判别分析等方法。

判别分析是一种常用的多元统计方法，费歇判别讨论两类判别问题。由于客观事物的复杂性，单凭一个指标考察其归类，无法确定其归属于已知类型的哪一种类型。但如果将多个指标加以综合考虑，建立一种判别函数，就有可能根据该函数值的大小将两类中的绝大多数个体分开，这就是判别分析的出发点。判别分析包含以下内容：

(1) 建立判别函数；

(2) 规定判别准则；

(3) 确定判别临界值以及判别规则。

对于具有 M 个判别指标的样品，建立线性的判别函数：

$$u = \sum_{i=1}^{M} c_i X_i \tag{2.19}$$

其中 c_i 为待定系数。对于两类判别问题，设为 A 类和 B 类，假定 A 类有 n_A 个个体，B 类有 n_B 个个体。费歇判别准则的思想是，为了最好地将 A 类与 B 类分开，希望两类均值之差尽可能地大，而每类的方差尽可能地小。具体讲就是通过确定式(2.19)的系数 c_i，使得

$$L = \frac{(\bar{u}_A - \bar{u}_B)^2}{\sigma_A^2 + \sigma_B^2} \tag{2.20}$$

达到极大。其中 $\bar{u}_A$ 为 A 类的判别函数之均值，$\sigma_A^2 = \sum_{i=1}^{M_1} (u_i(A) - \bar{u}(A))^2$，$\bar{u}_B$ 为 B 类的判别函数之均值，$\sigma_B^2 = \sum_{i=1}^{M_2} (u_i(B) - \bar{u}(B))^2$，为此进行如下的计算：

$$\frac{\partial L}{\partial c_i} = 0 \tag{2.21}$$

便可以得到一个 M 元线性联立方程组，由该方程组求解便可以得到系数 c_i。

关于判别临界值的规定，有不同的方法，例如根据每类样品数，由下式计算出临界值 u_c：

$$u_c = \frac{(n_A \bar{u}_A + n_B \bar{u}_B)}{(n_A + n_B)} \tag{2.22}$$

根据每类判别函数的标准差，由下式计算临界值 u_c：

$$u_c = \frac{(\sigma_A \bar{u}_A + \sigma_B \bar{u}_B)}{(\sigma_A + \sigma_B)} \tag{2.23}$$

本程序采用式(2.22)确定临界值 u_c。

临界值确定后，判别规则为

(1) 当 $\bar{u}_A > \bar{u}_B$，此时如果待判样品 t 的判别函数值 $u_t > u_c$，则判样品 $t \in A$；若 $u_t < u_c$，则判样品 $t \in B$；而当 $u_t = u_c$ 时，则归属不定。

(2) 当 $\bar{u}_A < \bar{u}_B$，此时如果待判样品 t 的判别函数值 $u_t > u_c$，则判样品 $t \in B$；若 $u_t < u_c$，则判样品 $t \in A$；而当 $u_t = u_c$ 时，同样无法确定样品的归属。

由于两组判别分析假设两组原始样品属于不同的总体，两组多元变量的平均值在统计上应该差异显著，否则判别没有意义。因此必须进行统计检验，常用的统计检验公式为

$$F = \left[\frac{n_A \times n_B}{(n_A + n_B)(n_A + n_B - 2)}\right]\left[\frac{n_A + n_B - N - 1}{N}\right] \times D^2 \tag{2.24}$$

其中 D^2 称为马哈拉诺比斯距离，N 为样品的变量数，计算公式为

$$D^2 = (n_A + n_B - 2)\sum_{i=1}^{N} c_i d_i \tag{2.25}$$

而

$$d_i = \bar{u}_i(A) - \bar{u}_i(B) \tag{2.26}$$

2. 费歇准则二类线性判别分析应用实例

作为费歇准则二类线性判别分析程序应用的实例之一，利用甘肃省不同市州的农业统计数据，进行区域经济优势划分。具体数据选择 1991 年甘肃省 14 个市州的粮食平均亩产、国内生产总值、农业总产值、农民家庭人均收入 4 个指标，将其分为直辖市区域经济、地州市区域经济两类，其中第一类有 4 个城市，即兰州市、白银市、金昌市、嘉峪关市，称为 A 类，第二类的地州市有 6 个，分别是庆阳市、平凉市、陇南市、定西市、武威市和天水市，称为 B 类，待判别的州市有张掖市、酒泉市、临夏回族自治州和甘南藏族自治州。所得到的统计数据见表 2.14～表 2.16。

表 2.14　甘肃省 A 类地州市农业生产数据

名称	粮食平均亩产/kg	国内生产总值/万元	农业总产值/万元	农民家庭人均收入/元
兰州市	115.3	726 114	80 824	603
白银市	106.5	177 697	55 763.53	385
金昌市	306.6	161 182	20 611.67	606.67
嘉峪关市	463	48 686	3086.66	803

表 2.15　甘肃省 B 类地市州农业生产数据

名称	粮食平均亩产/kg	国内生产总值/万元	农业总产值/万元	农民家庭人均收入/元
庆阳市	120.1	178 817	125 897.14	494.25
平凉市	122.6	122 394	87 745.4	472.79
陇南市	131.2	138 390	105 887.33	363.7
定西市	107.7	120 217	107 960.04	399.98
武威市	233.5	114 616	94 388.97	451.64
天水市	140	230 346	105 754.63	425.94

表 2.16　待判地州市的农业生产数据

名称	粮食平均亩产/kg	国内生产总值/万元	农业总产值/万元	农民家庭人均收入/元
张掖市	356.5	162 951	114 579.01	687.89
酒泉市	453.5	156 681	89 910.3	1078.7
临夏州	173	80 752	49 311.11	337.24
甘南州	109.8	50 125	25 924.83	433.04

3. 费歇准则二类线性判别计算结果分析

根据表 2.14～表 2.16 的原始数据，进行分析计算，所得结果见表 2.17～表 2.22，下面进行显著性检验。当第一自由度为 4，第二自由度为 5 时，经查 F 分布表得 $F_{0.01}(4, 5)=11.39$，而计算所得的 F 值＝16.465 757 012 883 7，大于 11.39，故判别结果的可信度达到极显著水平，因而判别结果有效。

表 2.17　AB 两组数据的均值和均值差

指标	A 组数据的均值	B 组数据的均值	均值差
X_1	247.85	142.516 666 7	105.333 333 3
X_2	278 419.75	150 796.6667	127 623.0833
X_3	40 071.465	104 605.585	－64 534.12
X_4	599.4175	434.716 666 7	164.700 833 3

表 2.18　费歇准则二类线性判别分析系数矩阵

	X_1	X_2	X_3	X_4
X_1	97 814.158 33	－103 769 034.9	－17 925 582.13	75 541.995 83
X_2	－103 769 034.9	2.874 16E＋11	28 860 248 269	－23 199 853.06
X_3	－17 925 582.13	28 860 248 269	4 509 760 353	－10 654 146.63
X_4	75 541.995 83	－23 199 853.06	－10 654 146.63	99 093.360 21

判别函数：

$$u = -0.008\,668\,800\,714X_1 + 0.000\,006\,011\,107\,63X_2 - 0.000\,086\,289\,139\,25X_3 + 0.000\,400\,420\,495\,89X_4$$

表 2.19　判别函数值

A 组的判别函数值	*B* 组的判别函数值	判别临界值	检验统计量 *F*
−3.692 664 344 639 89	−9.181 250 015 601 12	−6.985 815 747 216 63	16.465 757 012 883 7

表 2.20　*A* 组回判结果

	序号	回判结果	判别函数值
A 组回判结果	1	*A*	−3.367 543 149
	2	*A*	−4.512 696 598
	3	*A*	−3.224 612 11
	4	*A*	−3.665 805 521

表 2.21　*B* 组回判结果

	序号	回判结果	判别函数值
B 组回判结果	1	*B*	−10.631 882 75
	2	*B*	−7.709 231 693
	3	*B*	−9.296 763 098
	4	*B*	−9.366 611 246
	5	*B*	−9.299 092 918
	6	*B*	−8.783 918 391

表 2.22　待判样品的判别结果

序号	判别结果	判别函数值
1	*B*	−11.722 390 35
2	*B*	−10.315 823 58
3	*A*	−5.134 268 99
4	*A*	−2.714 160 723

根据表 2.22 的结果，甘肃省的张掖市、酒泉市应归为第二类，即地州市区域经济，而甘肃省临夏回族自治州、甘肃省甘南藏族自治州应归为第一类，即直辖市区域经济类。

4. 费歇准则二类线性判别分析源代码设计

费歇准则二类线性判别分析数据输入需建立 3 个文本文件，第一个输入属于 *A* 类个体的全部数据，第二个输入属于 *B* 类个体的全部数据，第三个输入属于待判别个体的全部数据。输入的顺序如表 2.14～表 2.16 所示。在标准模块中定义的变量：

```
Public A1(200, 100) As Double, B1(100, 200) As Double, C1(100, 100) As Double, L1(100, 100) As Double, V1(100) As Double, A2(200, 100) As Double, B2(200, 100) As Double, C2(200, 200) As Double, L2(100, 100) As Double, V2(100) As Double, X(100) As Double, L(200, 200) As Double, B3(200, 100) As Double
Public N As Integer, M1 As Integer, M2 As Integer, M3 As Integer, I As Integer, J As Integer, K As Integer, F As Double, X1 As Double, V As Double, R0 As Double, V11 As Double, R1 As Double, V22 As Double, R2 As Double, W1 As Double, S1 As Double, S2 As Double, W2 As Double, W3 As Double, R3 As Double
Public D As Double, D2 As Double
```

费歇准则二类线性判别分析主程序全部代码:

```
Private  Sub Command1_Click()
Print  "* * * * * * * * * 费歇准则二类线性判别分析分析 * * * * * * * * * * *"
M1 = Val(InputBox("已知第一类样本数", "第一类有多少个样本"))
M2 = Val(InputBox("已知第二类样本数", "第二类有多少个样本"))
M3 = Val(InputBox("待判样本数", "有多少个待判的样本"))
N = Val(InputBox("样本数的指标数", "每类样本有多少个变量"))
Open "e:\应用实例\feixie1.TXT"   For Input As #1

For  I = 1  To  M1
For  J = 2  To  N + 1
Input  #1, B1(I, J)
B1(I, 1) = 1
Next  J
Next  I
Close  #1

Open "e:\应用实例\feixie2.TXT"   For Input As #2
For  I = 1  To  M2
For  J = 2  To  N + 1
Input  #2, B2(I, J)
B2(I, 1) = 1
Next  J
Next  I
Close #2

Open "e:\应用实例\feixie3.TXT"   For Input As #3
For  I = 1  To  M3
For  J = 1  To  N
Input #3, B3(I, J)
Next  J
Next  I
Close #3
```

```
For  I = 1  To  N + 1
For  J = 1  To  M1
A1(I, J) = B1(J, I)
Next  J
Next  I

For  I = 1  To  N + 1
For  K = 1  To  N + 1
For  J = 1  To  M1
C1(I, K) = C1(I, K) + A1(I, J) * B1(J, K)
Next  J
Next  K
Next  I
For  I = 2  To  N + 1
For  J = 2  To  N + 1
L1(I - 1, J - 1) = C1(I, J) - C1(I, 1) * C1(1, J) / M1
Next  J
Next  I
Print "-------- 第 A 组指标均值 --------"
For  J = 2  To  N + 1
V1(J - 1) = C1(1, J) / M1
Print  V1(J - 1);
Next  J
Print

For  I = 1  To  N + 1
For  J = 1  To  M2
A2(I, J) = B2(J, I)
Next  J
Next  I

For  I = 1  To  N + 1
For  K = 1  To  N + 1
For  J = 1  To  M2
C2(I, K) = C2(I, K) + A2(I, J) * B2(J, K)
Next  J
Next  K
Next  I
For  I = 2  To  N + 1
For  J = 2  To  N + 1
L2(I - 1, J - 1) = C2(I, J) - C2(I, 1) * C2(1, J) / M2
Next  J
```

```
Next   I
Print
Print "———————— 第 B 组指标均值 ————————"
For   J = 2   To   N + 1
V2(J - 1) = C2(1, J) / M2
Print   V2(J - 1);
Next   J
Print
Print "———————— 系数矩阵 ——————————"
For   I = 1   To   N
For   J = 1   To   N
L(I, J) = L1(I, J) + L2(I, J)
Print   L(I, J); " ";
Next   J
Print

L(I, N + 1) = (V1(I) - V2(I))
Next   I
For   I = 1   To   N - 1
For   J = I + 1   To   N
For   K = I + 1   To   N + 1
L(J, K) = L(I, K) / L(I, I) * L(J, I) - L(J, K)
Next   K
Next   J
Next   I
X(N) = L(N, N + 1) / L(N, N)
Print   "———————— 判别函数系数 ——————————"

For   I = N - 1   To   1   Step -1
For   J = N To   I + 1   Step -1
X(I) = X(I) + L(I, J) * X(J)
Next   J
X(I) = (L(I, N + 1) - X(I)) / L(I, I)
Next   I
Print   "* * * * * * * * * * * 判别函数   * * * * * * * * * * * * *"
Print   "Y = ";
For   I = 1   To N
If   X(I) > 0   Then
Print   "+"; X(I); "x"; I;
Else
Print   X(I); "x"; I;
End If
Next   I
```

```
Print
Call   fxpbfx(D, D2, X, V1, V2, N, F, M1, M2, X1, J)
Print "————————— 判别值 ————————"
V = O
For  I = 1  To  N
R0 = V + X(I) * (C1(1, I + 1) + C2(1, I + 1)) / (M1 + M2)
V = R0
Next  I
Print  "  临界判别值 Yab="; R0
V11 = 0
For  J = 1  To  N
R1 = V11 + X(J) * V1(J)
V11 = R1
Next  J
Print  "第 A 组判别值 Ya="; R1
V22 = 0
For  J = 1  To  N
R2 = V22 + X(J) * V2(J)
V22 = R2
Next  J
Print  "第 B 组判别值 Yb="; R2
Print  "——————— 回 判 ——————————"
For  I = 1  To  M1
W1 = 0
For  J = 2  To  N + 1
S1 = W1 + X(J - 1) * B1(I, J)
W1 = S1
Next  J
If  S1 < R0 Then GoTo  42
Print  "a("; I; ")="; S1; "...(a)"
GoTo 45
42  Print " a("; I; ")="; S1; "......(b)"
45  Next  I
Print "—————————————————————————"
For  I = 1  To  M2
W2 = 0
For  J = 2  To  N + 1
S2 = W2 + X(J - 1) * B2(I, J)
W2 = S2
Next  J
If  S2 > R0  Then
GoTo  72
End If
```

```
Print   "b("; I; ")="; S2; "........(b)"
GoTo   74
72  Print "b("; I; ")="; S2; "...(a)"
74  Next I
Print   "———————— 待判样品的判别结果 ——————————————"
For   I = 1   To   M3
W3 = 0
For   J = 1   To N
R3 = W3 + X(J) * B3(I, J)
W3 = R3
Next   J
If   R3 < R0   Then
GoTo   82
End If
Print   "  C("; I; ")="; R3; "....(a)"
GoTo 83
82  Print "  C("; I; ")="; R3; "........(b)"
83  Next   I
Print   "* * * * * * * * * * 费歇准则二类线性判别分析计算完毕 * * * * * * * * * * *"
End Sub

Public  Sub fxpbfx(D As Double, D2 As Double, X() As Double,
                  V1() As Double, V2() As Double, N As Integer,
                  F As Double, M1 As Integer, M2 As Integer,
                  X1 As Double, J As Integer)
Print  "————————显著性检验 ——————————"
D2 = 0
For  J = 1  To N
D2 = D2 + X(J) * (V1(J) - V2(J))
Next   J
D2 = D2 * (M1 + M2 - 2)
Print  "马哈拉诺比斯距离   D2="; D2
F = (M1 * M2 / (M1 + M2)) * ((M1 + M2 - N - 1) / ((M1 + M2 - 2) * N)) * D2
Print  "  F="; F;  "自由度="; "("; N; M1 + M2 - N - 1; ")"
Print  "———————指标贡献  % ————————————"
For  J = 1   To   N
X1 = X(J) * (V1(J) - V2(J)) / D2 * 100
Print  "  X"; J; "%="; X1; "%"
Next   J
End Sub
```

2.4　贝叶斯准则多类逐步判别分析

1. 贝叶斯准则多类逐步判别分析方法与原理

在实际工作中所遇到的判别分析，涉及多个变量。如果不加选择地建立判别函数，计算结果不一定有较高的精度和稳定性。因此必须对建立判别函数的变量依照一定方法进行筛选，这种具有筛选变量能力的判别分析方法称为逐步判别法。

具体讲，对于一个具有 p 个指标的样品，要判断其归类于 m 个组中的哪一组。判别分析的任务是，把 p 维空间按照某种准则划分为互不相交的 g 个区域 R_1，R_2，R_3，…，R_g，并把待判样品 X 看成是 p 维空间的一个点，通过计算该样品属于 m 个组的条件概率的大小，经比较后将这个样品归入概率最大的一组内。

分析计算中对于给定的总体先验概率，使平均损失为最小的划分空间的规则称为贝叶斯准则，划分结果的 R_i 称为关于总体先验概率的贝叶斯解。

对于第 i 个总体的第 t 个子样，一般采用下面的计算公式得到总体参数均值向量和协方差矩阵：

$$\bar{\boldsymbol{X}}^{(i)}=\frac{1}{N_i}\sum_{t=1}^{N_i}X_t^{(i)} \tag{2.27}$$

$$\boldsymbol{S}=\frac{1}{\sum\limits_{i=1}^{g}(N_i-1)}\sum_{i=1}^{g}\sum_{t=1}^{N_i}(X_t^{(i)}-\bar{\boldsymbol{X}}^{(i)})(X_t^{(i)}-\bar{\boldsymbol{X}}^{(i)})' \tag{2.28}$$

上式中，$X_t^{(i)}$ 为来自第 i 个总体的第 t 个子样，$\bar{\boldsymbol{X}}^{(i)}$ 为第 i 个总体之均值向量，N_i 为取自第 i 个总体的子样数，g 为总体个数。

对于所建立的判别函数的检验，可采用维尔克斯统计量 Λ：

$$\Lambda=\frac{|\boldsymbol{W}|}{|\boldsymbol{W}+\boldsymbol{B}|}=\frac{|\boldsymbol{W}|}{|\boldsymbol{T}|} \tag{2.29}$$

其中，$\boldsymbol{W}$ 为组内方差协方差矩阵，$\boldsymbol{B}$ 为组间方差协方差矩阵，$\bar{\boldsymbol{X}}$ 为总体的均值向量。它们的计算公式分别为

$$\boldsymbol{W}=\sum_{i=1}^{g}\sum_{t=1}^{N_i}(X_t^{(i)}-\bar{\boldsymbol{X}}^{(i)})(X_t^{(i)}-\bar{\boldsymbol{X}}^{(i)})'=\boldsymbol{S}\sum_{i=1}^{N_i}(N_i-1) \tag{2.30}$$

$$\bar{\boldsymbol{X}}=\frac{1}{N}\sum_{i=1}^{g}N_i\bar{\boldsymbol{X}}^{(i)} \tag{2.31}$$

$$\boldsymbol{B}=\sum_{i=1}^{g}N_i(\bar{\boldsymbol{X}}^{(i)}-\bar{\boldsymbol{X}})(\bar{\boldsymbol{X}}^{(i)}-\bar{\boldsymbol{X}})' \tag{2.32}$$

$$\boldsymbol{T}=\boldsymbol{W}+\boldsymbol{B} \tag{2.33}$$

为了实现逐步计算，同样利用矩阵变换法，对于 $\boldsymbol{T}$、$\boldsymbol{W}$ 作如下变换，以 $\boldsymbol{W}$ 为例：

$$w_{ij}^{(l+1)}=\begin{cases}\dfrac{w_{rj}^{(l)}}{w_{rr}^{(l)}} & (i=r,\ j\neq r)\\[2mm] w_{ij}^{(l)}-\dfrac{w_{ir}^{(l)}w_{rj}^{(l)}}{w_{rr}^{(l)}} & (i\neq r,\ j\neq r)\\[2mm] \dfrac{1}{w_{rr}^{(l)}} & (i=r,\ j=r)\\[2mm] -\dfrac{w_{ir}^{(l)}}{w_{rr}^{(l)}} & (i\neq r,\ j=r)\end{cases}$$

其中，r 为待处理变量号，l 为变换的步数。

如果在第 l 步时已入选 L 个变量，现在要检验第 r 个变量是否应入选，应计算下列 F 统计量：

$$F=\frac{t_{rr}^{(l)}-w_{rr}^{(l)}}{w_{rr}^{(l)}}\cdot\frac{N-L-g}{g-1} \tag{2.34}$$

其中 $t_{rr}^{(l)}$、$w_{rr}^{(l)}$ 分别为 $\boldsymbol{T}$ 和 $\boldsymbol{W}$ 矩阵在第 l 步变换时 r 行 r 列元素。对于预先规定的某个临界值 F_1，当 $F>F_1$ 时则引入该变量。与此同时我们还可以对已入选的变量检验其判别能力，所用的检验统计量为

$$F=\frac{w_{rr}^{(l)}-t_{rr}^{(l)}}{t_{rr}^{(l)}}\cdot\frac{N-g-(L-1)}{g-1} \tag{2.35}$$

如果 $F\leqslant F_2$，则认为该判别能力不显著，应予剔除，F_2 亦事先规定。在规定了 F_1 和 F_2 以后，利用上述方法一直继续到既无已选变量可舍去，又无未选变量可入选为止。利用入选的一组判别变量，可按照贝叶斯准则建立判别函数。

2. 贝叶斯准则多类逐步判别分析应用实例

为了研究甘肃省不同地域各县区农业的区域优势，选用了 1990 年甘肃省部分区县的农业人口(X_1)、农业总产值(X_2)、农作物播种面积(X_3)、粮食总产量(X_4)、农民家庭人均纯收入(X_5)等 5 个指标，并将其预分为 2 类，分别以 1、2 来表示，其中预分值为 1 的有 15 个县区，预分值为 2 的区县有 28 个，待判别的区县有 17 个，所有原始数据见表 2.23～表 2.25。

表 2.23　1990 年甘肃农业生产统计数据及预分类

县区名称	农业人口/人	农业总产值/万元	农作物播种面积/万亩	粮食产量/吨	农民家庭人均纯收入/元	预分类号
永昌县	188 800	8799	49.4	127 000	575	1
肃州区	230 400	16 917	75.28	229 100	907	1
敦煌市	94 000	6734	25.83	74 700	987	1
肃北县	6600	560	0.92	3300	2072	1
阿克塞	4400	255	0.21	400	1538	1
瓜州县	54 500	4542	24.11	67 200	926	1
甘州区	346 100	22 866	95.6	266 000	724	1

续表

县区名称	农业人口/人	农业总产值/万元	农作物播种面积/万亩	粮食产量/吨	农民家庭人均纯收入/元	预分类号
民乐县	209 600	10 253	77.17	132 200	504	1
临泽县	123 200	7736	25.6	120 300	716	1
高台县	134 700	9488	28.9	143 400	824	1
凉州区	742 500	28 880	141.73	391 600	505	1
临洮县	444 000	12 941	109	134 100	379	1
城关区	47 500	1835.9	3.4	1100	1006	1
安宁区	35 700	962.7	1.56	100	1118	1
红古区	53 200	3144.1	8.54	17 000	823	1

表 2.24 1990 年甘肃省农业生产统计数据及预分类

县区名称	农业人口/人	农业总产值/万元	农作物播种面积/万亩	粮食产量/吨	农民家庭人均纯收入/元	预分类号
白银区	82 900	2641.8	15.5	21 900	580	2
靖远县	372 000	8008.7	96	100 100	375	2
安定区	314 000	12 467	180	125 000	367	2
陇西县	381 000	8538	126	98 000	332	2
渭源县	295 000	7715	80	84 700	281	2
岷县	371 000	6642	61	66 700	248	2
临夏市	85 100	2015.6	7.67	189 000	493.46	2
古浪县	315 200	6030	83.83	75 000	275	2
秦城区	380 800	9994	96.76	133 900	703	2
北道区	411 000	9970	82.93	131 700	403	2
甘谷县	469 700	8554	89.99	116 900	341	2
武山县	342 300	6839	65.22	90 100	315	2
宕昌县	260 000	7304.6	47.3	496 000	274	2
成县	208 000	6816.2	56.1	92 800	403	2
文县	203 000	5429.8	43.6	58 500	382	2
徽县	177 000	6818.6	56.8	111 200	499	2
两当县	38 000	1650.6	14.3	24 700	431	2
礼县	413 000	8031.5	101	107 800	294	2
西和县	317 000	6081.6	63.6	85 300	310	2
灵台县	200 000	6919.8	108.1	107 300	368.19	2
崇信县	76 400	2434	47	32 900	363.45	2

续表

县区名称	农业人口/人	农业总产值/万元	农作物播种面积/万亩	粮食产量/吨	农民家庭人均纯收入/元	预分类号
庄浪县	366 300	7306.1	103.6	90 000	303.68	2
静宁县	401 200	8652.3	159.8	126 100	309.63	2
庆城县	217 200	6000.3	96.22	77 700	363.61	2
环县	273 500	7243.9	143.91	84 400	298.87	2
华池县	99 900	3794	50.92	46 500	378.01	2
合水县	130 500	5899.5	47.03	64 900	414.27	2
宁县	427 700	16 865.5	122.36	200 400	414.2	2

表 2.25　1990 年待判别的区县农业生产统计数据

县区名称	农业人口/人	农业总产值/万元	农作物播种面积/万亩	粮食产量/吨	农民家庭人均纯收入/元
七里河区	100 300	3110.7	15.5	15 000	865
西固区	75 400	3092.2	6.34	5600	951
皋兰县	142 500	4166.4	39.81	45 200	492
金川区	46 700	2410	11.1	22 900	701
会宁县	476 400	8919.5	194.3	123 300	291
景泰县	171 200	5308.1	57.5	67 900	380
山丹县	163 700	5621	41.29	69 200	576
民勤县	247 400	12 169	62.06	132 100	478
通渭县	383 000	8601	189	110 000	309
漳县	155 000	4210	47	51 900	319
康县	172 000	4858.9	51.5	59 400	296
崆峒区	291 300	8474.9	119.2	118 400	471
泾川县	281 200	9448.6	108.9	129 800	413.93
华亭县	122 000	3549.3	47.9	45 200	385.33
广河县	155 800	2283.6	21.22	41 300	342.27
卓尼县	79 700	2094	15.8	12 500	328
舟曲	107 200	1661	19.26	18 200	279

3. 贝叶斯准则多类逐步判别计算结果分析

首先，计算出每个预分组各因子的平均值，本例将甘肃省的部分区县事先预分为 2 类，每类的平均值和总平均值见表 2.26。

表 2.26　分析数据的平均值和总平均值

X_1	X_2	X_3	X_4	X_5
181 013.3333	9060.913 333	44.483 333 33	113 833.3333	906.933 333 3
272 453.5714	7023.692 857	80.233 571 43	108 553.5714	375.7275
240 555.814	7734.351 163	67.762 558 14	110 395.3488	561.031 860 5

其次，计算组内离差矩阵以及总离差矩阵 **T** 和 **W**。为了实现逐步计算，分别对 **T** 和 **W** 矩阵进行变换，并利用式(2.34)和式(2.35)进行因子的选入和剔除。本例选入因子和剔除因子的值为 2。如表 2.27 所示，在本例中选入因子的顺序为 X_5、X_2、X_3，入选 3 个因子后，其余变量的 F 值小于 2，没有入选。经过 4 次计算，已无变量可选入和剔除，全部计算过程结束。

表 2.27　因子选入/剔除过程

因子选入顺序	F 值	威尔克斯统计近似检验值
选入 X_5	39.259 887 992 515	27.203 765 054 307 4
选入 X_2	13.020 759 372 939 3	38.140 078 864 260 1
选入 X_3	7.686 619 657 845 26	44.769 218 319 342 5

因子挑选计算完成后，按照贝叶斯准则建立判别函数，其形式为

$$f_l = \ln q_l + c_{l0} + c_{l1}X_1 + c_{l2}X_2 + c_{l3}X_3 + c_{l4}X_4 + c_{l5}X_5$$

其中，$l=1$、2。

其中的判别系数 c_{kj} 利用最终所得 **W** 的逆矩阵和各因子的均值计算所得。本例中入选了 3 个因子 x_2、x_3、x_5，x_1、x_4 的系数为 0，表明这两个变量未选入。第一、二组的判别系数见表 2.28。

表 2.28　判别系数矩阵

	X_1	X_2	X_3	X_4	X_5
−13.754 136 39	0	0.000 793 866	0.007 469 952	0	0.022 033 411
−5.120 131 097	0	0.000 144 455	0.061 159 423	0	0.011 494 008

现在进行显著性检验，经计算马氏距离＝8.840 996 787 562 96，其相应的 F 值＝25.976 383 074 064 7。自由度为 3、37，计算所得的 F 值大于分布表 $F_{0.01}(3,37)=4.34$，所以这 3 个变量所构成的判别函数达极显著水平。因此利用表 2.28 建立的判别函数，首先对已预分的 2 组样品进行回判，结果见表 2.29。其中 1 号(永昌县)、8 号(民乐县)、12 号(临洮县)样品原来预分为第 1 类，计算后归入第 2 类；第二组样品原预分类与判别结果相一致，待判别的县区中，1 号(七里河区)、2 号(西固区)、3 号(民勤县)为第一类，其余都为第二类，具体结果见表 2.29、表 2.30。

表 2.29　利用判别函数回判结果

样品的序号	旧分类号	回判后新的分号	后验概率值
1	1	2	0.533 972 041
2	1	1	0.999 287 072
3	1	1	0.984 180 473
4	1	1	0.999 997 486
5	1	1	0.999 180 313
6	1	1	0.896 274 461
7	1	1	0.999 693 222
8	1	2	0.807 074 051
9	1	1	0.874 071 063
10	1	1	0.982 643 712
11	1	1	0.999 261 249
12	1	2	0.937 722 533
13	1	1	0.913 266 642
14	1	1	0.955 482 146
15	1	1	0.730 876 403
16	2	2	0.905 670 294
17	2	2	0.994 827 109
18	2	2	0.999 050 002
19	2	2	0.999 069 895
20	2	2	0.996 247 381
21	2	2	0.996 337 936
22	2	2	0.959 309 986
23	2	2	0.999 037 165
24	2	2	0.635 003 272
25	2	2	0.952 057 513
26	2	2	0.992 901 018
27	2	2	0.993 297 537
28	2	2	0.984 725 675
29	2	2	0.973 305 65
30	2	2	0.982 821 995
31	2	2	0.932 168 538
32	2	2	0.988 008 803
33	2	2	0.998 284 733

续表

样品的序号	旧分类号	回判后新的分号	后验概率值
34	2	2	0.995 748 144
35	2	2	0.998 755 401
36	2	2	0.998 291 369
37	2	2	0.998 967 896
38	2	2	0.999 870 994
39	2	2	0.998 764 779
40	2	2	0.999 891 693
41	2	2	0.996 105 017
42	2	2	0.973 033 375
43	2	2	0.624 700 17

对待判别样品进行计算分析，得到的判别结果见表 2.30。

表 2.30　待判样品的归类

样品的序号	判别后归类序号	后验概率
1	1	0.740 075 219
2	1	0.919 274 459
3	2	0.970 814 013
4	2	0.711 136 687
5	2	0.999 980 216
6	2	0.992 558 356
7	2	0.852 452 075
8	1	0.586 711 001
9	2	0.999 974 151
10	2	0.996 616 57
11	2	0.996 821 247
12	2	0.994 459 942
13	2	0.990 110 529
14	2	0.995 780 388
15	2	0.995 068 333
16	2	0.994 981 849
17	2	0.998 117 094

4. 贝叶斯准则多类逐步判别分析源代码设计

贝叶斯逐步判别分析程序运行时，需要输入参数有样品已知预分类的样本总数、分为几类(组)，每个样本的指标是多少，可以通过 Inputbox 输入。只是每组中的样品数有多少个，由于事先预分的类和每类中包含的样本数随机性强，无法使用固定格式输入，我们在程序中设计了有关的统计语句，输入数据时，将后面分为第几类的数值(如 1、2、3…)同时输入，分析程序会统计每类数据有多少个。分析时所用的全部原始数据，通过 2 个文本文件存放，第一个用来存放已分类的每个组各样本的原始数据，数据输入的顺序，首先输入第一类，接着输入第二类，直到最后一类输入完毕，但注意一定要输入该组中的样品已被分为第几类的数值，待判别的样品只输入每个样品的全部指标数即可。入选变量和剔除变量的临界值相等，如果太大一个指标都没有选入，程序会减去 0.5，再次重新选取。本例所采用的两个值都为 2。关于各组先验概率的数据处理，在本例中采用 3 种方式，如果每组的样本数相同，则各组的先验概率均等，为 1 除以组数；如果各组的样品数不同，先验概率为各组的样品数除以总的样本数；另外，如果已知各组的先验概率，可通过 Inputbox 输入，但在程序中需要将 D1 赋值为除 0 或 1 之外的其他数值，D1 的默认值为 0，若各组的样品数相同，将 D1 设为 1。

在标准模块中定义的全部变量为

```
Public G As Integer, M As Integer, N As Integer, L As Integer, G1 As Integer, M1 As Integer, H As Integer, I As Integer, J As Integer, K As Integer, R As Integer, R12  As Integer, IN1 As Integer, IM1 As Integer
Public U As Double, U1 As Double, UM As Double, UN As Double, F1 As Double, F2 As Double, EPS As Double, STP As Double, X2 As Double, D As Double, D1 As Double, D2 As Double, UI As Double
Public DS(200, 200) As Double, XY(200, 200) As Double, C(200, 200) As Double, FG(200) As Double, DG(200) As Double, X(200) As Double, NQ(200) As Double, LQ(200) As Double, PR(200) As Double, PQ(200) As Double, MX(200, 200) As Double, W(200, 200) As Double, T(200, 200) As Double, NG(200) As Double, F12 As Double, CC As Double, CI As Double
Public YH As Double, YM  As Double, HM As Integer, XN(200, 220) As Double, IN11 As Integer, PR1(200) As Double, DD1 As Double
```

贝叶斯准则多类逐步判别分析主程序：

```
Private  Sub Command1_Click()
N = Val(InputBox("输入所有预先分类样品总数", "全部已分类的样品数"))
M = Val(InputBox("输入样本的指标数", "每个样本有多少个变量"))
G = Val(InputBox("样品已分类的数", "已经将样品分为几类"))
IN11 = Val(InputBox("待分类样品数", "等待分类的样品数"))
F1 = Val(InputBox("选入变量的临界值", "选取变量的标准"))
F2 = Val(InputBox("剔除变量的临界值", "剔除变量的标准"))
Open "e:\应用实例\bys1.txt" For Input As #1
For  I = 1  To  N
For  J = 1  To  M + 1
Input  #1, XY(I, J)
```

```
Next  J
Next  I
Close #1
Open  "e:\应用实例\bys2.txt" For Input As #2
For  I = 1 To  IN11
For  J = 1  To  M
Input  #2, XN(I, J)
Next  J
Next  I
Close #2

M1 = M + 1: G1 = G + 1
For  I =  1  To  G
For  J =  0  To  M
C(I, J) = 0
Next  J
Next  I
For  I = 1  To  G1
For  J = 1  To  M
MX(I, J) = 0
Next  J
Next  I
For  I = 1  To  G
NG(I) = 0
Next  I
For  K = 1  To  N
H = XY(K, M1)
If  (H - 1) * (H - G) > 0  Then
MsgBox  "分类号错误", 0, "请检查分类号"
End
Else
NG(H) = NG(H) + 1
End If
For  I = 1  To M
MX(H, I) = MX(H, I) + XY(K, I)
Next  I
Next  K
For  I = 1  To  M
D = 0
For  H = 1  To  G
D = D + MX(H, I)
MX(H, I) = MX(H, I) / NG(H)
Next  H
```

```
MX(G1, I) = D / N
Next  I
Print "各类的均值和总均值"
For  I = 1  To  G1
For  J = 1  To  M
Print  MX(I, J);
Next  J
Print
Next  I
Print "各组的样品数"
For  I = 1  To  G
Print  NG(I);
Next  I
Print
For  I = 1  To  M
For  J = 1  To  M
W(I, J) = 0
T(I, J) = 0
Next  J
Next  I
For  K = 1  To  N
For  I = 1  To  M
D = XY(K, I) - MX(G1, I)
X(I) = XY(K, I) - MX(G1, I)
For  J = 1  To  I
T(I, J) = T(I, J) + D * X(J)
Next  J
Next  I
Next K
For  H = 1  To  G
D = NG(H)
For  I = 1  To  M
D1 = MX(H, I) - MX(G1, I)
X(I) = D * D1
For  J = 1  To  I
W(I, J) = W(I, J) + D1 * X(J)
Next  J
Next  I
Next  H
For  I = 1  To  M
For  J = 1  To  I
W(I, J) = T(I, J) - W(I, J)
W(J, I) = W(I, J)
```

```
T(J, I) = T(I, J)
Next  J
Next  I
Print  "组内方程协方差矩阵"
For  I = 1  To  M
For  J = 1  To  M
Print  W(I, J);
Next  J
Print
Next  I
Print  "总方差矩阵"
For  I = 1  To M
For  J = 1  To  M
Print  T(I, J);
Next  J
Print
Next  I
D1 = 0
For  H = 1  To  G
If  D1 = 0  Then
D = NG(H) / N
ElseIf  D1 = 1  Then
D = 1 / G
Else
PQ(H)= Val(InputBox("已知每组的先验概率", "所有先验概率的总和等于 1"))
D = PQ(H)
End If
LQ(H) = Log(D)
Next  H
Print  Tab(5); "变量引入过程"; Tab(20); "引入变量号"; Tab(35); "检验统计量 F 值";
Tab(50); "已引入的变量数"; Tab(74); "威尔克斯统计量"; Tab(95); "威尔克斯统计量检验值"
2 STP = 0
L = 0
U = 1
EPS = 0.000000001
For  I = 1  To  M
X(I) = 0
Next  I
3 STP = STP + 1
UM = EPS
UN = 10000
For  I = 1  To  M
If  X(I) = 0  Then
```

```
If  T(I, I) > EPS  Then
UI = W(I, I) / T(I, I)
If  UI > EPS  Then
If  UI < UN  Then
UN = UI
IN1 = I
End  If
End  If
End  If
Else
UI = T(I, I) / W(I, I)
If  UM <= UI  Then
UM = UI: IM1 = I
End  If
End  If
Next  I
F12 = (1 - UM) * (N - L - G + 1) / (UM * (G - 1))
If  F12 < F2  Then
L = L - 1
R = IM1
R12 = -R
X(R) = 0
Else
F12 = (1 - UN) * (N - L - G) / (UN * (G - 1))
If  F12 <= F1 + EPS  Then
GoTo 4
Else
L = L + 1
R12 = IN1
R = IN1
X(R) = 1
End  If
End  If
U = (W(R, R) / T(R, R)) * U
X2 = -(N - 1 - (L + G) / 2) * Log(U)
Print  Tab(5); "第"; STP; "步"; Tab(25); R12; Tab(30); F12; Tab(60); L; Tab(72); U;
Tab(95); X2

D = 1 / T(R, R)
T(R, R) = 1
D1 = 1 / W(R, R)
W(R, R) = 1
For  J = 1  To  M
```

```
T(R, J) = T(R, J) * D
W(R, J) = W(R, J) * D1
Next  J
For  I = 1  To  M
If  I <> R  Then
D = T(I, R)
T(I, R) = 0
D1 = W(I, R)
W(I, R) = 0
For  J = 1  To  M
T(I, J) = T(I, J) - D * T(R, J)
W(I, J) = W(I, J) - D1 * W(R, J)
Next  J
End  If
Next  I
GoTo 3
4  If  L = 0  Then
MsgBox "入选变量的 F 值太高", 0, "降低 0.5 后再挑选"
F1 = F1 - 0.5
GoTo  2
End  If

For  H = 1  To G
CO = 0
For  I = 1  To M
CI = 0
If  X(I) <> 0  Then
For  J = 1  To  M
If  X(J) <> 0  Then
CI = W(I, J) * MX(H, J) + CI
End  If
Next  J
C(H, I) = CI * (N - G)
CO = CO + CI * MX(H, I)
End  If
Next  I
C(H, 0) = -CO * (N - G) / 2
Next  H
Print  "判别函数系数"
For  I =  1  To  G
For  J = 0  To  M
Print  C(I, J);
Next  J
```

```
Print
Next  I
D = 0
For  H = 2  To G
For  K = 1  To  H - 1
D = D + 1
D2 = 0
For  I = 1  To  M
If  X(I) <> 0  Then
D2 = D2 + (C(H, I) - C(K, I)) * (MX(H, I) - MX(K, I))
End  If
Next  I
DG(D) = D2
FG(D) = D2 * ((N - G - L - 1) * NG(H) * NG(K) / (L * (N - G) * (NG(H) +
NG(K))))
Next  K
Next  H
Print  "马氏距离"
For  I = 1  To  (G - 1) * G / 2
Print  DG(I);
Next  I
Print
Print  "F检验值"
For  I = 1  To (G - 1) * G / 2
Print  FG(I);
Next  I
Print
Print  Tab(5); "样品序号"; Tab(20); "原分类号"; Tab(30); "判别后的分类号"; Tab(50);
"后验概率值"
For  I = 1  To  G + 1
For  J = 1  To G + 1
DS(I, J) = 0
Next  J
Next  I
For  K = 1  To  N
YM = -100000000#
For  H = 1  To  G
YH = LQ(H) + C(H, 0)
For  I = 1  To  M
If  X(I) <> 0  Then
YH = C(H, I) * XY(K, I) + YH
End  If
Next  I
```

```
PR(H) = YH
If  YM < YH  Then
YM = YH
HM = H
End If
Next  H
D = 0
For  H = 1  To  G
PR(H) = Exp(PR(H) - YM)
D = D + PR(H)
Next  H
YM = PR(HM) / D
H = XY(K, M1)
DS(HM, H) = 1 + DS(HM, H)

Print  Tab(5); K; Tab(24); H; Tab(34); HM; Tab(50); YM
Next  K
For  H = 1  To  G
D1 = 0
D2 = 0
For  K = 1  To  G
D1 = DS(H, K) + D1
D2 = DS(K, H) + D2
Next  K
DS(H, G1) = D1
DS(G1, H) = D2
Next  H
DS(G1, G1) = N
Print  "先验概率"
For  I = 1  To  G
Print  LQ(I);
Next  I
Print
For  K = 1  To  IN11
YM = -10000000#: HM = 0
For  H = 1  To  G
YH = LQ(H) + C(H, 0)
For  I = 1  To  M

If  X(I) <> 0  Then
YH = YH + C(H, I) * XN(K, I)
End If
Next  I
```

```
PR1(H) = YH
If  YM < YH  Then
YM = YH
HM = H
End If
Next  H
DD1 = 0
For  H = 1  To  G
PR1(H) = Exp(PR1(H) - YM)
DD1 = DD1 + PR1(H)
Next  H
YM = PR1(HM) / DD1
Print  "样品号="; K; "归类号="; HM, "    "; "后验概率值 = "; YM; ""
Next  K
End Sub
```

2.5 模糊模型识别

1. 模糊模型识别方法与原理

在农作物的育种中，亲本的选配决定育种工作的成败。但是亲本的划分是模糊的，也就是说对于一个亲本，如何根据它的生长天数、株高等来鉴别它是属于哪一类亲本(矮杆、高杆、早熟、晚熟…)，仅凭经验鉴别，会存在一定的困难。利用模糊模型识别的隶属度方法，可有助于准确鉴别农作物的亲本，提高农作物育种的效率和水平。

在实际工作中，被讨论的全体对象叫作论域 U，每个对象叫作元素 u，论域中的部分元素称为一个集合 A。

为了确定论域中的一个集合 A，需要确定任一元素对集合 A 的隶属关系，即对 U 中任一元素 u，在 $u\in A$ 和 $u\notin A$ 之间作出抉择。而实现这种抉择的关系式，称为集合 A 的隶属函数。对于模糊集合来说，隶属函数的取值是 0 与 1 之间的整个区间。

模糊集合的运算，实质上是逐个元素地进行隶属度运算：

$$A\cup B(u)=A(u)\vee B(u)$$

$$A\cap B(u)=A(u)\wedge B(u)$$

$$\bar{A}(u)=\overline{A(u)}$$

若 x，y 表示元素，则有以下运算规则：

$$x\vee y=\max(x, y)$$

$$x\wedge y=\min(x, y)$$

$$\bar{x}=1-x$$

在实际问题中，U 是被识别的全体对象，设有 n 个类型，它们是 U 上的 n 个模糊子集，对于某一具体对象进行识别，就是视其与哪一类更为接近。

若已知 n 个类型在 U 上的隶属函数，则可按照隶属原则直接决定归属，这就是模型识别的直接方法。这里的关键是建立适当的隶属函数。

对于正态型的模糊变量 x，隶属函数为

$$A(x)=\exp\left[-\left(\frac{x-a}{b}\right)^2\right] \tag{2.36}$$

其中，a 为均值，$b^2=2\sigma^2$，σ^2 为相应的方差，按照泰勒级数展开，取近似值，得

$$A(x)=\begin{cases}1-\left(\dfrac{x-a}{b}\right)^2, & x-a<b\\ 0, & x-a>b\end{cases} \tag{2.37}$$

应用到 n 种类型、m 个指标的情况，则第 i 种类型在第 j 种指标上的隶属函数为

$$A_{ij}(x)=\begin{cases}0, & x\leqslant a_{ij}^{(1)}-b_{ij}\\ 1-\left(\dfrac{x-a_{ij}^{(1)}}{b_{ij}}\right), & a_{ij}^{(1)}-b_{ij}<x<a_{ij}^{(1)}\\ 1, & a_{ij}^{(1)}\leqslant x\leqslant a_{ij}^{(2)}\\ 1-\left(\dfrac{x-a_{ij}^{(2)}}{b_{ij}}\right), & a_{ij}^{(2)}<x<a_{ij}^{(2)}+b_{ij}\\ 0, & a_{ij}^{(2)}+b_{ij}\leqslant x\end{cases} \tag{2.38}$$

其中，$a_{ij}^{(1)}$ 和 $a_{ij}^{(2)}$ 分别是第 i 类元素第 j 种指标的最小值和最大值，$b_{ij}^2=2\sigma_{ij}^2$，而 σ_{ij}^2 是第 i 类元素第 j 种指标上的方差。

给定一具体的对象 x'，设它的 m 个指标为 x_1'，x_2'，…，x_m'，令

$$S_i=\min_{1\leqslant j\leqslant m}A_{ij}(x_j') \tag{2.39}$$

又若

$$S_{i0}=\max_{1\leqslant i\leqslant n}(S_i) \tag{2.40}$$

则判定此对象属第 $i0$ 类 A_{i0}。

2. 模糊模型识别应用实例

利用模糊模型识别的隶属度方法判别春小麦品种类型。已分类的小麦品种有两类，第一类是 6 个早熟品种，第二类是 6 个晚熟品种，每个品种分别测量生长天数、小穗数、株高、穗长、千粒重 5 个指标，待判别的春小麦有 13 个，原始数据见表 2.31～表 2.33。

表 2.31　春小麦早熟品种

生长天数/d	小穗数	株高/cm	穗长/cm	千粒重/g
93	14	72	9	34
90	14	58	9	36
93	16	70	10	45
92	15	70	8.6	38.5
88	14	55	8	35
90	14	65	5.5	24.2

表 2.32 春小麦晚熟品种

生长天数/d	小穗数	株高/cm	穗长/cm	千粒重/g
101	14	77	9	32.5
105	15	100	9.5	37.5
103	15	75	7	42.5
103	15	83	7.5	29.5
100	14	77	8.4	29.5
106	19	97	8	32

表 2.33 待判春小麦品种

生长天数/d	小穗数	株高/cm	穗长/cm	千粒重/g
89	12	58	8.5	34.5
99	13	80	7.5	27
84	12	56	6.6	36.4
89	14	60	7	40.5
100	13	82	8	28.5
105	13	90	8.5	26
107	17	92	7.2	33
89	12	70	7	39
88	13	52	6.5	40
91	14	80	7.5	40
107	16	93	7	34
100	16	90	10.5	37.5
98	13	94	9.5	33.5

3. 模糊模型识别计算结果分析

对于表 2.31～表 2.33 的原始数据，先进行方差分析，再求解所对应的参数值，最后得到计算结果分别见表 2.34～表 2.36。

表 2.34 模糊识别的方差分析

类别	生长天数	小穗数	株高	穗长	千粒重
早熟品种	4	0.7	49.6	2.375	45.935
晚熟品种	5.2	3.466 666 667	120.166 666 7	0.866 666 667	26.241 666 67

表 2.35 模糊识别的参数的计算

类别	生长天数	小穗数	株高	穗长	千粒重
早熟品种	2.828 427 125	1.183 215 957	9.959 919 678	2.179 449 472	9.584 883 933
晚熟品种	3.224 903 099	2.633 122 354	15.502 687 94	1.316 561 177	7.244 538 173

表 2.36　最终的分类结果

原品种编号	分类结果	最大隶属度
1	1	0
2	2	0.855 769 231
3	1	0
4	1	1
5	2	0.855 769 231
6	2	0.766 592 569
7	2	0.903 846 154
8	1	0
9	1	0.285 714 286
10	1	0.354 838 71
11	2	0.903 846 154
12	2	0.423 076 923
13	2	0.615 384 615

通过分析上面的计算结果可以看出，利用模糊模型识别方法划分农作物的亲本准确率很高。

4. 模糊模型识别源代码设计

模糊模型识别分析程序数据输入方法为，在屏幕上通过 InputBox 语句输入已预分类的数量、样品的指标数以及待判别样品的数量，对于预分类组的样品数，由于其数据的随机性，用固定格式输入时，程序难以统一设计，因此仍然采用 InputBox 和循环语句输入，如本例中的样品预分为两类，每类的样品个数为 6、6，可用上述方法输入。本程序将已预分样品和待判样品的原始数据用一文本文件存放，数据存放格式，首先存放第一类样品的全部数据，再存放第二类样品的全部数据，直至最后存放待判样品的全部数据。

标准模块中变量的定义：

```
Public NU(100) As Double, A1(200, 100) As Double, A2(200, 100) As Double, S(200, 100) As Double, X1(200, 100) As Double, AL(200, 100) As Double, A(200, 100) As Double, X(200, 100) As Double, NI As Integer, NA As Integer, NB As Integer, M As Integer
Public I As Integer, J As Integer, YI As Integer, KK As Integer, MAX As Double, MIN As Double, II As Integer, JJ As Integer, K As Integer, G As Double, R As Double, N As Integer
Public S1(200, 100) As Double, S2(200, 100) As Double, Exl As Object, S3(200) As Integer, S4(200) As Integer, S5(200) As Double
```

模糊模型识别主程序的全部代码：

```
Private Sub Command1_Click()
NI = Val(InputBox("输入已经划分好样品数的组数", "即事先已经分为几个组"))
NB = Val(InputBox("待判样品数的个数", "即等待判别的样品数的个数"))
M = Val(InputBox("样品指标数的个数", "样品有多少个变量"))
```

```
For  I = 1  To  NI
NU(I) = Val(InputBox("输入已经预分好的每组中样本数","首先输入预分好的第一组、接着输入第二组，直到全部数据输入完毕"))
Next  I
For  I = 1  To  NI
NA = NA + NU(I)
Next  I

N = NA + NB
Open "h:\应用实例\muhushb2.TXT" For Input As #1
For  I = 1  To  N
For  J = 1  To M
Input #1, A(I, J)
Next  J
Next  I
Close #1

For  I = 1  To  NA
For  J = 1  To  M
X(I, J) = A(I, J)
Next  J
Next  I
YI = 0
For  I = NA + 1  To  N
YI = YI + 1
For  J = 1  To  M
X1(YI, J) = A(I, J)
Next  J
Next  I

II = 0
JJ = 0
For  I = 1  To  NI
JJ = JJ + II
II = NU(I)
For  J = 1  To  M
G = 0
R = 0
MIN = X(JJ + 1, J)
MAX = X(JJ + 1, J)
For  K = JJ + 1  To  JJ + II
If  X(K, J) < MIN  Then
MIN = X(K, J)
```

```
Else
If  X(K, J) > MAX  Then
MAX = X(K, J)
End If
End If
G = G + X(K, J)
Next  K
G = G / II
For  K = JJ + 1  To  JJ + II
R = R + (X(K, J) - G) * (X(K, J) - G)
Next  K
R = R / (II - 1)
A1(I, J) = MIN
A2(I, J) = MAX
S(I, J) = R
Next  J
Next  I
Print  "每组各指标的最小值"
For  I = 1  To  NI
Print  "第"; I; "组"
For  J = 1  To  M
Print  A1(I, J);

Next  J: Print
Next  I
Print
Print  " 每组各指标的最大数"
For  I = 1  To  NI
Print  "第"; I; "组"
For  J = 1  To M
Print  A2(I, J);
Next  J: Print
Next  I
Print
Print  "每组的方差"
For  I = 1  To  NI
Print  "第"; I; "组"
For  J = 1  To M
Print  Int(S(I, J) * 10000000000# + 0.5) / 10000000000#; "      ";
S1(I, J) = S(I, J)
Next  J: Print
Next  I
Print  "参数 b"
```

```
For  I = 1  To  NI
Print  "第"; I; "组"
For  J = 1  To M
S(I, J) = Sqr(2 * S(I, J))
S2(I, J) = S(I, J)
Print  Int(S(I, J) * 10000000000# + 0.5) / 10000000000#; "    ";
Next  J: Print
Next  I

For  I = 1  To  NB
For  J = 1  To  NI
For  K = 1  To  M
If  (X1(I, K) <= A1(J, K) - S(J, K)) Or (X1(I, K) >= A2(J, K) + S(J, K))
    Then  AL(J, K) = 0
ElseIf  (X1(I, K) > A1(J, K) - S(J, K)) And (X1(I, K) < A1(J, K))  Then
AL(J, K) = 1 - ((X1(I, K) - A1(J, K)) / S(J, K)) * ((X1(I, K) - A1(J, K)) / S(J, K))
ElseIf  (X1(I, K) > A2(J, K)) And (X1(I, K) < A2(J, K) + S(J, K))  Then
AL(J, K) = 1 - ((X1(I, K) - A2(J, K)) / S(J, K)) * ((X1(I, K) - A2(J, K)) / S(J, K))
Else
AL(J, K) = 1
End If

Next  K
Next  J
For  J = 1  To  NI
For  K = 1  To  M
Print  AL(J, K); "    ";
Next  K: Print
Next  J
MAX = 0
KK = 1
For  J = 1  To  NI
MIN = 1
For  K = 1  To  M
If  AL(J, K) >= MIN  Then
GoTo 66
End If
MIN = AL(J, K)
66 Next  K
If  MIN <= MAX  Then
GoTo 69
End If
MAX = MIN
```

```
KK = J
69 Next J
Print "第"; I; "个品种最大隶属度为"; Int(10000000000# * MAX + 0.5) / 10000000000#
Print "应归属为"; KK; "类"
S3(I) = I: S4(I) = KK: S5(I) = MAX
Next I
Print
End Sub

Private Sub Command2_Click()
End
End Sub
```

2.6 典型相关分析

1. 典型相关分析方法与原理

在典型相关分析中，研究的是两组变量 $x_1, x_2, x_3, \cdots, x_{p1}$ 与 $y_1, y_2, y_3, \cdots, y_{p2}$ 之间的相关关系。在实际应用中，规定 $p_1 \geqslant p_2$，定义：

$$\boldsymbol{u}=\boldsymbol{\alpha}'\boldsymbol{X} \tag{2.41}$$

$$\boldsymbol{v}=\boldsymbol{\beta}'\boldsymbol{Y} \tag{2.42}$$

为典型变量。其中：

$$\boldsymbol{\alpha}=(\alpha_1, \alpha_2, \alpha_3, \cdots, \alpha_{p1})', \quad \boldsymbol{X}=(x_1, x_2, x_3, \cdots, x_{p1})'$$

$$\boldsymbol{\beta}=(\beta_1, \beta_2, \beta_3, \cdots, \beta_{p2})', \quad \boldsymbol{Y}=(y_1, y_2, y_3, \cdots, y_{p2})'$$

均为列向量。显然 $\boldsymbol{u}$, $\boldsymbol{v}$ 为随机变量，在实际工作中，如果样品数为 n，则 $\boldsymbol{u}=(u_1, u_2, u_3, \cdots, u_n)$，$\boldsymbol{v}=(v_1, v_2, v_3, \cdots, v_n)$为随机向量。

典型变量 $\boldsymbol{u}$ 和 $\boldsymbol{v}$ 之间的相关系数，称为典型相关系数，用下式表示：

$$r_c=\frac{\mathrm{Cov}(\boldsymbol{u}, \boldsymbol{v})}{[\mathrm{Var}(\boldsymbol{u})\mathrm{Var}(\boldsymbol{v})]^{1/2}} \tag{2.43}$$

上式中的 $\mathrm{Cov}(\boldsymbol{u}, \boldsymbol{v})$表示 $\boldsymbol{u}$ 与 $\boldsymbol{v}$ 之间的协方差，$\mathrm{Var}(\boldsymbol{u})$与 $\mathrm{Var}(\boldsymbol{v})$表示各自的方差。如果不作其他限制，典型变量会有任意多组。Hotelling 准则的思想是，首先选取系数向量 $\boldsymbol{\alpha}^{(1)}$ 和 $\boldsymbol{\beta}^{(2)}$，使得 $\boldsymbol{u}^{(1)}=\boldsymbol{\alpha}^{(1)'}\boldsymbol{X}$ 和 $\boldsymbol{v}^{(1)}=\boldsymbol{\beta}^{(1)'}\boldsymbol{Y}$ 之间的相关系数达到极大，且使 $\boldsymbol{u}^{(1)}$ 和 $\boldsymbol{v}^{(1)}$ 的方差均为 1，然后再选取下一组系数向量 $\boldsymbol{\alpha}^{(2)}$ 和 $\boldsymbol{\beta}^{(2)}$，使得 $\boldsymbol{u}^{(2)}=\boldsymbol{\alpha}^{(2)'}\boldsymbol{X}$ 和 $\boldsymbol{v}^{(2)}=\boldsymbol{\beta}^{(2)'}\boldsymbol{Y}$ 的相关系数在所有分别同 $\boldsymbol{u}^{(1)}$ 和 $\boldsymbol{v}^{(1)}$ 不相关的线性组合中达到极大，并且是 $\boldsymbol{u}^{(2)}$ 和 $\boldsymbol{v}^{(2)}$ 的方差也均为 1，以此类推，一直到所有不同线性组合都挑出来为止。因典型变量 $\boldsymbol{u}$ 与 $\boldsymbol{v}$ 均已标准化，所以第 i 个典型相关系数为

$$r_c^i=\mathrm{Cov}(\boldsymbol{u}^{(i)}, \boldsymbol{v}^{(i)})=\frac{1}{N-1}\sum_{t=1}^{N} u_t^{(i)} v_t^{(i)} \tag{2.44}$$

各原始变量与典型变量之间的相关系数向量分别记为 $\boldsymbol{G}_u$ 和 $\boldsymbol{G}_v$，依据定义有

$$\boldsymbol{G}_u=E(\boldsymbol{X}\boldsymbol{u}')=E(\boldsymbol{X}\boldsymbol{X}'\boldsymbol{\alpha})=E(\boldsymbol{X}\boldsymbol{X}')\boldsymbol{\alpha}=\boldsymbol{R}_{11}\boldsymbol{\alpha} \tag{2.45}$$

$$\boldsymbol{G}_v=E(\boldsymbol{Y}\boldsymbol{v}')=E(\boldsymbol{Y}\boldsymbol{Y}'\boldsymbol{\beta})=E(\boldsymbol{Y}\boldsymbol{Y}')\boldsymbol{\beta}=\boldsymbol{R}_{22}\boldsymbol{\beta} \tag{2.46}$$

式(2.45)、式(2.46)是衡量原始变量与典型变量相关性的尺度，其中 $\boldsymbol{R}_{11}$ 和 $\boldsymbol{R}_{22}$ 分别为 $\boldsymbol{X}$ 和 $\boldsymbol{Y}$ 两组内各自变量的相关系数矩阵。典型相关系数可以看作是从原始变量中提取的方差，因此第一组变量 u 提取的方差百分数为

$$q_1=\frac{\boldsymbol{G}_u'\boldsymbol{G}_u}{p_1} \tag{2.47}$$

同理第二组变量 v 提取的方差百分数为

$$q_2=\frac{\boldsymbol{G}_v'\boldsymbol{G}_v}{p_2} \tag{2.48}$$

冗余测度是第一组典型变量提取的方差被第二组典型变量重复的百分数，因此在第一组冗余而在第二组中存在的冗余测度为

$$R_{du}^{(i)}=\frac{\boldsymbol{G}_u'\boldsymbol{G}_u r_c^{(i)}}{p_1} \tag{2.49}$$

类似地，在第二组中冗余而在第一组中存在的冗余测度为

$$R_{dv}^{(i)}=\frac{\boldsymbol{G}_v'\boldsymbol{G}_v r_c^{(i)}}{p_2} \tag{2.50}$$

典型相关系数的显著性，其检验方法是

$$\Lambda_1=\prod_{i=1}^{p_2}(1-r_c^{(i)2}) \tag{2.51}$$

对于大的子样本，在典型相关 $\boldsymbol{u}$ 和 $\boldsymbol{v}$ 不相关的零假设下，统计量

$$\chi_1^2=-\left[N-1-\frac{1}{2}(p_1+p_2+1)\right]\ln\Lambda_1 \tag{2.52}$$

近似地服从自由度 $f=p_1\times p_2$ 的 χ^2 分布。对于给定的信度，如果式(2.52)计算结果大于 χ^2 的临界值，则第一个典型相关系数是显著的。

同样检验第二个典型相关系数，令

$$\Lambda_2=\prod_{i=2}^{p_2}(1-r_c^{(i)2}) \tag{2.53}$$

此时，统计量

$$\chi_2^2=-\left[N-2-\frac{1}{2}(p_1+p_2+1)\right]\ln\Lambda_2 \tag{2.54}$$

近似地服从 $f=(p_1-1)(p_2-1)$ 的 χ^2 分布。一般来讲，对于第 k 个典型相关系数，$k<p_2$，令

$$\Lambda_k=\prod_{i=k}^{p_2}(1-r_c^{(i)2}) \tag{2.55}$$

统计量

$$\chi_k^2=-\left[N-k-\frac{1}{2}(p_1+p_2+1)\right]\ln\Lambda_k$$

服从 $f=(p_1-k)(p_2-k)$ 的 χ^2 分布。

经过检验，设显著的典型相关系数有 m 个，则总冗余测度为

$$RT_{du}=\sum_{i=1}^{m}R_{du}^{(i)} \tag{2.56}$$

$$RT_{dv}=\sum_{i=1}^{m}R_{dv}^{(i)} \tag{2.57}$$

对于多组变量，两两之间都可进行分析。

2. 典型相关分析应用实例

典型相关分析所用的原始数据是甘肃省 14 个地市 1991 年的有关农业生产统计资料，分为两组，第一组有 5 个指标，即农业人口、耕地面积、农村用电量、化肥施用量、农作物播种面积，分别用 x_1、x_2、x_3、x_4、x_5表示，第二组的变量同样有 5 个指标，分别是粮食平均亩产量、国内生产总值、农业总产值现行价、农业商品产值、农民家庭人均收入，用 y_1、y_2、y_3、y_4、y_5 表示。由于篇幅所限，将一张表分为两张表，具体的内容见表 2.37、表 2.38。

表 2.37　1991 年甘肃省地市农业生产统计资料

地区名称	农业人口/万人	耕地面积/万亩	农村用电量/千瓦小时	化肥施用量/吨	农作物播种面积/万亩
兰州市	125.17	328.92	61 558.4	68 112.6	313.99
天水市	261.02	589.81	9711.77	133 959	643.08
白银市	119.58	451.46	16 706.62	64 840.9	386.51
金昌市	23.77	68.18	7049.02	65 881.1	60.01
嘉峪关市	2.33	4.46	316	2992.7	4.47
庆阳市	200.75	670.26	8377.1	140 389	788.84
平凉市	174.42	613.04	9812.44	100 894	667.75
陇南市	226.27	449.2	6870.89	83 799.4	524.13
定西市	242.35	784.21	7540.5	107 300	794.83
武威市	151.33	387.33	28 898.32	171 542	321.1
张掖市	101.51	317.06	7301.62	196 554	303.51
酒泉市	59.38	167.95	9518.02	95 486.2	186.6
临夏州	150.33	223.85	11 370.51	47 038.9	243.33
甘南州	49.7	103.12	1539.18	2980.96	97.46

表 2.38　1991 年甘肃省农业生产统计资料

地区名称	粮食平均亩产 /(kg·亩$^{-1}$)	国内生产总值/万元	农业总产值现行价/万元	农业商品产值/万元	农民家庭人均收入/元
兰州市	115.3	726 114	80 824	39 255.48	603
天水市	140	230 346	105 754.6	40 771.61	425.94
白银市	106.5	177 697	55 763.53	18 956.08	385
金昌市	306.6	161 182	20 611.67	10 160.57	606.67
嘉峪关市	463	48 686	3086.66	1709.93	803
庆阳市	120.1	178 817	125 897.1	58 269.45	494.25
平凉市	122.6	122 394	87 745.4	31 918.87	472.79
陇南市	131.2	138 390	105 887.3	37 007.77	363.7
定西市	107.7	120 217	107 960	42 157.08	399.98
武威市	233.5	114 616	94 388.97	39 360.21	451.64
张掖市	356.5	162 951	114 579	61 769.92	687.89
酒泉市	453.5	156 681	89 910.3	51 097.26	1078.7
临夏州	173	80 752	49 311.11	16 419.66	337.24
甘南州	109.8	50 125	25 924.83	10 366.86	433.04

但注意的是，在输入数据时，表 2.37 和表 2.38 应合在一起输入，具体讲，在输入表 2.37的兰州市所对应的 5 个数据后，随后输入表 2.38 兰州市的另外 5 个数据，以此类推。

3. 典型相关计算结果分析

由表 2.37、表 2.38 的原始数据，经求解后所得的结果见表 2.39～表 2.41。

表 2.39　样品各指标的平均值和标准差

指标	平均值	标准差
X_1	134.850 714 3	81.588 810 55
X_2	368.489 285 7	239.374 439 8
X_3	13 326.456 43	15 460.961 98
X_4	91 555.043 57	56 574.602 39
X_5	381.115	263.854 328 5
Y_1	209.95	130.982 134 7
Y_2	176 354.8571	166 096.4576
Y_3	76 260.33	38 713.526 73
Y_4	32 801.482 14	18 645.237 22
Y_5	538.774 285 7	204.624 001 7

表 2.40　变量间的相关系数

X_1	X_2	X_3	X_4	X_5	Y_1	Y_2	Y_3	Y_4	Y_5
1	0.897 182	0.090 728	0.491 919	0.904 956	−0.670 07	0.106 591	0.768 849	0.517 878	−0.611 93
0.897 182	1	0.076 734	0.546 698	0.984 511	−0.644 79	0.103 084	0.782 274	0.576 741	−0.500 39
0.090 728	0.076 734	1	0.118 959	0.005 552	−0.262 11	0.889 588	0.170 971	0.195 46	−0.028 29
0.491 919	0.546 698	0.118 959	1	0.513 64	−0.003 47	0.074 513	0.828 38	0.845 625	−0.011 94
0.904 956	0.984 511	0.005 552	0.513 64	1	−0.624 93	0.078 352	0.789 925	0.587 661	−0.468 96
−0.670 07	−0.644 79	−0.262 11	−0.003 47	−0.624 93	1	−0.242 33	−0.301 93	−0.049 87	0.855 918
0.106 591	0.103 084	0.889 588	0.074 513	0.078 352	−0.242 33	1	0.213 981	0.271 814	0.084 892
0.768 849	0.782 274	0.170 971	0.828 38	0.789 925	−0.301 93	0.213 981	1	0.938 643	−0.129 08
0.517 878	0.576 741	0.195 46	0.845 625	0.587 661	−0.049 87	0.271 814	0.938 643	1	0.162 936
−0.611 93	−0.500 39	−0.028 29	−0.011 94	−0.468 96	0.855 918	0.084 892	−0.129 08	0.162 936	1

表 2.41　典型相关系数的 χ^2 检验

序号	典型相关系数的 χ^2 统计量	典型相关系数 χ^2 检验临界值
1	59.019 092 37	37.652 483 26
2	28.227 613 93	26.296 226 97
3	12.091 715 68	16.918 990 13
4	2.656 398 81	9.487 728 058
5	0.121 838 69	3.841 458 77

检验的置信水平 $\alpha=0.05$，经 χ^2 检验，第 1、第 2 对典型变量的典型相关系数显著，其余典型相关系数皆不显著，见表 2.42～表 2.50。

表 2.42　典型变量及典型相关系数

典型相关系数	第一组典型变量系数	第二组典型变量系数
0.985 186 485	−0.724 515 656	−0.248 549 907
	0.330 991 779	−0.283 749 786
	−0.239 719 896	−1.768 966 711
	−0.281 765 228	0.961 765 426
	−0.390 824 133	0.330 026 192
0.939 595 74	0.134 235 454	0.806 630 151
	0.177 878 135	−0.688 315 052
	−0.821 447 114	−0.729 364 542
	0.822 484 137	1.367 303 526
	−0.677 888 412	−0.778 436 832

续表

典型相关系数	第一组典型变量系数	第二组典型变量系数
0.894 286 779	0.628 660 226	−0.913 085 455
	2.190 692 238	−0.694 331 557
	−0.689 781 306	1.790 543 187
	−0.845 635 685	−2.146 039 007
	−1.976 763 011	0.835 017 646
0.652 851 119	2.022 270 879	2.162 114 611
	1.938 204 745	0.753 049 936
	−0.116 857 972	0.517 053 424
	0.026 531 701	−0.638 306 026
	−4.135 124 457	−2.149 924 932
0.184 965 184	0.862 040 621	0.670 801 412
	−5.715 984 851	0.314 159 63
	0.136 547 121	4.613 866 535
	0.022 682 085	−4.573 239 438
	4.774 803 937	1.223 190 19

表 2.43 第一对典型变量的得分

第一组典型变量的得分	第二组典型变量的得分
−0.500 397 639	−0.531 603 707
−1.357 533 475	−1.078 070 638
0.322 979 356	0.168 396 168
1.271 979 891	1.326 948 683
1.874 132 516	1.903 876 916
−0.938 321 748	−0.859 913 316
−0.429 826 55	−0.418 807 678
−0.773 325 875	−1.204 874 071
−0.981 277 604	−0.899 817 492
−0.671 198 429	−0.569 801 913
−0.089 620 369	−0.271 356 944
0.720 481 626	0.762 288 438
0.118 669 306	0.294 793 501
1.433 258 993	1.377 942 053

表 2.44　第二对典型变量的得分

第一组典型变量的得分	第二组典型变量的得分
−2.776 265 553	−2.718 145 343
0.507 523 925	−0.196 473 779
−0.545 290 526	−0.686 806 114
0.379 333 169	−0.212 105 286
−0.117 145 719	0.180 827 466
0.258 055 259	0.538 324 479
−0.167 111 197	−0.344 395 982
0.073 188 695	0.088 668 014
−0.040 806 677	0.219 802 414
0.530 816 064	0.871 781 534
1.952 892 549	1.793 183 003
0.486 049 5	0.611 898 07
−0.271 277 471	0.241 720 657
−0.269 962 017	−0.388 279 132

表 2.45　第三对典型变量的得分

第一组典型变量的得分	第二组典型变量的得分
−1.735 265 32	−1.908 023 889
0.562 474 507	0.248 273 985
0.849 742 528	0.733 619 007
−0.534 757 015	−0.301 138 461
0.373 392 024	0.042 129 486
−0.294 244 554	−0.201 202 134
0.412 698 32	1.198 014 593
0.775 536 687	0.879 386 791
1.556 162 359	0.770 411 849
−1.141 287 815	−0.178 085 02
−1.446 812 74	−1.919 018 33
−0.848 369 83	−0.886 754 71
0.580 496 939	0.473 911 698
0.890 233 911	1.048 475 133

表 2.46　第四对典型变量的得分

第一组典型变量的得分	第二组典型变量的得分
0.116 101 212	0.095 324 924
0.860 964 562	0.396 713 043
0.170 681 799	0.114 337 806
−0.117 089 584	0.845 102 522
−0.272 622 366	0.909 209 962
−2.252 742 345	−1.213 115 855
−1.500 317 056	−0.809 643 206
0.723 266 484	0.619 103 053
−0.402 060 416	−0.380 986 445
1.421 380 266	1.041 911 619
0.068 195 864	0.311 673 1
−0.415 317 681	−2.185 809 33
1.365 806 474	1.274 974 344
0.233 752 786	−1.018 795 539

表 2.47　第五对典型变量的得分

第一组典型变量的得分	第二组典型变量的得分
0.044 440 223	−0.100 095 155
0.773 871 104	0.629 625 84
−2.025 817 81	−0.493 335 545
0.120 829 249	−0.206 765 375
0.326 111 431	1.539 160 002
0.844 541 592	−1.052 643 565
−0.261 751 411	0.641 423 591
1.566 555 855	0.977 571 951
−1.349 178 013	0.023 740 573
−1.192 237 828	0.034 829 609
−0.539 676 674	−0.921 916 877
0.439 174 237	1.576 898 316
1.088 838 482	−0.768 502 604
0.164 299 564	−1.879 990 76

表 2.48　原始变量与第一组典型变量间的相关系数

1	2	3	4	5
−0.941 589 53	0.010 431 806	0.326 658 99	0.021 535 355	0.078 297 345
−0.876 236 75	0.017 540 533	0.293 331 67	−0.312 989 63	−0.218 850 415
−0.315 743 97	−0.701 540 039	−0.576 213 524	0.195 545 44	−0.194 646 542
−0.686 475 22	0.539 853 196	−0.436 139 037	−0.056 929 732	−0.209 408 787
−0.866 670 76	0.036 612 405	0.310 726 665	−0.383 893 923	−0.060 130 824

表 2.49　原始变量与第二组典型变量间的相关系数

1	2	3	4	5
0.588 832 072	0.459 184 884	−0.463 724 551	0.015 185 35	0.476 607 784
−0.312 606 35	−0.734 287 127	−0.602 357 81	−0.016 267 641	−0.000 345 546
−0.894 483 07	0.263 689 004	−0.204 485 958	−0.296 256 381	0.028 032 009
−0.709 621 53	0.328 536 724	−0.472 499 197	−0.406 409 14	0.008 776 071
0.478 237 35	0.170 466 326	−0.586 235 453	−0.406 146 67	0.483 325 092

表 2.50　冗 余 测 度

典型变量号	1	2	3	4	5
R_{du}	0.586 470 162	0.147 583 592	0.145 149 882	0.037 510 193	0.005 156 127
R_{dv}	0.389 507 188	0.179 755 072	0.212 235 249	0.054 628 829	0.017 076 765

4. 典型相关分析源代码设计

需要输入的数值有 4 个，一个是 N，代表分析样本的总数，另外一个是 M，代表两组样本的指标的总数，本例是 14、10。另外两个数值是第一组和第二组的变量个数，如本例的两个数是 5、5。每组样本数可通过 Inputbox 和循环语句输入。本程序可用于分析两组变量的典型相关分析，但需要注意的是输入原始数据时，第一组变量的个数大于或等于第二组变量的个数，数据输入的格式与表 2.37、表 2.38 一致。典型相关系数显著性的置信度 $\alpha=0.05$，如果要改变，也可在程序中重新设置。

```
Public N As Integer, M As Integer, GN As Integer, Z(200, 200) As Double, X1(200) As Double, Y1(200) As Double, S(100, 100) As Double, A(100, 100) As Double, C1(100, 100) As Double, C2(100, 100) As Double, ENV(100, 100) As Double, R(100, 100) As Double, MEAN(200) As Double, COV(200) As Double, XU(200) As Double, CHS As Double, Q1 As Double, KII(100) As Double, XX1(100) As Double, GM1 As Integer, GM2 As Integer
Public PQ As Integer, GG As Double, TR As Double, CC As Double, k As Integer, KA As Integer, CB As Double, G11 As Integer, T As Integer, X As Double, Y As Double, L As Integer, EY As Double, EX As Double, X11 As Double, AL As Double, SR As Double, RDU As Double, RDUT As Double, RDV As Double, RDVT As Double, XU1(200, 100) As Double, XT1(200, 100)
```

As Double, SR1(100) As Double

Public Exl1 As Object, Exl11 As Object, XV(200, 200) As Double, GU(200) As Double, XT(100) As Double, ROOT(200) As Double, E(200) As Double, DL(200) As Double, NX As Integer, KI As Double, W As Double, XO As Double, GV(200) As Double, IAI As Integer, U1 As Double, P1 As Double, S1 As Double, S11 As Double, X111(200, 100) As Double, Y11(200, 100) As Double, GM3 As Integer, XX As Double

Public A1 As Double, GM(100) As Integer, S2 As Integer, B As Double, KK As Integer, LL As Integer, F As Double, G As Double, H As Double, HH As Double, MM As Integer, C As Double, R1 As Double, R2 As Double, L1 As Double, DS As Double, PP As Double, PI As Double, PIS As Double, II As Integer, N2 As Integer, GU1(200, 100) As Double, GV1(200, 100) As Double, RDU1(100) As Double, RDV1(100) As Double

典型相关分析主程序全部代码：

```
Private Sub Command1_Click()
N = Val(InputBox("输入样品的个数", "输入样品数"))
M = Val(InputBox("两组变量数的总数", "X+Y 的个数"))
Open "e:\应用实例\dxgfx2.txt" For Input As #1
For  I = 1  To  N
For  J = 1  To  M
Input #1, Z(I, J)
Next  J
Next  I
Close #1
End Sub

Private Sub Command2_Click()
AL = 0.05
GN = 2
Print "典型相关分析"
Print " 分为自变量与因变量两个组，典型相关分析就是把原来较多变量化为少数几个典型变量，通过其来分析二个多元随机变量的关系"

For  I = 1  To  GN
GM(I) = Val(InputBox("第" & I & "组包含变量的个数", "每组变量的个数"))
Next  I
For  I = 1  To  M
A1 = 0
R(I, I) = 1
For  k = 1  To  N
A1 = A1 + Z(k, I)
Next  k
MEAN(I) = A1 / N
A1 = 0
```

```
For  k = 1  To  N
A1 = A1 + (Z(k, I) - MEAN(I)) ^ 2
Next  k
COV(I) = Sqr(A1 / (N - 1))
Next  I
For  I = 2  To  M
For  J = 1  To  I - 1
A1 = 0
For  k =  1  To  N
A1 = A1 + (Z(k, I) - MEAN(I)) * (Z(k, J) - MEAN(J))
Next  k
R(I, J) = A1 / COV(I) / COV(J) / (N - 1)
R(J, I) = R(I, J)
Next  J
Next  I
For  I = 1  To  N
For  J = 1  To  M
Z(I, J) = (Z(I, J) - MEAN(J)) / COV(J)
Next  J
Next  I
Print "变量的平均值"
For  I = 1  To  M
Print MEAN(I); "    ";
Next  I
Print

Print Tab(10); "-------- (X, Y)标准差 ---------"
For  I = 1  To M
Print COV(I); "   ";
Next  I
Print
Print "变量间的相关系数"
For  I = 1  To M
For  J = I  To  M
Print  Tab(24 * (J - 1)); R(I, J);
Next  J
Print
Next  I
Print
S1 = 0: S2 = 0
For  L = 1  To  GN - 1
For  I = 1  To  GM(L)
For  J = 1  To  GM(L)
```

```
A(I, J) = R(I + S2, J + S2)
Next J
Next I
For k = 1 To GM(L)
If A(k, k) < 0.0000000001 Then
MsgBox "A 非正定矩阵", 0, "程序停止运行"
End
Else
A(k, k) = 1 / A(k, k)
End If
For I = 1 To GM(L)
If I <> k Then A(I, k) = -A(I, k) * A(k, k)
Next I
For I = 1 To GM(L)
For J = 1 To GM(L)
If (I - k) * (J - k) <> 0 Then
A(I, J) = A(I, J) + A(I, k) * A(k, J)
End If
Next J
Next I
For J = 1 To GM(L)
If J <> k Then
A(k, J) = A(k, J) * A(k, k)
End If
Next J
Next k
For k = L + 1 To GN
S1 = S1 + GM(k - 1)
For I = 1 To GM(L)
For J = 1 To GM(k)
B = 0
For T = 1 To GM(L)
B = B + A(I, T) * R(T + S2, J + S1)
Next T
S(I, J) = B
Next J
Next I
For I = 1 To GM(k)
For J = 1 To GM(k)
C1(I, J) = R(I + S1, J + S1)
Next J
Next I
```

```
For  I = 1  To  GM(k)
For  J = 1  To  GM(k)
B = 0
For  T = 1  To  GM(L)
B = B + R(I + S1, T + S2) * S(T, J)
Next  T
C2(I, J) = B
Next  J
Next  I
If  GM(k) < 0  Then
GM(k) = -GM(k)
GoTo  25
Else
GoTo  15
End  If
15 For  I = 1  To  GM(k)
For  J = 1  To  GM(k)
X = C1(I, J)
For  KK = I - 1  To 1  Step -1
X = X - C1(I, KK) * C1(J, KK)
Next  KK
If  I = J  Then
If  X <= 0  Then
MsgBox "B矩阵不是正定的", 0, "程序停止运行"
End
End  If
Y = Sqr(X): DL(I) = Sqr(X)
Else

C1(J, I) = X / Y
End  If
Next  J
Next  I
25 For  I = 1  To  GM(k)
Y = DL(I)
For  J = 1  To  GM(k)
X = C2(I, J)
For  KK = I - 1  To 1  Step -1
X = X - C1(I, KK) * C2(J, KK)
Next  KK
C2(J, I) = X / Y
Next  J
Next  I
```

```
For  J = 1  To  GM(k)
For  I = J  To  GM(k)
X = C2(I, J)
For  KK = I - 1  To  J  Step -1
X = X - C2(KK, J) * C1(I, KK)
Next  KK
For  KK = J - 1  To  1  Step -1
X = X - C2(J, KK) * C1(I, KK)
Next  KK
C2(I, J) = X / DL(I)
Next  I
Next  J

For  I = 1  To  GM(k)
For  J = 1  To  I
ENV(I, J) = C2(I, J)
Next  J
Next  I
For  I = GM(k)  To  2  Step -1
LL = I - 2
F = ENV(I, I - 1)
G = 0
For  KK = 1  To LL
G = G + ENV(I, KK) * ENV(I, KK)
Next  KK
H = G + F ^ 2
If  G <= 0.0000000001  Then
E(I) = F: H = 0
GoTo  319
End If

LL = LL + 1
If  F >= 0  Then
G = -Sqr(H)
E(I) = -Sqr(H)
Else
G = Sqr(H)
E(I) = Sqr(H)
End  If
H = H - F * G
ENV(I, I - 1) = F - G
F = 0
For  J = 1  To LL
```

```
ENV(J, I) = ENV(I, J) / H
G = 0
For  KK = 1  To  J
G = G + ENV(J, KK) * ENV(I, KK)
Next  KK
For  KK = J + 1  To LL
G = G + ENV(KK, J) * ENV(I, KK)
Next  KK
E(J) = G / H
F = F + G * ENV(J, I)
Next  J
HH = F / (H + H)
For  J = 1  To  LL
F = ENV(I, J)
G = E(J) - HH * F
E(J) = G
For  KK = 1  To  J
ENV(J, KK) = ENV(J, KK) - F * E(KK) - G * ENV(I, KK)
Next  KK
Next  J
319  ROOT(I) = H
Next  I
ROOT(1) = 0
E(1) = 0
For  I = 1  To  GM(k)
LL = I - 1
If  ROOT(I) <> 0  Then
For  J = 1  To  LL
G = 0
For  KK = 1  To LL
G = G + ENV(I, KK) * ENV(KK, J)
Next  KK
For  KK = 1  To LL
ENV(KK, J) = ENV(KK, J) - G * ENV(KK, I)
Next  KK
Next  J
End  If
ROOT(I) = ENV(I, I)
ENV(I, I) = 1
For  J = 1  To  LL
ENV(I, J) = 0
ENV(J, I) = 0
Next  J
```

```
Next I
For I = 2 To GM(k)
E(I - 1) = E(I)
Next I
E(GM(k)) = 0
B = 0
F = 0
For LL = 1 To GM(k)
J = 0
H = 0.0000000001 * (Abs(ROOT(LL)) + Abs(E(LL)))
If B < H Then B = H
For MM = LL To GM(k)
If Abs(E(MM)) <= B Then GoTo 54
Next MM
54 If MM = LL Then GoTo 95
55 If J = 30 Then
MsgBox "迭代 30 次仍未收敛", 0, " 程序运行终止!"
End
End If
J = J + 1
G = ROOT(LL)
P = (ROOT(LL + 1) - G) / (2 * E(LL))
If Abs(B) >= 1000000000# Then
R1 = P
Else
R1 = Sqr(P * P + 1)
End If
If P < 0 Then
ROOT(LL) = E(LL) / (P - R1)
Else
ROOT(LL) = E(LL) / (P + R1)
End If
H = G - ROOT(LL)
For I = LL + 1 To GM(k)
ROOT(I) = ROOT(I) - H
Next I
F = F + H
P = ROOT(MM)
C = 1
S11 = 0
For I = MM - 1 To LL Step -1
G = C * E(I)
H = C * P
```

```
If  Abs(P) >= Abs(E(I))  Then
C = E(I) / P
R1 = Sqr(C ^ 2 + 1)
E(I + 1) = S11 * P * R1
S11 = C / R1
C = 1 / R1
Else
C = P / E(I)
R1 = Sqr(C ^ 2 + 1)
E(I + 1) = S11 * E(I) * R1
S11 = 1 / R1
C = C / R1
End  If
P = C * ROOT(I) - S11 * G
ROOT(I + 1) = H + S11 * (C * G + S11 * ROOT(I))
For  KK = 1  To  GM(k)
H = ENV(KK, I + 1)
ENV(KK, I + 1) = S11 * ENV(KK, I) + C * H
ENV(KK, I) = C * ENV(KK, I) - S11 * H
Next  KK
Next  I
E(LL) = S11 * P
ROOT(LL) = C * P
If  Abs(E(LL)) > B  Then  GoTo 55
95 ROOT(LL) = ROOT(LL) + F
Next  LL
For  I = 1  To  GM(k)
KK = I
P = ROOT(I)
For  J = I + 1  To  GM(k)
If  ROOT(J) > P  Then
KK = J
P = ROOT(J)
End  If
Next  J
If  KK <> I  Then
ROOT(KK) = ROOT(I)
ROOT(I) = P
For  J = 1  To GM(k)
P = ENV(J, I)
ENV(J, I) = ENV(J, KK)
ENV(J, KK) = P
Next  J
```

```
End  If
Next  I
For  J = 1  To  GM(k)
For  I = GM(k)  To  1  Step -1
X = ENV(I, J)
For  KK = I + 1  To  GM(k)
X = X - C1(KK, I) * ENV(KK, J)
Next  KK
ENV(I, J) = X / DL(I)
Next  I
Next  J
RDUT = 0
RDVT = 0
L1 = 1
DS = 0
NX = GM(k) * GM(L)
For  I = 1  To  GM(k)
L1 = L1 * (1 - ROOT(I))
Next  I
GM1 = GM(1)
GM3 = GM(2)
Print "典型相关系数的卡平方统计量及检验临界值"
For  J = 1  To  GM(k)
' GM1 = GM(k)
' GM3 = GM(L)
KI = -(N - J - (GM(L) + GM(k) + 1) / 2) * Log(L1)
Call dxgfxzchx(NX, AL, XX)
KII(J) = KI: XX1(J) = XX
Print  "序号"; J; "    "; "自由度"; NX; "    "; " 卡平方统计量   "; KI; "检验临界值";
"    "; XX
If  KI > XX  Then  DS = DS + 1
L1 = L1 / (1 - ROOT(J))
NX = (GM(k) - J) * (GM(L) - J)
Next  J
Print "统计检验显著性的典型相关系数的个数="; DS
GM2 = 0
For  T = 1  To  GM(k)
ROOT(T) = Sqr(ROOT(T))
For  I = 1  To  GM(L)
B = 0
For  J = 1  To  GM(k)
B = B + S(I, J) * ENV(J, T)
Next  J
```

```
XU(I) = B / ROOT(T)
Next  I
For  I = 1  To  GM(k)
XT(I) = ENV(I, T)
Next  I
SR = ROOT(T)
Print  T,
GM2 = GM2 + 1
Print  "典型相关系数 "; SR
SR1(T) = SR
Print  "第一组典型变量的系数"
For  I = 1  To  GM(L)
Print  XU(I); "   ";
XU1(I, GM2) = XU(I)
Next  I
Print
Print  "第二组典型变量的系数"
For  I = 1  To  GM(k)
Print  XT(I); "   ";
XT1(I, GM2) = XT(I)
Next  I
Print
Print  "第一组典型变量的得分"
For  I = 1  To N
B = 0
For  J = 1  To  GM(L)
B = B + XU(J) * Z(I, J + S2)
Next  J
X1(I) = B
Print  X1(I); "   ";
X111(I, GM2) = X1(I)
Next  I
Print
Print  "第二组典型变量的得分"
For  I = 1  To N
B = 0
For  J = 1  To  GM(k)
B = B + XT(J) * Z(I, J + S1)
Next  J
Y1(I) = B
Print  Y1(I); "   ";
Y11(I, GM2) = Y1(I)
Next  I
```

```
Print
B = 0
For  I = 1  To  N
B = B + X1(I) * Y1(I)
Next  I
Print  "典型相关系数的检验值";
Print  B / (N - 1)
For  I = 1  To  GM(L)
B = 0
For  J = 1  To  GM(L)
B = B + R(I + S2, J + S2) * XU(J)
Next  J
GU(I) = B
Next  I
Print  "第一组的原始变量与第一组典型变量间的相关系数"
For  I = 1  To  GM(L)
Print  GU(I);
GU1(I, GM2) = GU(I)
Next  I
Print
For  I = 1  To  GM(k)
B = 0
For  J = 1  To  GM(k)
B = B + R(I + S1, J + S1) * XT(J)
Next  J
GV(I) = B
Next  I
Print  "第二组的原始变量与第二组典型变量间的相关系数"
For  I = 1  To  GM(k)
GV1(I, GM2) = GV(I)
Print  GV(I); "    ";
Next  I
Print
Print  "冗余测度"
RDU = 0
For  I = 1  To  GM(L)
RDU = RDU + GU(I) * GU(I)
Next  I
RDU = RDU * SR / GM(L)
If  T <= DS  Then
RDUT = RDUT + RDU
End  If
Print  "RDU="; RDU
```

```
RDU1(GM2) = RDU
RDV = 0
For  I = 1  To  GM(k)
RDV = RDV + GV(I) * GV(I)
Next  I
RDV = RDV * SR / GM(k)
If T <= DS Then
RDVT = RDVT + RDV
End  If
Print  "RDV="; RDV
RDV1(GM2) = RDV
Next  T

Print  "第一组的总冗余测度 rdut="; RDUT
Print  "第二组的总冗余测度 rdvt="; RDVT
Next  k
S2 = S2 + GM(L)
S1 = S2
Next  L
Print  "整个计算结束"
End Sub

Public Sub dxgfxzchx(N As Integer, q As Double, k10 As Double)
If  N <> 2  Then
GoTo  9
Else
k10 = -2 * Log(q)
GoTo  30
End  If
9  If N > 1  Then GoTo  11
q = q / 2
11  If  q <> 0.5  Then
YY = -Log(4 * q * (1 - q))
Z1 = 6.936233982E-13
Z1 = 3.657763036E-11 + YY * Z1
Z1 = -3.231081277E-09 + YY * Z1
Z1 = 8.360937017E-08 + YY * Z1
Z1 = -0.00000104527497 + YY * Z1
Z1 = 0.000005824238515 + YY * Z1
Z1 = 0.000006841218299 + YY * Z1
Z1 = -0.0002250947176 + YY * Z1
Z1 = -0.0008364353589 + YY * Z1
Z1 = 0.03706987906 + YY * Z1
```

```
Z1 = 1.570796288 + YY * Z1
Z1 = YY * Z1

U = Sqr(Z1)
If  q < 0.5  Then GoTo  45
U = -U
Else
U = 0
45 End  If
If  N > 1  Then GoTo  16
k10 = U * U
q = 2 * q
GoTo  30
16  If  N > 30  Then GoTo  20
ko = (1 - 2 / (9 * N)) + U * Sqr(2 / (9 * N))
k10 = N * ko * ko * ko
GoTo  22
20 ko = U + Sqr(2 * N - 1)
k10 = ko * ko / 2
22 po = 1 - q
33 PI = 3.14159265359
X = k10 / 2
M1 = N / 2
If  Int(M1) = M1  Then GoTo  61
U = Sqr(k10)
YY = Abs(U) / Sqr(2)
ER = 0.0000430638
ER = 0.0002765672 + ER * YY
ER = 0.0001520143 + ER * YY
ER = 0.0092705272 + ER * YY
ER = 0.0422820123 + ER * YY
ER = 0.0705230784 + ER * YY
ER = 1 + ER * YY
e2 = ER * ER * ER * ER
EE = 1 - 1 / (e2 * e2 * e2 * e2)
F = (1 + EE) / 2
P = 2 * F - 1
D = Sqr(X / PI) * Exp(-X)
If  M1 = 0.5  Then GoTo  68
For  I1 = 0.5  To  M1 - 1
P = P - D / I1
D = X / I1 * D
Next  I1
```

```
GoTo 68
61 P = 1 - Exp(-X)
D = X * Exp(-X)
If  M1 = 1  Then GoTo  68
For  I1 = 1  To  M1 - 1
P = P - D / I1
D = X / I1 * D
Next  I1
68 D = D / X

If  D < 1E-20  Then GoTo  30
k1 = k10 - (P - po) / D
If  Abs(k1 - k10) < 0.000001  Then GoTo  29
k10 = k1
GoTo 33
29 k10 = k1
30 End Sub
```

2.7　多类训练迭代法

1. 多类训练迭代法分析方法与原理

对于具有 p 个指标的样品向量，其中的每个指标是离散型的代码，也可是连续变量。记为 $\boldsymbol{X}=(X_1, X_2, \cdots, X_p)'$。如果从 g 个总体($g\geqslant 2$)中分别抽取 $n_i(i=1, 2, 3, \cdots, g)$ 个样品，令 $n=\sum_{i=1}^{g} n_i$。这 n 个向量按随机的次序进行排列和编号。假定这些样品可以用线性判别函数完全无错误地分类，这时可建立 g 个线性判别函数：

$$u_i(\boldsymbol{X})=\boldsymbol{X}'\boldsymbol{W}_k \tag{2.58}$$

其中，$i=1, 2, 3, \cdots, g$，$\boldsymbol{W}$ 为系数向量，$\boldsymbol{W}=(w_1, w_2, \cdots, w_p)'$，下标 k 表示第 k 个总体。规定下列分类规则，如果：

$$u_a(\boldsymbol{X})=\max_{1\leqslant i\leqslant g} u_i(\boldsymbol{X}) \tag{2.59}$$

则判 $\boldsymbol{X}\in H_a$。这里 H_a 表示第 i 个总体。

训练迭代不是一次求出系数向量，具体算法是：先给出任一向量 $\boldsymbol{W}_i^0$，逐个检查每一总体 $\boldsymbol{H}_i$ 中的样品 $\boldsymbol{X}$ 是否满足：

$$\boldsymbol{X}'W_i^0\geqslant \boldsymbol{X}'W_j^0 \tag{2.60}$$

这里 $\boldsymbol{W}$ 的上标 0 表示是迭代次数，而非 0 次方，后面 $\boldsymbol{W}$ 的上标均为迭代次数。$j=1, 2, \cdots, g$，$j\neq i$。如果 $j=l$ 时，有

$$\boldsymbol{X}'W_i^0<\boldsymbol{X}'W_l^0 \tag{2.61}$$

则对 $\boldsymbol{W}_i$ 和 $\boldsymbol{W}_l$ 进行调整，其表达式为

$$\boldsymbol{W}_i^1=\boldsymbol{W}_i^0+C\boldsymbol{X} \tag{2.62}$$

$$W_l^1 = W_l^0 - CX \tag{2.63}$$

C 是常数。这样不断地调整，即从第 t 次迭代到 $t+1$ 次迭代，均利用以下公式：

$$W_i^{t+1} = W_i^t + CX \tag{2.64}$$

$$W_l^{t+1} = W_l^t - CX \tag{2.65}$$

直到全部样品满足式(2.60)为止。

C 称为调整系数，它的选取方法有以下两种：

(1) 取一固定的整数，如令 $C=1$。

(2) 取 C 为样品的函数，如果记 X_q 为第 q 个样品向量，C 的计算表达式为

$$C = \left[\frac{W_i'^t X_q}{X_q' X_q}\right] \tag{2.66}$$

程序采用第二种方法，如果式(2.66)获得 C 小于 1，则取 $C=1$。

需要说明的是，上述算法的前提是假设可以用线性判别函数全部无误地分类，但这一前提不是任何情况下都存在的。如果不满足，则迭代过程不收敛。为了保证程序的正常运行，可在程序中规定一迭代的最高限界，当迭代超过时仍不收敛，则可终止程序运行。

此种方法的收敛速度难以预计，特别是预分类不合适或分类标志不显著时，往往会经过好多次训练，实际上会遇到不收敛的情况。由于系数向量的初值与调整系数 C 的取法不同，最终的计算结果不是唯一的。

2. 多类训练迭代法应用实例

该实例使用的原始数据共有 24 个样品，每个样品有 9 个指标，事先预分为 3 类，1～7 号样品为 1 类，8～15 号样品为第 2 类，16～24 号样品为第 3 类。待判样品有 15 个，见表 2.51、表 2.52。

表 2.51　多类训练迭代分析原始数据

分类	样品序号	X_1	X_2	X_3	X_4	X_5	X_6	X_7	X_8	X_9
1	1	3	1	3	6	3	1	3	3	3
	2	6	5	7	5	6	4	5	5	3
	3	5	3	5	5	5	2	3	5	3
	4	3	2	4	6	4	3	7	5	3
	5	2	2	3	6	4	2	6	5	3
	6	3	2	4	6	5	2	5	5	3
	7	3	2	3	5	5	2	3	5	3
2	8	3	2	4	5	4	1	3	5	2
	9	4	2	5	6	3	1	4	5	2
	10	5	1	6	7	2	1	4	3	2
	11	2	1	3	6	3	1	4	3	1
	12	2	2	2	5	6	1	4	3	1
	13	6	3	6	5	4	2	3	3	2
	14	2	0	3	6	0	0	0	2	1
	15	1	0	1	6	0	0	0	2	1

续表

分类	样品序号	X_1	X_2	X_3	X_4	X_5	X_6	X_7	X_8	X_9
3	16	4	3	5	5	5	2	4	3	0
	17	7	6	7	5	6	5	4	3	0
	18	4	4	4	5	7	3	4	3	0
	19	4	2	5	6	4	2	4	3	0
	20	5	3	6	5	5	3	4	3	0
	21	4	3	5	5	5	3	4	3	0
	22	3	1	3	6	3	1	3	3	0
	23	4	3	4	5	6	2	3	3	0
	24	3	2	3	5	5	2	4	3	0

表 2.52　待判样品的原始数据

样品序号	X_1	X_2	X_3	X_4	X_5	X_6	X_7	X_8	X_9
1	4	2	5	6	3	1	3	5	3
2	6	4	5	5	6	2	3	5	3
3	2	0	2	7	0	0	0	2	3
4	1	0	1	1	0	0	0	4	3
5	4	1	5	6	2	1	4	3	2
6	3	2	3	5	5	1	3	3	1
7	3	2	4	5	5	2	4	3	2
8	1	0	1	3	0	0	0	2	1
9	4	2	4	6	4	2	3	3	0
10	5	3	6	5	5	2	2	3	0
11	2	2	2	4	6	1	2	3	0
12	2	0	2	6	0	0	0	2	0
13	1	0	1	1	0	0	0	4	0
14	1	0	1	1	0	0	0	1	0
15	1	0	1	2	0	0	0	1	0

3. 多类训练迭代计算结果分析

依据表 2.51 的数据，按照多类训练迭代方法进行计算，迭代 155 次后，过程收敛，得到的各类判别函数的系数见表 2.53，对原来的分类进行回判，结果与原来的相吻合，见表 2.54。对待判样品进行判别，结果见 2.55。

表 2.53　各类判别函数的系数

变量号	1 类	2 类	3 类
1	29	−67	45
2	25	−43	22
3	−126	120	13
4	−26	−12	54
5	−17	−1	28
6	179	−209	34
7	14	45	−52
8	−75	104	−19
9	338	2	−336

表 2.54　已知样品的判别函数值和判别结果

样品号	已分类的类别函数值			用判别函数判别后的归类
	1	2	3	
1	537	285	−583	1
2	610	72	−318	1
3	414	314	−425	1
4	683	331	−698	1
5	587	442	−738	1
6	459	449	−600	1
7	583	251	−563	1
8	−43	579	−276	2
9	−135	666	−244	2
10	−116	543	−144	2
11	−154	393	−8	2
12	−28	239	31	2
13	146	158	−21	2
14	−288	364	79	2
15	−65	191	8	2
16	−465	212	524	3
17	−35	−506	881	3
18	−169	−162	623	3
19	−499	244	528	3
20	−383	56	616	3
21	−286	3	558	3
22	−477	279	425	3
23	−370	46	591	3
24	−267	82	431	3

表 2.55　待判样品的判别函数值及判别结果

样品号	每类的判别函数值			最终归类
	1	2	3	
1	189	623	−528	2
2	451	203	−330	1
3	488	236	−552	1
4	591	463	−972	1
5	7	502	−256	2
6	−122	248	113	2
7	283	206	−228	1
8	13	227	−154	2
9	−387	79	567	3
10	−590	175	686	3
11	−368	159	417	3
12	−500	242	402	3
13	−423	457	36	2
14	−198	145	93	2
15	−224	133	147	3

4. 多类训练迭代法源代码设计

原始数据的输入，利用 InputBox 函数输入已知分好类的样品总数 N、样品的变量数 M、已知样品的分类数 M1 以及等待分类的样品数 N1。在磁盘上建立 2 个文本文件，分别存放已知分类的样品和待分类样品的原始数据，如本例数据存放顺序是先存放第一类 7 个样品的全部数据，再存放第二类 8 个样品的全部数据，最后存放第三类 9 个样品的全部数据。待判样品原始数据存放方法与前者完全相同，将其存放于第二个文本文件中。但输入已知分类样品的原始数据时，需输入该样品对应的分类数值，如第一类 7 个样品对应的分类数值是 1，第二组 8 个样品对应的数值是 2，第三类 9 个样品对应的数值是 3。程序中最高迭代次数为 200，若需修改迭代次数，可修改源程序中 JK=200 的语句。

多类训练迭代法在标准模块中定义的各变量为

Public N As Integer, M As Integer, NN As Integer, I As Integer, J As Integer, P As Integer, G As Integer, N1 As Integer, M1 As Integer, Q As Integer, G1 As Integer, PP2 As Integer, IJ As Integer, D As Double, KO As Integer, TI As Double

Public X(200, 200) As Double, FAI2 As Double, FI2 As Double, STEB As Integer, K As Integer, WILKS As Double, KK As Integer, SKK As Double, UV As Integer, NU As Integer, TI2 As Double

Public MX(200) As Double, VX(200) As Double, S(200) As Double, NG(100) As Integer, MSG(200, 100) As Double, PT(300) As Double, L(200) As Double, ENTER(200) As Double, A

(200) As Double, B(200, 100) As Double, DM(200, 200) As Double, Y(200) As Double, MGX (200, 200) As Double, F(200) As Double, H(200) As Double, E(200) As Double, U As Integer, TMIN As Double, TMAX As Double

Public IMAX As Integer, IMIN As Integer, X2 As Double, FAIL As Double, BACK As Integer, VMIN As Integer, YMIN As Double, UP As Integer, CL(200) As Double, R(200) As Double, FF As Double, V(200, 200) As Double, RR(200) As Double

Public UP1(200) As Double, VMIN1(200) As Double, YMIN1(200) As Double, K1 As Integer, Y1(200, 100) As Double, DD As Double, YY(200) As Double, X1(200, 200) As Double, W(200, 200) As Double, R2(200) As Double, R1(200, 200) As Double

多类训练迭代法主程序全部代码：

```
Private Sub Command1_Click()
N = Val(InputBox("已知分类的样品数", "已经分类好的样品总数"))
M = Val(InputBox("变量的个数", "样品的指标数"))
M1 = Val(InputBox("已分类数", "已知的样品预分为几类"))
N1 = (InputBox("拟分类的样品数", "等待分类的样品总数"))
Open "e:\应用实例\dlxlddfx1.txt" For Input As #1
For I = 1 To N
For J = 1 To M + 1
Input #1, X(I, J)
Next J
Next I
Close #1
Open "e:\应用实例\dlxlddfx2.txt" For Input As #2
For I = 1 To N1
For J = 1 To M
Input #2, X1(I, J)
Next J
Next I
Close #2
For I = 1 To N
CL(I) = X(I, M + 1)
Next I
End Sub

Private Sub Command2_Click()
KK = 0: JK = 200
For I = 1 To M1
For K = 1 To N
If CL(K) = I Then
For J = 1 To M
W(I, J) = X(K, J)
Next J
End If
```

```
Next K
Next I
10 IK = 0
KK = KK + 1
If KK > JK Then GoTo 20
For I = 1 To N
R(I) = 0
For J = 1 To M
R(I) = R(I) + W(CL(I), J) * X(I, J)
Next J
For K = 1 To M1
IJ = 0
For J = 1 To M
IJ = IJ + W(K, J) * X(I, J)
Next J
If R(I) < IJ Then
FF = 0
G = 0
For J = 1 To M
FF = FF + W(K, J) * X(I, J)
G = G + X(I, J) ^ 2
Next J
FF = Abs(FF)
C = Round(FF / G)
If C < 1 Then C = 1
IK = IK + 1
For J = 1 To M
W(CL(I), J) = W(CL(I), J) + C * X(I, J)
W(K, J) = W(K, J) - C * X(I, J)
Next J
End If
Next K
Next I
If IK <> 0 Then GoTo 10
20 For I = 1 To M1
Print "各判别函数的系数"
Print I; " ";
For J = 1 To M
Print W(I, J);
Next J
Print
Next I
For I = 1 To N
```

```
For  J = 1  To  M1
V(I, J) = 0
For  K = 1  To  M
V(I, J) = V(I, J) + X(I, K) * W(J, K)
Next  K
Next  J
Next  I
Print  "已知样品的判别函数和判别结果"
Print  "样品号"; "        "; "归类号"; "        "; "判别函数值"
For  I = 1  To  N
P = V(I, 1): IJ = 1
For  J = 1  To  M1
If  V(I, J) > P  Then
P = V(I, J)
IJ = J
End If
Next  J
Print  I; "              "; IJ; "              ";
R2(I) = IJ
For  J = 1  To  M1
Print V(I, J); "            ";
Next  J
Print
Next  I
Print
Print  "迭代次数="; KK
For  I = 1  To  N1
For  K = 1  To  M1
R1(I, K) = 0
For J = 1 To M
R1(I, K) = R1(I, K) + W(K, J) * X1(I, J)
Next  J
Next  K
Next  I
For  I = 1  To  N1
RR(I) = 1
IJ = R1(I, 1)
For  J = 2  To  M1
If  R1(I, J) > IJ  Then
IJ = R1(I, J)
RR(I) = J
End If
Next  J
```

```
Next  I
Print  "待判样品的判别函数和判别结果"
Print  "样品号"; "      "; "归类号"; "              "; "判别函数值"
For  I = 1  To  N1
Print  I; "          ";
Print  RR(I); "          ";
For  J = 1  To  M1
Print  R1(I, J); "          ";
Next  J
Print
Next  I
End Sub

Private Sub Command3_Click()
For  I = 1  To  N
For  J = 1  To  M
Print  X(I, J); "      ";
Next  J
Print
Next  I
For  I = 1  To  N
Print  CL(I);
Next  I
Print
For  I = 1  To  N1
For  J = 1  To  M
Print  X1(I, J);
Next  J
Print
Next  I
Print
End Sub
```

2.8　主坐标分析

1. 主坐标分析方法与原理

主坐标分析属于广义的因子分析范畴。一般来讲，代表样品特征的原始数据是相关的。主坐标分析就是计算出能反映样品特征的一组不相关的“主坐标”值，它们能够保持原样品点之间的距离。

假定样品的原始数据构成一 N 行 M 列的矩阵，且 $N \geqslant M$。两个样品之间的差异可以用某种尺度如距离来度量。常用的为“欧几里得距离”“绝对距离”等。如样品 i 和样品 j 之间的欧几里得距离可用下式表示：

$$d_{ij}^2=\sum_{t=1}^{M}(x_{it}-x_{jt})^2 \tag{2.67}$$

由于原始变量之间可能是相关的，从几何观点看，相当于样品点位于非正交多维空间中。主坐标分析的目的，就是原始的相关变量导出被称为主坐标的不相关变量，而不改变样品点在欧氏空间的距离。

两个样品间欧几里得距离的平方，在主坐标中可表示为

$$\sum_{t=1}^{M}(c_{it}-c_{jt})^2=\sum_{t=1}^{M}c_{it}^2+\sum_{t=1}^{M}c_{jt}^2-2\sum_{t=1}^{M}c_{it}c_{jt} \tag{2.68}$$

根据假设，在主坐标中样品点之间的距离等于用原始数据(2.68)定义的距离。记 $\boldsymbol{C}'$ 为 $\boldsymbol{C}$ 的转置，令

$$\boldsymbol{CC}'=\boldsymbol{A} \tag{2.69}$$

$\boldsymbol{A}$ 为对称 $N\times N$ 矩阵。其矩阵元素为

$$\boldsymbol{A}=(a_{ij})=\left(\sum_{t=1}^{M}c_{it}c_{jt}\right) \tag{2.70}$$

将式(2.68)和式(2.69)对照，得

$$d_{ij}^2=d_{ji}^2=a_{ii}+a_{jj}-2a_{ij}\quad (i\neq j) \tag{2.71}$$

$$d_{ij}^2=0\quad (i=j) \tag{2.72}$$

根据假设，主坐标的原点在形心。因此对于一切 t，必有

$$\sum_{j=1}^{N}c_{jt}=0$$

又因为

$$\sum_{j=1}^{N}a_{ij}=\sum_{j=1}^{N}\left(\sum_{t=1}^{M}c_{it}c_{jt}\right)=\sum_{t=1}^{M}c_{it}\left(\sum_{j=1}^{N}c_{jt}\right)=0 \tag{2.73}$$

由此可以导出矩阵 $\boldsymbol{A}$ 的第 i 行之和应该为 0。又由于 $\boldsymbol{A}$ 是对称的，因而它的列之和亦应为 0。若令

$$a_{ij}=-\frac{1}{2}d_{ij}^2+\frac{1}{2N}\sum_{i=1}^{N}d_{ij}^2+\frac{1}{2N}\sum_{j=1}^{N}d_{ij}^2-\frac{1}{2N^2}\sum_{i=1}^{N}\sum_{j=1}^{N}d_{ij}^2 \tag{2.74}$$

可以证明，用式(2.74)求得的矩阵 $\boldsymbol{A}$，可以满足式(2.71)～式(2.73)。由式(2.74)可以从矩阵 $\boldsymbol{D}$ 中求出矩阵 $\boldsymbol{A}$。称 $\boldsymbol{D}=(d_{ij}^2)$ 为距离矩阵。由于 $\boldsymbol{A}$ 是对称矩阵，可用下式来表达：

$$\boldsymbol{A}=\boldsymbol{V\Lambda V}' \tag{2.75}$$

式(2.75)中的 $\boldsymbol{\Lambda}$ 为对角矩阵，其对角线元素分别由 $\boldsymbol{A}$ 矩阵的诸非零特征值组成，最大阶数不超过 M。矩阵 $\boldsymbol{V}$ 的每一列相应于 $\boldsymbol{A}$ 的一个非零特征根对应的特征向量。根据式(2.75)，得到

$$\boldsymbol{CC}'=(\boldsymbol{V\Lambda}^{\frac{1}{2}})(\boldsymbol{\Lambda}^{\frac{1}{2}}\boldsymbol{V}') \tag{2.76}$$

$$\boldsymbol{C}=\boldsymbol{V\Lambda}^{\frac{1}{2}} \tag{2.77}$$

根据特征向量的性质，$\boldsymbol{C}$ 矩阵的各列是正交的，即符合我们前面定义的主坐标。

2. 主坐标分析应用实例及计算结果分析

主坐标分析所用的原始数据，与表 2.37、表 2.38 所列的甘肃省地州市的统计数据一

致，共有 14 个样品，每个样品有 10 个指标。

利用表 2.37、表 2.38 的数据，计算了甘肃省 14 个地州市的主分量值，其中表 2.56 为矩阵 **A** 的特征值，从大到小排列，表 2.57、表 2.58 为每一样品的各主分量值，多维表象函数值由于数据较多，没有列出。

表 2.56　A 矩阵的特征值(从大到小排列)

A 矩阵的特征值	**A** 矩阵的特征值
582 473 724 640.142	2.455 997 908 610 56E－06
240 695 671 133.33	－25 919 325.884 116 6
32 568 814 289.3686	－558 360 471.761 701
9 068 867 569.779 86	－3 158 132 759.711 72
7 254 206 500.279 94	－4 225 974 602.135 63
2 775 363 096.794 95	－5 502 690 448.670 69
1 788 023 520.991 23	－38 814 785 655.5328

表 2.57　各地州市的主坐标值

样品号	主坐标号 1	主坐标号 2	主坐标号 3	主坐标号 4	主坐标号 5
1	662 980.2394	152 420.9656	－14 540.357 07	－3879.261 98	4794.734 288
2	85 652.257 55	－123 531.9153	13 179.892 05	48 539.8667	－23 818.180 06
3	19 489.2964	64 721.268 08	57 812.806 33	－24 875.639 92	－44 217.793 03
4	－46 944.418 68	85 486.290 95	90 344.997 51	－8198.077 943	23 079.862 09
5	－256 394.5025	201 557.7177	2855.950 072	12 782.341 82	6196.977 619
6	4219.297 191	－170 856.4227	51 647.939 11	16 090.321 09	－29 253.679 37
7	－24 922.443 51	－17 274.070 75	－48 820.489 69	4897.785 614	8362.843 78
8	－5519.914 879	－25 163.496 17	－12 572.798 65	17 331.136 13	27 772.628 61
9	－37 364.979 45	－64 481.192 27	－46 719.399 98	41 572.8786	9923.446 272
10	－44 072.460 79	－122 490.8947	－99 104.222 87	－37 798.272 03	－13 239.209
11	－40 230.885 99	－232 098.0633	39 410.3004	－34 768.8879	20 502.958 36
12	15 083.9061	－41 519.462 39	14 472.552 32	－16 807.401 51	34 861.697 92
13	－109 795.7764	113 367.9243	－40 484.516 63	－23 347.243 89	－22 958.429 99
14	－222 179.6144	179 861.3508	－7482.652 924	8460.455 226	－2007.857 488

表 2.58　各地州市的主坐标值

样品号	主坐标 6	主坐标 7	主坐标 8	主坐标 9	主坐标 10
1	－581.802 912 6	－356.055 001 6	0.000 418 842	13.054 598 91	168.503 169 1
2	28 304.366 98	3661.644 832	0.000 418 842	－58.351 135 66	－4618.978 349
3	－2883.068 451	－4343.687 596	0.000 418 842	－19.219 291 26	－490.789 475 1

续表

样品号	主坐标 6	主坐标 7	主坐标 8	主坐标 9	主坐标 10
4	17 004.947 52	3279.516 015	0.000 418 842	117.336 045 1	−168.510 852
5	7124.815 801	6171.697 038	0.000 418 842	−2860.649 274	4228.039 132
6	−25 684.560 24	3485.874 212	0.000 418 842	32.693 149 81	7954.747 041
7	−242.391 162 3	19 816.751 58	0.000 418 842	844.424 701	12 402.707 87
8	−3532.316 097	−30 830.917 66	0.000 418 842	−263.715 368 4	8671.753 566
9	−14 058.358 41	−516.098 642 1	0.000 418 842	−471.701 624 5	−11 243.329 52
10	16 852.183 29	77.491 947 46	0.000 418 842	85.678 633 75	1773.855 03
11	7145.003 617	−6327.825 97	0.000 418 842	22.080 332 66	−3609.870 531
12	−16 914.581 82	16 016.265 85	0.000 418 842	−58.029 647 48	−6007.141 146
13	−11 561.937 39	−6329.433 167	0.000 418 842	−1268.441 951	−6377.165 129
14	−972.300 718 9	−3805.223 441	0.000 418 842	3884.840 831	−2683.820 807

3. 主坐标分析源代码设计

主坐标分析程序设计由四个模块构成，第一个模块读入原始数据，第三个模块对原始数据进行对数变换，如有必要，可在第一个模块运行完后再运行。第二个模块计算主坐标分析的特征值、主坐标值和表象函数值，不进行数据转换，在第一个模块运行完后运行该模块。本例没有对原始数据进行对数变换，运行第四个模块结束整个计算过程。在标准模块中设计的各变量为

```
Public N As Integer, M As Integer, M1 As Integer, I As Integer, J As Integer, L As Integer, H As Integer, H2 As Integer, K As Integer, S As Double, G As Double, F As Double, H1 As Double, HH As Double, F1 As Double, B1 As Double, H11 As Double
Public X(200, 100) As Double, XX(200, 200) As Double, MC(100, 100) As Double, A(100, 100) As Double, FT(200) As Double, HQ(200) As Double, Z(200) As Double, P1(200) As Double, JJ As Integer
Public V1(200, 200) As Double, V11 As Integer, G1 As Double, P As Double, R As Double, PP As Double, V As Double, C As Double, Exl1 As Object, Exl As Object, Exl11 As Object
```

主坐标分析主程序的全部代码：

```
Private Sub Command1_Click()
N = Val(InputBox("样品数", "样品的总数"))
M = Val(InputBox("变量的个数", "样品的指标数"))
Open "e\应用实例\zzbfx.txt" For Input As #1
For  I = 1  To  N
For  J = 1  To  M
Input #1, X(I, J)
Next  J
Next  I
```

```
End Sub

Private  Sub  Command2_Click()
For  I = 1  To  N
For  J = 1  To  N
If  I = J  Then
MC(I, J) = 0
Else
S = 0
For  H = 1  To  M
S = S + Abs(X(I, H) - X(J, H))
MC(I, J) = S * S
Next  H
End If
Next  J
Next  I
For  H = 1  To  N
HQ(H) = 0
Z(H) = 0
Next  H
For  K = 1  To  N
For  H = 1  To  N
A(K, H) = 0
Next  H
Next  K
For  K = 1  To  N
For  H = 1  To  N
HQ(K) = HQ(K) + MC(H, K)
Z(K) = Z(K) + MC(K, H)
Next  H
Next  K
S = 0
For  H = 1  To  N
S = S + HQ(H)
Next  H
For  I = 1  To  N
For  J = 1  To  N
A(I, J) = (-MC(I, J) + (HQ(I) + Z(J)) / N - S / N ^ 2) / 2
Next  J
Next  I

For  I = 1  To  N
For  J = 1  To  I
```

```
MC(I, J) = A(I, J)
Next J
Next I

For I = N To 2 Step -1
L = I - 2
F = MC(I, I - 1)
G = 0
For K = 1 To L
G = G + MC(I, K) * MC(I, K)
Next K
H1 = G + F * F
If G <= 0.00000000001 Then
Z(I) = F
H1 = 0
GoTo 300
End If

L = L + 1
If F >= 0 Then
Z(I) = -Sqr(H1)
G = -Sqr(H1)
Else
Z(I) = Sqr(H1)
G = Sqr(H1)
End If

H1 = H1 - F * G
MC(I, I - 1) = F - G
F = 0
For J = 1 To L
MC(J, I) = MC(I, J) / H1
G = 0
For K = 1 To J
G = G + MC(J, K) * MC(I, K)
Next K
For K = J + 1 To L
G = G + MC(K, J) * MC(I, K)
Next K
Z(J) = G / H1
F = F + G * MC(J, I)
Next J
HH = F / (H1 + H1)
```

```
For  J = 1  To  L
F = MC(I, J)
Z(J) = Z(J) - HH * F
G = Z(J)

For  K = 1  To  J
MC(J, K) = MC(J, K) - F * Z(K) - G * MC(I, K)
Next  K
Next  J
300 HQ(I) = H1
Next  I
HQ(1) = 0
Z(1) = 0
For  I = 1  To  N
L = I - 1
If  HQ(I) <> 0  Then
For  J = 1  To  L
G = 0
For  K = 1  To  L
G = G + MC(I, K) * MC(K, J)
Next  K
For  K = 1  To  L
MC(K, J) = MC(K, J) - G * MC(K, I)
Next  K
Next  J
End If
HQ(I) = MC(I, I)
MC(I, I) = 1
For  J = 1  To  L
MC(I, J) = 0
MC(J, I) = 0
Next  J
Next  I

H11 = 0
For  I = 2  To  N
Z(I - 1) = Z(I)
Next  I
F1 = 0
B1 = F1
Z(N) = B1
For  L = 1  To  N
JJ = 0
```

```
H11 = 0.00000000001 * (Abs(HQ(L)) + Abs(Z(L)))
If  B1 < H11  Then
B1 = H11
End If
For  M1 = L  To N
If  Abs(Z(M1)) <= B1  Then
GoTo 400
End If
Next  M1

400  If M1 = L  Then
GoTo 500
End If
405  If  JJ = 30  Then
MsgBox ("迭代失效,程序停止运行!")
End
End If

JJ = JJ + 1
G1 = HQ(L)
P = (HQ(L + 1) - G1) / (2 * Z(L))
If  Abs(P) < 100000  Then
R = Sqr(P * P + 1)
Else
R = Abs(P)
End If
If  P < 0  Then
HQ(L) = Z(L) / (P - R)
Else
HQ(L) = Z(L) / (P + R)
End If
H11 = G1 - HQ(L)
For  I = L + 1  To N
HQ(I) = HQ(I) - H11
Next  I
F1 = F1 + H11
P = HQ(M1)
C = 1
S = 0
For  I = M1 - 1  To  L  Step -1
G1 = C * Z(I)
H11 = C * P
If  Abs(P) >= Abs(Z(I))  Then
```

```
C = Z(I) / P
R = Sqr(C * C + 1)
Z(I + 1) = S * P * R
S = C / R
C = 1 / R
Else
C = P / Z(I)
R = Sqr(C * C + 1)
Z(I + 1) = S * Z(I) * R
S = 1 / R
C = C / R
End If

P = C * HQ(I) - S * G1
HQ(I + 1) = H11 + S * (C * G1 + S * HQ(I))
For K = 1 To N
H11 = MC(K, I + 1)
MC(K, I + 1) = S * MC(K, I) + C * H11
MC(K, I) = C * MC(K, I) - S * H11
Next  K
Next  I
Z(L) = S * P
HQ(L) = C * P
If  Abs(Z(L)) > B1  Then
GoTo 405
End If
500 HQ(L) = HQ(L) + F1
Next  L
For  I = 1  To  N
K = I
P = HQ(I)
For  J = I + 1  To N
If  HQ(J) > P  Then
K = J
P = HQ(J)
End If
Next  J
If  K <> I  Then
HQ(K) = HQ(I)
HQ(I) = P
For  J = 1  To  N
PP = MC(J, I)
MC(J, I) = MC(J, K)
```

```
MC(J, K) = PP
Next J
End If
Next I
Print "矩阵的特征值"
For I = 1 To N
Print HQ(I);
Next I
Print
For J = 1 To M
For I = 1 To N
MC(I, J) = Sqr(Abs(HQ(J))) * MC(I, J)
Next I
Next J
Print "主坐标值"
For H = 1 To N
For K = 1 To M
Print MC(H, K);
Next K
Print
Next H
For I = 1 To M
FT(I) = 0
P1(I) = 0
Next I
Print "多维表象函数值"
U = 0.418879

For H = 1 To N
Print H;
V11 = 0
For T = -3.1415927 To 3.1415927 Step U
V = 0: V11 = V11 + 1
FT(1) = 1 / Sqr(2)
P1(1) = 1 / Sqr(2)
H2 = 1
For I = 2 To M Step 2
P1(I) = H2 * T - 3.1415927
H2 = H2 + 1
Next I
H2 = 1
For I = 3 To M Step 2
P1(I) = H2 * T - 3.1415927
```

```
H2 = H2 + 1
Next  I
For  J = 2  To  M
If  J / 2 = Int(J / 2)  Then
FT(J) = Sin(P1(J))
Else
FT(J) = Cos(P1(J))
End If
Next  J
For  K = 1  To  M
V = V + FT(K) * MC(H, K)
Next  K
Print V;
V1(H, V11) = V
Next  T
Print
Next  H
End Sub

Private Sub Command3_Click()
For  H = 1  To  N
For  K = 1  To  M
If  X(H, K) >= 0  Then
X(H, K) = Log(X(H, K))
Else
MsgBox ("不能进行对数变换，程序运行停止!")
Exit For
End If
Next  K
Next  H
End Sub

Private Sub Command4_Click()
End
End Sub
```

第3章 聚类分析

3.1 Q模式系统聚类分析

1. Q模式系统聚类分析方法与原理

聚类分析是数理统计中研究“物以类聚”的一种方法，它广泛应用于自然科学和社会科学的分类研究和构造分类模式的研究中。系统聚类方法是当前应用最为广泛的聚类分析方法，它是根据样品之间的相似性程度进行分类的。这种分类问题的基本思路是首先将所研究的每个样品各自看成是一类，然后根据样品之间的相似程度，每次将最相似的两类加以合并。并计算新类与其他类之间的相似程度，再选择最相似者加以合并。每合并一次就减少一类，继续这一过程，直到所有的样品都合并成一类为止。

聚类分析的一般过程为

(1) 选择表示样品之间的相似性指标。

(2) 对于包含多个样品的类与类之间的相似程度，规定出一种表示方法。

(3) 将原有的类合并为新类。

(4) 将所有的样品都合并为一类。

样品相似性指标的选取，可根据研究的对象选取具有代表意义的若干指标。表征样品间的相似程度，通常采用以下几种方式：

(1) 明考夫斯基距离。如果用 x_{ik} 表示第 i 个样品第 k 个指标的观测值，d_{ij} 表示第 i 个样品与第 j 个样品之间的距离，其中 $i=1, 2, \cdots, N$，$k=1, 2, \cdots, M$，则明考夫斯基距离公式定义为

$$d_{ij}=\left(\sum_{k=1}^{M}|x_{ik}-x_{jk}|^{q}\right)^{\frac{1}{q}} \tag{3.1}$$

q 为一正整数。当 $q=1$ 时，称为绝对值距离。当 $q=2$ 时，称为欧几里得距离。当 $q=\infty$时，称为切比雪夫距离。

(2) 兰氏距离。同样采用上述记号，兰氏距离定义为

$$d_{ij}=\sum_{k=1}^{M}\frac{|x_{ik}-x_{jk}|}{x_{ik}+x_{jk}} \tag{3.2}$$

(3) 夹角余弦。记向量$(x_{i1}, x_{i2}, \cdots, x_{iM})$与$(x_{j1}, x_{j2}, \cdots, x_{jM})$之间的夹角余弦为 α_{ij}，则有

$$\cos\alpha_{ij}=\frac{\sum_{k=1}^{M}x_{ik}x_{jk}}{\left(\sum_{k=1}^{M}x_{ik}^{2}\sum_{k=1}^{M}x_{jk}^{2}\right)^{\frac{1}{2}}} \tag{3.3}$$

(4) 样品的相关系数。用 r_{ij} 表示向量(x_{i1}，$x_{i2}\cdots$，x_{iM})与(x_{j1}，$x_{j2}\cdots$，x_{jM})之间的相关系数，定义为

$$r_{ij}=\frac{\sum_{k=1}^{M}(x_{ik}-\bar{x}_i)(x_{jk}-\bar{x}_j)}{\left(\left[\sum_{k=1}^{M}(x_{ik}-\bar{x}_i)^2\right]\left[\sum_{k=1}^{M}(x_{jk}-\bar{x}_j)^2\right]\right)^{\frac{1}{2}}} \tag{3.4}$$

(5) 指数相似系数。记 r_{ij} 为指数相似系数，其定义为

$$r_{ij}=\frac{1}{M}\sum_{K=1}^{m}\exp\left[-\frac{3}{4}\frac{(x_{ik}-x_{jk})^2}{s_k^2}\right] \tag{3.5}$$

式(3.5)中 s_k 为标准差。

(6) 连带系数。连带系数也称为非参数相似系数，它适宜于原始数据 $x_{ij}>0$ 的情况，此处的 x_{ij} 既可是连续型的，也可是离散型的。常用的连续系数有以下三种，其定义为

$$r_{ij}=\frac{\sum_{k=1}^{M}\min(x_{ik},x_{jk})}{\sum_{k=1}^{M}\max(x_{ik},x_{jk})} \tag{3.6}$$

$$r_{ij}=\frac{\sum_{i=1}^{M}\min(x_{ik},x_{jk})}{\frac{1}{2}\sum_{k=1}^{M}(x_{ik}+x_{jk})} \tag{3.7}$$

$$r_{ij}=\frac{\sum_{i=1}^{M}\min(x_{ik},x_{jk})}{\sum_{k=1}^{M}(x_{ik}x_{jk})^{\frac{1}{2}}} \tag{3.8}$$

距离系数的定义，有最短距离法、最长距离法、中间距离法、重心法、类平均法、可变类平均法、可变法、离差平方和法等共8种方法。

在进行聚类分析时，由于变量的量纲不同，可能会使数量级大的变量对分类起到的作用过分突出，因此有时需要将原始数据做某种数学变换，一般采用的方法有：

(1) 数据中心化。假定变量 x_{ik} 相应的变化后的变量为 x_{ik}^*，所谓的数据中心化定义为

$$x_{ik}^*=x_{ik}-\bar{x}_k \tag{3.9}$$

(2) 对数变换。对数变换的定义为

$$x_{ik}^*=\ln x_{ik} \tag{3.10}$$

(3) 正规化。正规化变换的定义为

$$x_{ik}^*=\frac{x_{ik}-\min\limits_{1\leqslant i\leqslant N}x_{ik}}{\max\limits_{1\leqslant i\leqslant N}x_{ik}-\min\limits_{1\leqslant i\leqslant N}x_{ik}} \tag{3.11}$$

(4) 标准化。标准化变换的定义为

$$x_{ik}^*=\frac{x_{ik}-\bar{x}_k}{s_k} \tag{3.12}$$

2. Q模式系统聚类分析应用实例

Q模式系统聚类分析所采用的数据为1990年甘肃省14个地州市的农业统计资料，每

个样本有 8 个指标，即农业人口、粮食耕地面积、粮食总产量、化肥施用量、有效灌溉面积、农村社会总产值、农民家庭人均收入和社会商品零售总额。计算时将原始数据进行对数变换，采用欧几里得距离计算样品间的距离，并以离差平方和法聚类。原始数据见表 3.1。

表 3.1　1990 年甘肃省地州市农业生产统计资料

地市名称	农业人口/万人	耕地面积/万亩	粮食总产量/万吨	化肥施用量实物/吨	有效灌溉面积/万亩	农村社会总产值现行价/万元	农民家庭人均收入/元	社会商品零售总额/万元
兰州市	127.1	328.86	26.93	60 411	92.21	1 695 069	558.32	365 202
天水市	162.09	590.06	72.58	130 700	50.11	399 410	394.32	98 422
白银市	118.51	451.46	33.2	608 605	114.61	365 180	391.15	58 114
金昌市	23.6	68.1	15.1	68 868	64.3	226 925	616.6	32 227
嘉峪关市	2.31	4.46	1.46	2824	4.46	85 626	755.64	15 093
庆阳市	196.83	670.62	85.07	135 090	41.21	233 490	466.39	62 223
平凉市	171.89	614.3	64.96	94 098	49.4	216 103	455.51	56 313
陇南市	180.8	449.3	68.04	82 809	34.19	185 183	365.48	43 926
定西市	240	783	67	91 993	72	209 572	382.61	54 703
武威市	148.39	386.5	64.7	211 616	256.8	198 617	449.92	81 054
张掖市	100.02	278.69	73.57	163 821	208.56	261 633	678.54	78 226
酒泉市	58.92	164.54	56.58	82 547	158.7	316 889	1045.21	79 535
临夏州	148.05	223.93	38.43	45 878.76	69.2	148 310	334.16	46 369
甘南州	50.29	103.24	8.26	2300	6	61 322	421.16	21 172

3. Q 模式系统聚类分析计算结果分析

由表 3.1 的原始数据，计算出样品间的欧几里得距离，在此基础上进行聚类，所得的结果见表 3.2。

表 3.2　每次并类结果

并类号 1	并类号 2	类间距离
7	6	0.726 719 717
9	6	0.867 289 303
11	10	0.892 291 272
8	6	0.960 557 41
6	2	1.102 323 887
12	10	1.339 827 884
13	2	1.498 595 555
10	3	1.562 006 682

续表

并类号 1	并类号 2	类间距离
3	1	1.976 460 607
4	1	2.002 481 886
2	1	2.191 424 484
14	5	2.458 072 931
5	1	4.139 765 002

根据每次合并的先后，再依据程序求得的谱系图划分顺序，完成聚类图的设计，谱系图组成的次序是 1、3、10、11、12、4、2、6、7、9、8、13、5、14。最终将上述样品分为三类：即 6、7、9、8、2、13 为第一类，10、11、12、1、3、4 为第二类，5、14 为第三类。谱系图如图 3.1 所示。

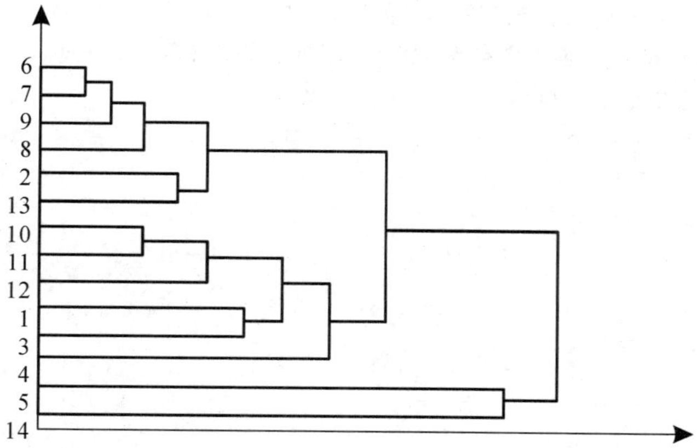

图 3.1　Q 模式聚类谱系图

根据以上结果，甘肃省的庆阳市、平凉市、定西市、陇南市、天水市、临夏州为第一类；武威市、张掖市、酒泉市、兰州市、白银市、金昌市为第二类；嘉峪关市、甘南州为第三类。

4. Q 模式系统聚类分析源代码设计

Q 模式系统聚类分析的程序设计为三个独立模块，模块一用来输入原始数据；模块二用来对原始数据进行数学变换，本例采用对原始数据进行对数变换的方法；模块三用来计算样品间的距离，并依照聚类方法对样品进行聚类。本例样品间距离计算采用欧几里得距离，聚类方法采用离差平方和法。在程序运行中，可根据窗口的提示，输入有关的参数。最终的计算结果有样品间的距离矩阵、每次并类的结果和聚类谱系图的顺序。所使用的全部变量在标准模块中的定义为

Public I As Integer, J As Integer, K As Integer, T As Integer, N As Integer, M As Integer, F As Integer, H As Integer, G As Integer, U As Integer

Public II As Integer, JJ As Integer, R11 As Double, R22 As Double, Rr As Double, S As Double, IA As Integer, IB As Integer, K2 As Integer

```
Public IO As Integer, JO As Integer, TY As Integer, TY1 As Integer, TY2 As Integer, exl1 As Object, Exl As Object, Y As Double
Public A As Double, B As Double, C As Double, AP As Double, AQ As Double, AB As Double, AR As Double, BETA As Double, GAMMA As Double, Juli As Integer, A0 As Double
Public Z(200, 200) As Double, R(3000) As Double, R1(300) As Double, NO(300) As Double, RE(300) As Double, RA(300) As Double, RAA(300, 300) As Double, BHuan As Integer, F11(200, 200) As Double, RA1(300) As Double
Public V(100, 100) As Double, X1(100, 100) As Double, X2(100, 100) As Double, X(100, 100) As Double, A1(50, 50) As Double, L As Double
Public STR1 As String, STR2 As String, STR3 As String, STR4 As String, STR5 As String, STR6 As String, REE1(300) As Integer, REE2(300) As Integer, XDJL(300) As Double, RAAA(300) As Double, Exl2 As String
```

Q 模式聚类分析的主程序代码为

```
Private Sub Command1_Click()
N = Val(InputBox("输入样本数", "有多少个样本"))
M = Val(InputBox("输入样本数的指标", "每个样本有多少个变量"))
Open "e:\应用实例\qjlfx.txt" For Input As #1
For  I = 1  To  N
For  J = 1  To  M
Input #1, Z(I, J)
Next  J
Next  I
Close #1
End Sub

Private  Sub Command2_Click()
Print "数据变换"
BHuan = Val(InputBox("输入数据变换的代码 1-4", "1 数据中心、2 数据对数、3 数据正规化、4 数据标准化转换"))
If  BHuan = 1  Then
Print "数据中心化"
STR1 = "数据中心化转换"
For  I = 1  To  M
R1(I) = 0
For  J = 1  To  N
R1(I) = R1(I) + Z(J, I)
Next  J
R1(I) = R1(I) / N
For  J = 1  To  N
Z(J, I) = Z(J, I) - R1(I)
Next  J
Next  I
ElseIf  BHuan = 2  Then
```

```
Print "对数变换"
STR1 = "数据进行对数转换"
For I = 1 To N
For J = 1 To M
If Z(I, J) < 0 Or Z(I, J) = 0 Then
End
End If
Z(I, J) = Log(Z(I, J))
Next J
Next I
ElseIf BHuan = 3 Then
Print "数据正规化"
STR1 = "数据正规化转换"
For I = 1 To M
A = Z(1, I): B = Z(1, I)
For J = 1 To N
If Z(J, I) > A Then A = Z(J, I)
If Z(J, I) < B Then B = Z(J, I)
Next J
A = A - B
For J = 1 To N
Z(J, I) = (Z(J, I) - B) / A
Next J
Next I
ElseIf BHuan = 4 Then
Print "数据标准化"
STR1 = "数据标准化转换"
For I = 1 To M
A = 0: B = 0
For J = 1 To N
A = A + Z(J, I)
Next J
A = A / N
For J = 1 To N
B = B + (Z(J, I) - A) ^ 2
Next J
B = Sqr(B / (N - 1))
For J = 1 To N
Z(J, I) = (Z(J, I) - A) / B
Next J
Next I
End If
End Sub
```

```
Private Sub Command3_Click()
Juli = Val(InputBox("输入计算样品间的距离 1—10 种方法，1 欧几里得、2 绝对值、3 切比雪夫、4 兰氏距离、5 夹角余弦、6 指数相似、7 相关系数、8 非参数方法 1、9 非参数方法 2、10 非参数方法 3", "计算距离的 10 种方法"))
If  Juli = 1  Then
Print "欧几里得距离"
STR2 = "计算欧几里得距离"
For  I = 2  To  N
F = (I - 1) * (I - 2) / 2
For  J = 1  To  I - 1
A = 0
For  K = 1  To  M
A = A + (Z(I, K) - Z(J, K)) ^ 2
Next  K
R(F + J) = Sqr(A)
RAA(I, J) = R(F + J)
Next  J
Next  I

ElseIf  Juli = 2  Then
Print  "绝对值距离"
STR2 = "计算绝对值距离"
For  I = 2  To  N
F = (I - 1) * (I - 2) / 2
For  J = 1  To  I - 1
A = 0
For  K = 1  To  M
A = A + Abs(Z(I, K) - Z(J, K))
Next  K
R(F + J) = A
RAA(I, J) = R(F + J)
Next  J
Next  I

ElseIf  Juli = 3  Then
Print  "切比雪夫距离"
STR2 = "计算切比雪夫距离"
For  I = 2  To  N
F = (I - 1) * (I - 2) / 2
For  J = 1  To I - 1
A = 0
For  K = 1  To  M
```

```
If  Abs(Z(I, K) - Z(J, K)) > A  Then
A = Abs(Z(I, K) - Z(J, K))
End If
Next  K
R(F + J) = A
RAA(I, J) = R(F + J)
Next  J
Next  I

ElseIf  Juli = 4  Then
Print "兰氏距离"
STR2 = "计算兰氏距离"
For  I = 2  To  N
F = (I - 1) * (I - 2) / 2
For  J = 1  To  I - 1

A = 0
For  K = 1  To  M
If  (Z(I, K) + Z(J, K)) <> 0  Then
A = A + (Abs(Z(I, K) - Z(J, K))) / (Z(I, K) + Z(J, K))
End If
Next  K
R(F + J) = A
RAA(I, J) = R(F + J)
Next  J
Next  I

ElseIf Juli = 5 Then
Print "夹角余弦"
STR2 = "计算夹角余弦"
For  I = 1  To  N
R1(I) = 0
For  K = 1  To  M
R1(I) = R1(I) + Z(I, K) * Z(I, K)
Next  K
R1(I) = Sqr(R1(I))
Next  I
For  I = 2  To  N
F = (I - 1) * (I - 2) / 2
For  J = 1  To  I - 1
A = 0
For  K = 1  To  M
A = A + Z(I, K) * Z(J, K)
```

```
Next  K
A = A / (R1(I) * R1(J))
R(F + J) = A
RAA(I, J) = R(F + J)
Next  J
Next  I

ElseIf  Juli = 6  Then
Print "指数相似系数"
STR2 = "计算指数相似系数"
For  I = 1  To  M
R1(I) = 0
For  J = 1  To  N
R1(I) = R1(I) + Z(J, I)
Next  J
R1(I) = R1(I) / N
A = 0
For  J = 1  To  N
A = A + (Z(J, I) - R1(I)) ^ 2
Next  J
R1(I) = A / (N - 1)
Next  I

For  I = 2  To  N
F = (I - 1) * (I - 2) / 2
For  J = 1  To  I - 1
A = 0
For  K = 1  To  M
A = A + Exp((-0.75) * (Z(I, K) - Z(J, K)) ^ 2 / R1(K))
Next  K
A = A / M
R(F + J) = A
RAA(I, J) = R(F + J)
Next  J
Next  I

ElseIf Juli = 7 Then
Print "相关系数"
STR2 = "计算相关系数"
For  I = 1  To  N
R1(I) = 0
For  J = 1  To  M
R1(I) = R1(I) + Z(I, J)
```

```
Next J
R1(I) = R1(I) / M
Next I

For I = 2 To N
F = (I - 1) * (I - 2) / 2
For J = 1 To I - 1
A = 0: B = 0: C = 0
For K = 1 To M
A = A + (Z(I, K) - R1(I)) * (Z(J, K) - R1(J))
B = B + (Z(I, K) - R1(I)) ^ 2
C = C + (Z(J, K) - R1(J)) ^ 2
Next K
A = A / (Sqr(B) * Sqr(C))
R(F + J) = A
RAA(I, J) = R(F + J)
Next J
Next I

ElseIf Juli = 8 Then
Print "非参数方法 1"
STR2 = "计算非参数方法 1"
For I = 2 To N
F = (I - 1) * (I - 2) / 2
For J = 1 To I - 1
A = 0
B = 0

For K = 1 To M
If Z(I, K) < Z(J, K) Then
A = A + Z(I, K)
Else
A = A + Z(J, K)
End If
If Z(I, K) > Z(J, K) Then
B = B + Z(I, K)
Else
B = B + Z(J, K)
End If
Next K
A = A / B
R(F + J) = A
RAA(I, J) = R(F + J)
```

```
Next  J
Next  I

ElseIf  Juli = 9  Then
Print "非参数方法 2"
STR2 = "计算非参数方法 2"
For  I = 2  To  N
F = (I - 1) * (I - 2) / 2
For  J = 1  To  I - 1
A = 0
B = 0
For  K = 1  To  M
If  Z(I, K) < Z(J, K)  Then
A = A + Z(I, K)
Else
A = A + Z(J, K)
End If
B = B + (Z(I, K) + Z(J, K))
Next  K
A = 2 * A / B
R(F + J) = A
RAA(I, J) = R(F + J)
Next J
Next  I

ElseIf  Juli = 10  Then
Print "非参数方法 3"
STR2 = "计算非参数方法 3"
For  I = 2  To  N
F = (I - 1) * (I - 2) / 2
For  J = 1  To  I - 1
A = 0
B = 0

For  K = 1  To M
If  Z(I, K) < Z(J, K)  Then
A = A + Z(I, K)
Else
A = A + Z(J, K)
End If
If  Z(I, K) * Z(J, K) < 0  Then
MsgBox "负数开方", 0, "程序停止运行"
End
```

```
End If
B = B + Sqr(Z(I, K) * Z(J, K))
Next  K
A = A / B
R(F + J) = A
RAA(I, J) = R(F + J)
Next  J
Next  I
End If

Print "距离矩阵下半部分"
For  I = 2  To  N
F = (I - 1) * (I - 2) / 2
For  J = 1  To  I - 1
Print  R(F + J); "    ";
Next  J
Print
Next  I

For  I = 1  To  N
NO(I) = 1
RA(I) = I
RE(I) = I
Next  I

Print  "谱系图"
K2 = Val(InputBox("聚类方法：1 最短距离、2 最长距离、3 中间距离、4 重心法、5 类平均法、
6 可变法、7 可变平均值法、8 离差平方和法", "8 种聚类方法"))
For  T = 1  To  N - 1
A = R(1)
IO = 2
JO = 1
For  I = 2  To  N - T + 1
F = (I - 1) * (I - 2) / 2
For  J = 1 To  I - 1
If  R(F + J) < A  Then
A = R(F + J)
IO = I
JO = J
End  If
Next  J
Next  I
G = (IO - 1) * (IO - 2) / 2
```

```
H = (JO - 1) * (JO - 2) / 2
Print "T="; T;
Print "类号1="; RE(IO); "    ";
Print "类号2="; RE(JO); "      ";
Print "距离="; Sqr(Abs(A))
REE1(T) = RE(IO): REE2(T) = RE(JO)
XDJL(T) = Sqr(Abs(A))
For I = JO + 1 To N - T + 1
Call qjlfx(AP, AQ, GAMMA, AB, NO(), RE(), BETA)
F = (I - 1) * (I - 2) / 2
If I < IO Then
R(F + JO) = AP * R(F + JO) + AQ * R(G + I) + AB * R(G + JO) + GAMMA *
Abs(R(F + JO) - R(G + I))
Else
GoTo 80
End If
80 If I > IO Then
R(F + JO) = AP * R(F + JO) + AQ * R(F + IO) + AB * R(G + JO) + GAMMA *
Abs(R(F + JO) - R(F + IO))
End If
Next I
For I = 1 To JO - 1
Call qjlfx(AP, AQ, GAMMA, AB, NO(), RE(), BETA)
F = (I - 1) * (I - 2) / 2
R(H + I) = AP * R(H + I) + AQ * R(G + I) + AB * R(G + JO) + GAMMA * Abs
(R(H + I) - R(G + I))
Next I
For I = IO + 2 To N - T + 1
F = (I - 1) * (I - 2) / 2
For J = IO To I - 2
R(F + J) = R(F + J + 1)
Next J
Next I
For I = IO To N - T
F = (I - 1) * (I - 2) / 2
For J = 1 To I - 1
R(F + J) = R(F + I + J - 1)
Next J
Next I
If IO = JO + 1 Then GoTo 88
IA = 0
IB = 0
For I = 1 To RE(IO) - 1
```

```
IA = IA + NO(I)
Next  I
For  I = 1  To  RE(JO) - 1
IB = IB + NO(I)
Next  I
For  I = 1  To  NO(RE(IO))
RA1(I) = RA(IA + I)
Next  I
For  I = IA  To  IB + NO(RE(JO)) + 1 Step -1
RA(I + NO(RE(IO))) = RA(I)
Next  I
For  I = 1 To  NO(RE(IO))
RA(I + IB + NO(RE(JO))) = RA1(I)
Next  I
88 NO(RE(JO)) = NO(RE(JO)) + NO(RE(IO))
NO(RE(IO)) = 0
If  IO <= (N - T)  Then
For  I = IO  To  N - T
RE(I) = RE(I + 1)
Next  I
End  If
Next  T
Print "画谱系图的顺序"
For  I = 1  To  N
Print  "ra("; I; ")="; RA(I);
RAAA(I) = RA(I)
Print
Next  I
End Sub

Public  Sub  qjlfx(AP, AQ, GAMMA, AB, NO( ) As Double, RE( ) As Double, BETA)
BETA=-0.5
If  K2 = 1  Then
AP = 0.5: AQ = 0.5
GAMMA = -0.5
AB = 0
STR3 = "最短距离法"
ElseIf  K2 = 2  Then
AP = 0.5: AQ = 0.5
GAMMA = 0.5: AB = 0
STR3 = "最长距离法"
ElseIf  K2 = 3  Then
AP = 0.5: AQ = 0.5
```

```
GAMMA = 0: AB = BETA
STR3 = "中间距离法"
ElseIf  K2 = 4  Then
AP = NO(RE(JO)) / (NO(RE(JO)) + NO(RE(IO)))
AQ = 1 - AP
GAMMA = 0
AB = -(AP * AQ)
STR3 = "重心法"
ElseIf  K2 = 5  Then
AP = NO(RE(JO)) / (NO(RE(JO)) + NO(RE(IO)))
AQ = 1 - AP
GAMMA = 0
AB = 0
STR3 = "类平均法"
ElseIf  K2 = 6  Then
AP = (1 - BETA) * NO(RE(JO)) / (NO(RE(JO)) + NO(RE(IO)))
AQ = AP * NO(RE(IO)) / NO(RE(JO))
GAMMA = 0
AB = BETA
STR3 = "可变法"
ElseIf  K2 = 7  Then
AP = (1 - BETA) / 2
AQ = AP
GAMMA = 0
AB = BETA
STR3 = "可变类平均法"
Else
AB = NO(RE(I)) + NO(RE(JO)) + NO(RE(IO))
AP = (AB - NO(RE(IO))) / AB
AQ = (AB - NO(RE(JO))) / AB
AB = -NO(RE(I)) / AB
GAMMA = 0
STR3 = "离差平方和法"
End If
End Sub
```

3.2　R 模式系统聚类分析

1. R 模式系统聚类分析方法与原理

Q 模式系统聚类是对样品进行聚类分析，如果样品的指标较多，也可对其进行聚类。而与 Q 模式系统聚类分析不同，R 模式系统聚类分析的对象是变量。R 模式系统聚类分析的原理同Q模式系统聚类分析。R模式表征变量间相似性的尺度采用夹角余弦、相关系数、非参数相似系数。其中非参数相似系数的定义为

如果定义 $x_{ik}^{*}=x_{ik}-\bar{x}_{k}$，$x_{il}^{*}=x_{il}-\bar{x}_{l}$，又 n_{+} 和 n_{-} 分别表示 $x_{ik}^{*}x_{il}^{*}>0$ 和 $x_{ik}^{*}x_{il}^{*}<0$ 的个数，则非参数相似系数为

$$r_{ij}=\frac{(n_{+}-n_{-})}{(n_{+}+n_{-})} \tag{3.13}$$

本模式类间距离采用了最短距离法和最长距离法。分类计算时同样对原始数据进行数学变换。

2. R模式系统聚类分析应用实例

R模式系统聚类分析所用的分析数据见表3.3，是阳起石岩的硅酸盐分析数据，共有16个样品，每个样品有11个变量。

表3.3　阳起石岩的硅酸盐分析数据

SiO_2	Al_2O_3	Fe_2O_3	FeO	MgO	CaO	Na_2O	K_2O	TiO_2	P_2O_2	MnO
47.22	15.23	5.98	5.06	8.93	9.17	2.1	0.1	1.2	0.07	0.24
54.33	15.06	3.13	6.22	8.95	3.46	3	0.12	0.9	0.11	0.26
47.45	15.23	6.25	4.35	9.61	10.5	1	0.15	1.1	0.13	0.18
47.52	15.26	4.6	6.85	9.92	8.25	3.12	0.12	1	0.1	0.3
48.4	16.02	10.31	2.43	5.66	6.57	1.89	0.22	1.4	0.1	0.19
47.86	13.55	4.78	4.19	10.9	9.69	1.4	0.17	0.4	0.08	0.25
56.17	12.61	6.15	3.31	8.64	4.75	2.08	0.15	0.62	0.07	0.33
47.83	13.28	3.09	7.45	11.31	9.95	1.85	0.5	1.2	0.18	0.29
43.12	7.97	0.84	10.33	23.54	5.57	0.12	0.05	0.96	0.17	0.17
42.05	8.83	1.07	9.67	22.69	6.64	0.42	0.08	0.92	0.17	0.16
47.31	15.76	1.63	7.57	11.16	7.87	3.12	0.18	1.06	0.2	0.14
42.5	12.42	1.55	9.62	16.85	7.75	1.05	0.42	1.5	0.24	0.2
40.77	10	2.01	9.68	22.21	5.08	0.19	0.04	1.18	0.2	0.17
41.68	9.53	7.65	6.08	19.89	4.19	0.13	0.04	0.96	0.13	0.21
47.74	16.53	0.98	7.72	8.36	9.43	3.46	0.33	1.28	0.25	0.17
52.62	12.06	2.07	5.92	10.57	7.22	1.95	1.12	0.84	0.38	0.16

3. R模式系统聚类计算结果分析

由表3.3的原始数据，求得各指标的相关系数，通过最短距离法进行聚类，所得的每类合并的结果见表3.4，原始数据未进行数据变换。

表 3.4　每次并类结果

并类号 1	并类号 2	类间距离
7	2	0.837 607 428
10	8	0.772 348 631
5	4	0.769 198 404
2	1	0.659 742 731
11	3	0.357 786 388
3	1	0.287 619 049
9	8	0.250 442 257
8	6	0.174 606 363
6	4	−0.002 228 852
4	1	−0.332 915 419

画谱系图的顺序是 1、2、7、3、11、4、5、6、8、10、9，依据此顺序画出 11 个变量的聚类图，如图 3.2 所示。

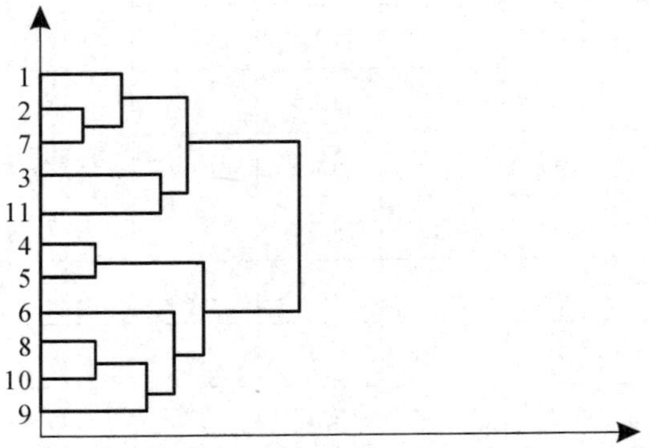

图 3.2　R 模式聚类谱系图

4. R 模式系统聚类分析源代码设计

R 模式系统聚类分析程序设计由五个独立模块构成，第一个模块用来输入原始数据；第二个模块用于对数据的中心化转换、对数转换、数据正规化转换和数据标准化转换等四种变换；第三个模块用夹角余弦法、相关系数法和非参数相似系数来计算样品间的距离；第四个模块用最短距离、最长距离计算样品类间距离；第五个模块用来显示计算结果。原始数据输入顺序如同表 3.3。本例采用的是相关系数法、类间距离采用最短距离法，原始数据未做变换，可输入除 1、2、3、4 外的任何数。本例样品数为 16，指标数为 11。在标准模块中定义的全部变量为

Public I As Integer, J As Integer, K As Integer, T As Integer, N As Integer, M As Integer, F As Integer, H As Integer, G As Integer, U As Integer

Public II As Integer, JJ As Integer, R11 As Double, R22 As Double, Rr As Double, S As

Double, IA As Integer, IB As Integer, K2 As Integer

Public IO As Integer, JO As Integer, TY As Integer, TY1 As Integer, TY2 As Integer, exl1 As Object, Exl As Object, Y As Double

Public A As Double, B As Double, C As Double, AP As Double, AQ As Double, AB As Double, AR As Double, BETA As Double, GAMMA As Double, Juli As Integer, A0 As Double

Public Z(200, 200) As Double, R(3000) As Double, R1(300) As Double, NO(300) As Double, RE(300) As Double, RA(300) As Double, RAA(300, 300) As Double, BHuan As Integer, F11 (200, 200) As Double, RA1(300) As Double

Public V(100, 100) As Double, X1(100, 100) As Double, X2(100, 100) As Double, X(100, 100) As Double, A1(50, 50) As Double, L As Double

Public STR1 As String, STR2 As String, STR3 As String, STR4 As String, STR5 As String, STR6 As String, REE1(300) As Integer, REE2(300) As Integer, XDJL(300) As Double, RAAA (300) As Double , Exl2 As String, KK As Integer, MI As Integer, NI As Integer, EWR As Boolean

R模式聚类分析主程序代码:

```
Private Sub Command1_Click()
N = Val(InputBox("输入样品数", "有多少个样品"))
M = Val(InputBox("输入样品的指标", "有多少个变量"))
Open "e:\应用实例\rjuleifengxi.txt" For Input As #1
For I = 1 To N
For J = 1 To M
Input #1, Z(I, J)
Next J
Next I
Close #1
End Sub

Private Sub Command2_Click()
Print "数据变换"
BHuan = Val(InputBox("输入数据变换的代码1-4, 1数据中心化转换、2对数转换、3数据正规化转换、4数据标准化转换", "数据4种变换"))
If BHuan = 1 Then
Print "数据中心化"
STR1 = "数据中心化转换"
For I = 1 To M
R1(I) = 0
For J = 1 To N
R1(I) = R1(I) + Z(J, I)
Next J
R1(I) = R1(I) / N
For J = 1 To N
Z(J, I) = Z(J, I) - R1(I)
Next J
```

```
Next  I
ElseIf  BHuan = 2  Then
Print "对数变换"
STR1 = "数据进行对数转换"
For  I = 1  To  N
For  J = 1  To M
If  Z(I, J) < 0  Or  Z(I, J) = 0  Then
End
End If
Z(I, J) = Log(Z(I, J))
Next  J
Next  I
ElseIf  BHuan = 3  Then
Print "数据正规化"
STR1 = "数据正规化转换"
For  I = 1  To  M
A = Z(1, I): B = Z(1, I)
For  J = 1  To  N
If  Z(J, I) > A  Then  A = Z(J, I)
If  Z(J, I) < B  Then  B = Z(J, I)
Next  J
A = A - B
For  J = 1  To  N
Z(J, I) = (Z(J, I) - B) / A
Next  J
Next  I
ElseIf  BHuan = 4  Then
Print "数据标准化"
STR1 = "数据标准化转换"
For  I = 1  To  M
A = 0: B = 0
For  J = 1  To  N
A = A + Z(J, I)
Next  J
A = A / N
For  J = 1  To  N
B = B + (Z(J, I) - A) ^ 2
Next  J
B = Sqr(B / (N - 1))
For  J = 1  To  N
Z(J, I) = (Z(J, I) - A) / B
Next  J
Next  I
```

```
End If
End Sub

Private Sub Command3_Click()
Juli = Val(InputBox("输入计算样品间的距离1－3种方法的其中之一，1夹角余弦法、2相关系数法、3非参数相似系数","计算样品的相似距离"))
If  Juli = 1  Then
Print "夹角余弦"
STR2 = "计算夹角余弦"
For  I = 1  To  M
R1(I) = 0
For  J = 1  To  N
R1(I) = R1(I) + Z(J, I) * Z(J, I)
Next  J
R1(I) = Sqr(R1(I))
Next  I
For  I = 2  To  M
F = (I - 1) * (I - 2) / 2
For  J = 1  To  I - 1
A = 0
For  K = 1  To N
A = A + Z(K, I) * Z(K, J)
Next  K
A = A / (R1(I) * R1(J))
R(F + J) = A
RAA(I, J) = R(F + J)
Next  J
Next  I
ElseIf  Juli = 2  Then
Print "相关系数"
STR2 = "计算相关系数"
For  I = 1  To  M
R1(I) = 0
For  J = 1  To  N
R1(I) = R1(I) + Z(J, I)
Next  J
R1(I) = R1(I) / N
Next  I

For  I = 2  To  M
F = (I - 1) * (I - 2) / 2
For  J = 1  To  I - 1
A = 0: B = 0: C = 0
```

```
For  K = 1  To  N
A = A + (Z(K, I) - R1(I)) * (Z(K, J) - R1(J))
B = B + (Z(K, I) - R1(I)) ^ 2
C = C + (Z(K, J) - R1(J)) ^ 2
Next  K
A = A / (Sqr(B) * Sqr(C))
R(F + J) = A
RAA(I, J) = R(F + J)
Next  J
Next  I
Else
STR2 = "非参数相似系数"
For  I = 1  To  M
R1(I) = 0
For  K = 1  To  N
R1(I) = R1(I) + Z(K, I)
Next  K
R1(I) = R1(I) / N
Next  I
For  I = 2  To  M
F = (I - 1) * (I - 2) / 2
For  J = 1  To  I - 1
MI = 0: NI = 0
For  K = 1  To  N
If  (Z(K, I) - R1(I)) * (Z(K, J) - R1(J)) > 0  Then
MI = MI + 1
Else
NI = NI + 1
End If
Next  K
R(F + J) = (MI - NI) / (MI + NI)
RAA(I, J) = R(F + J)
Next  J
Next  I
End If
End Sub

Private Sub Command4_Click()
K2 = Val(InputBox("输入类间最短距离、最长距离计算法 1-2, 1 最短距离、2 最长距离",
"计算类间距离"))
For  I = 1  To M
NO(I) = 1: RA(I) = I: RE(I) = I
Next  I
```

```
For  T = 1  To  M - 1
A = R(1)
IO = 2
JO = 1
For  I = 2  To  M - T + 1
F = (I - 1) * (I - 2) / 2
For  J = 1  To  I - 1
If  R(F + J) > A  Then
A = R(F + J)
IO = I
JO = J
End If
Next  J
Next  I
G = (JO - 1) * (JO - 2) / 2
H = (IO - 1) * (IO - 2) / 2
REE1(T) = RE(IO): REE2(T) = RE(JO)
XDJL(T) = A

Print "T="; T;
Print "类号 1="; RE(IO); "    ";
Print "类号 2="; RE(JO); "     ";
Print "距离="; A
For  I = JO + 1  To  M - T + 1
F = (I - 1) * (I - 2) / 2
Select Case K2
Case 1
If  I < IO  Then
If  R(H + I) > R(F + JO)  Then
R(F + JO) = R(H + I)
Else
R(F + JO) = R(F + JO)
End If
If  R(H + I) > R(F + JO)  Then
R(F + JO) = R(F + JO)
Else
R(F + JO) = R(H + I)
End If
End If
If  I > IO  Then
If  R(F + IO) > R(F + JO)  Then
R(F + JO) = R(F + IO)
Else
```

```
R(F + JO) = R(F + JO)
End If

If  R(F + IO) > R(F + JO)  Then
R(F + JO) = R(F + JO)
Else
R(F + JO) = R(F + IO)
End If
End If
Case 2
If  I < IO  Then
If  R(H + I) > R(F + JO)  Then
R(F + JO) = R(F + JO)
Else
R(F + JO) = R(H + I)
End If
End If

If  I > IO  Then
If  R(F + IO) > R(F + JO)  Then
R(F + JO) = R(F + JO)
Else
R(F + JO) = R(F + IO)
End If
End If
End Select
Next I

For  I = 1  To  JO - 1
F = (I - 1) * (I - 2) / 2
Select Case  K2
Case 1
If  R(H + I) > R(G + I)  Then
R(G + I) = R(H + I)
Else
R(G + I) = R(G + I)
End If

If  R(H + I) > R(G + I)  Then
R(G + I) = R(G + I)
Else
R(G + I) = R(H + I)
End If
```

```
Case 2
If  R(H + I) > R(G + I)  Then
R(G + I) = R(G + I)
Else
R(G + I) = R(H + I)
End If
End Select
Next  I
For  I = IO + 2  To  M - T + 1
F = (I - 1) * (I - 2) / 2
For  J = IO  To  I - 2
R(F + J) = R(F + J + 1)
Next  J
Next  I
For  I = IO  To  M - T
F = (I - 1) * (I - 2) / 2
For  J = 1  To I - 1
R(F + J) = R(F + I + J - 1)
Next  J
Next  I
If  IO = JO + 1  Then GoTo  88
IA = 0
IB = 0
For  I = 1  To  RE(IO) - 1
IA = IA + NO(I)
Next  I
For  I = 1  To  RE(JO) - 1
IB = IB + NO(I)
Next  I
For  I = 1  To  NO(RE(IO))
RA1(I) = RA(IA + I)
Next  I
For  I = IA  To  IB + NO(RE(JO)) + 1  Step -1
RA(I + NO(RE(IO))) = RA(I)
Next  I
For  I = 1  To  NO(RE(IO))
RA(I + IB + NO(RE(JO))) = RA1(I)
Next  I
88 NO(RE(JO)) = NO(RE(JO)) + NO(RE(IO))
NO(RE(IO)) = 0
If  IO <= M - T  Then
For  I = IO  To  M - T
RE(I) = RE(I + 1)
```

```
Next  I
End If
Next  T
For  I = 1  To  N
RAAA(I) = RA(I)
Next  I
End Sub

Private Sub Command5_Click()
Print  STR1, STR2, STR3
Print  "距离矩阵下半部分"
For  I = 2  To  M
For  J = 1  To  I - 1
Print  RAA(I, J); "    ";
Next  J
Print
Next  I
For  T = 1  To M - 1
Print  "T="; T;
Print  "类号 1="; REE1(T); "    ";
Print  "类号 2="; REE2(T); "    ";
Print  "距离="; XDJL(T)
Next  T
Print  "画谱系图的顺序"
For  I = 1  To  M
Print  "("; I; ")="; RA(I)
Next  I
End Sub
```

3.3 图论聚类分析

1. 图论聚类分析方法与原理

在我们的实际工作中，有着多个变量的一个样品，可以用多维空间中的一个点来代表。从几何角度看，在多维空间中，如果样品在某些区域密度很高，在另外一些区域密度很低，甚至是空白，且高密度区域被空白或者低密度区域所分隔，这样就形成了最自然、能体现样品点分布结构的聚类。

两个样品点之间的亲疏程度或相似程度可用距离表示，一般常用欧几里得距离，即

$$d_{ij}=\left[\sum_{i=1}^{m}(x_{it}-x_{jt})^2\right]^{\frac{1}{2}} \tag{3.14}$$

在式(3.14)中，m 为变量的维数，x_{it}、x_{jt}分别为样品 i 和样品 j 的第 t 个变量的观测值。当样品 i 和 j 为同一个样品时，$d_{ij}=0$。

在 m 维空间中，存在着一个没有形成回路且边长总和为最小的联结图，称为最小支撑树。在特殊情况下，最小支撑树可能不是唯一的，但反映了样品点之间联系的亲疏程度。最小支撑树的算法是：

从任意选定的一点 A_1 开始，计算 A_1 与其余各点间的边长，设 L_1 为最短的；

另外一端点为 A_2，再通过 A_1、A_2 找出除 L_1 外的最短边，设为 L_2；

其另外一端点为 A_3……直到将 n 个点全部联结起来，形成最小支撑树。

在最小支撑树上，如果 AB 两点之间的边长大于分别以端点 A 和端点 B 为起点且在 T 步以内所有边长之平均值，则称 AB 为长边。最小支撑树由长边分割为若干自然聚类。

关于空间密度的计算方法是，以样品点为球心，以某一规定的程度 R 为半径，在多维空间内作一超球，此时落在球内的样品点数为点密度。对于 n 个样品点，以同一 R 求得的点密度是可以对比的。在实际运算中一般取最小支撑树之平均边长的二倍作为 R 值，经验表明这样的取值是合理的。一个被空白区或低密度区隔开的高密度区，可以认为是一个自然聚类。如果某个变量由于数量极大对分类起突出作用，需要对原始数据进行变换，内容见 Q 模式聚类分析基本原理一节。

2. 图论聚类分析应用实例及计算结果分析

图论聚类分析所用的原始数据见表 3.1，共有 14 个地州市的农业统计资料，每个市有 8 个指标，即农业人口、粮食耕地面积、粮食总产量、化肥施用量、有效灌溉面积、农村社会总产值、农民家庭人均收入和社会商品零售总额。图论聚类的分析计算过程：

将表 3.1 的原始数据，先进行数据正规化转换，再根据式(3.14)求得欧几里得距离，利用最小支撑树表示样品点之间的亲疏程度，得到如下结果，分别见表 3.5～表 3.7。

表 3.5　最小支撑树计算结果

顺序号	样品号	另一样品号	样品间的距离
1	1	2	1.317 717 327 608 17
2	2	7	0.221 558 210 987 851
3	7	8	0.263 248 988 706 294
4	7	6	0.283 460 956 788 943
5	6	9	0.367 466 311 025 246
6	8	13	0.503 644 297 101 034
7	13	14	0.643 644 993 137 355
8	14	4	0.416 643 517 836 821
9	4	5	0.396 902 545 257 594
10	2	10	0.890 490 411 844 371
11	10	11	0.468 544 900 543 391
12	11	12	0.645 583 330 752 712
13	10	3	0.965 640 057 791 144

根据表 3.5 绘制最小支撑树，在 m 维空间的“树”，其实是一种示意图，只显示两点之间的距离，而没有其他几何意义，如图 3.3 所示。

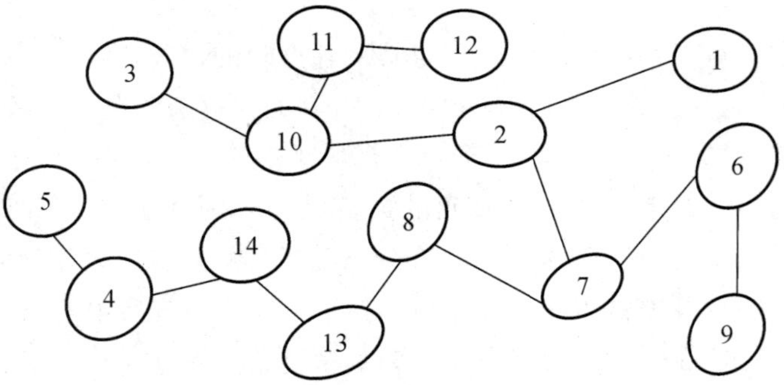

图 3.3　样品的最小支撑树

按照图 3.3 的空间“树”的构成，以样品 7 为中心，2、8、6、9、13、1 为一类；以 4 号样品为中心，4、14、5 为一类；以 10 号样品为中心，3、10、11、12 为一类。所得出半径值 $R=1.136\ 083\ 976\ 827\ 831$。

表 3.6　各样品点密度计算结果

样品序号	密度数
1	0
2	8
3	7
4	6
5	4
6	8
7	9
8	10
9	7
10	9
11	10
12	4
13	11
14	5

表 3.7 最小支撑树边长计算结果

顺序号	第一端点号	第二端点号	两端点的距离	离第一端点2步内包含的边数	离第二端点2步内包含的边数	第一端点2步内平均边长	第二端点2步内平均边长
1	1	2	1.317 717 328	0	6	0	0.515 490 588
2	10	3	0.965 640 058	5	0	0.708 778 836	0
3	2	10	0.890 490 412	4	3	0.521 496 371	0.693 256 096
4	11	12	0.645 583 331	3	0	0.774 891 79	0
5	13	14	0.643 644 993	2	2	0.383 446 643	0.406 773 032
6	8	13	0.503 644 297	3	2	0.256 089 385	0.530 144 255
7	10	11	0.468 544 901	4	1	0.848 851 502	0.645 583 331
8	14	4	0.416 643 518	2	1	0.573 644 645	0.396 902 545
9	4	5	0.396 902 545	2	0	0.530 144 255	0
10	6	9	0.367 466 311	3	0	0.256 089 385	0
11	7	6	0.283 460 957	5	1	0.639 331 847	0.367 466 311
12	7	8	0.263 248 989	5	2	0.616 138 644	0.573 644 645
13	2	7	0.221 558 211	4	4	0.910 598 174	0.354 455 138

3. 图论聚类分析源代码设计

图论聚类分析程序设计由三个独立模块组成，第一个用来输入分析样品的原始数据；第二个用来对原始数据进行转换；第三个计算由图论聚类所得的结果。其中样品的个数N，指标数M可通过文本框或Inputbox函数输入，原始数据通过数据文件输入。本例中样品的个数是14，指标(变量)的个数是8，如果不想对数据进行转换，可在运行第一个模块后，运行第三个模块。数据输入的顺序同表3.1。

图论聚类分析程序的全部代码：

```
Public X(200, 200) As Double, DM(200) As Double, ST(2, 100) As Double, EUD(200, 200) As Double, XN(200) As Double, LX(200) As Double, LY(200) As Double
Public KK As Integer, TT As Integer, H As Integer, S As Integer, D As Double, Exl As Object, Exl1 As Object, K As Integer, EMIN As Double
Public DU As Double, P As Integer, L As Integer, I As Integer, J As Integer, DMEAN As Double, EMAX As Double, I1 As Integer, I2 As Integer, N1 As Integer, N2 As Integer, D1 As Double, D2 As Double
Public T As Integer, W As Integer, Y As Integer, N As Integer, M As Integer, EWR As Boolean, T11(200) As Double, T22(200) As Double, DT(200) As Double, I11(200) As Integer, P1(200) As Integer
Public Exl11 As Object, S1(200) As Double, S2(200) As Double, DM1(200) As Double, N11(200) As Double, N22(200) As Double, D11(200) As Double, D22(200) As Double
```

```
Private Sub Command1_Click()
N = Val(InputBox("样品数", "输入有多少个样品"))
M = Val(InputBox("样品的指标数", "有多少个变量"))
Open "e:\应用实例\tljlfenxi.txt" For Input As #1
For I = 1 To N
For J = 1 To M
Input #1, X(I, J)
Next J
Next I
Close #1
End Sub

Private Sub Command2_Click()
BHuan = Val(InputBox("输入数据变换的代码 1-4", "1 数据中心、2 数据对数、3 数据正规化、4 数据标准化转换"))
If  BHuan = 1  Then
STR1 = "数据中心化转换"
For  I = 1  To  M
R1(I) = 0
For  J = 1  To  N
R1(I) = R1(I) + X(J, I)
Next  J
R1(I) = R1(I) / N
For  J = 1  To  N
X(J, I) = X(J, I) - R1(I)
Next  J
Next  I
ElseIf  BHuan = 2  Then
STR1 = "数据进行对数转换"
For  I = 1  To  N
For  J = 1  To  M
If  X(I, J) < 0  Or X(I, J) = 0  Then
MsgBox "负数或 0 不能求对数", 0, "程序停止运行"
End
End If
X(I, J) = Log(X(I, J))
Next  J
Next  I
ElseIf  BHuan = 3  Then
STR1 = "数据正规化转换"
For  I = 1  To  M
A = X(1, I): B = X(1, I)
For  J = 1  To  N
```

```
If  X(J, I) > A  Then  A = X(J, I)
If  X(J, I) < B  Then  B = X(J, I)
Next  J
A = A - B
For  J = 1  To  N
X(J, I) = (X(J, I) - B) / A
Next  J
Next  I
ElseIf  BHuan = 4  Then
STR1 = "数据标准化转换"
For  I = 1  To  M
A = 0: B = 0
For  J = 1  To  N
A = A + X(J, I)
Next  J
A = A / N
For  J = 1  To  N
B = B + (X(J, I) - A) ^ 2
Next  J
B = Sqr(B / (N - 1))
For  J = 1  To  N
X(J, I) = (X(J, I) - A) / B
Next  J
Next  I
End If
End Sub

Private Sub Command3_Click()
KK = N - 1: TT = 2
For  H = 1  To  N
For  S = 1  To  N
D = 0
If  H = S  Then GoTo  16
For  I = 1  To  M
D = D + (X(H, I) - X(S, I)) * (X(H, I) - X(S, I))
Next  I
D = Sqr(D)
16 EUD(H, S) = D
Next  S
Next  H
XN(1) = 1
For  I = 2  To  N
XN(I) = 0
```

```
Next  I
For  K = 1  To  N - 1
EMIN = 1E+18
For  I = 1 To  N
For  J = 1 To  N
If  XN(I) = 1  And  XN(J) = 0  Then
DU = EUD(I, J)
Else
GoTo 30
End  If
If  DU < EMIN  Then
EMIN = EUD(I, J)
P = I
L = J
End  If
30 Next  J
Next  I
XN(L) = 1
DM(K) = EMIN
ST(1, K) = P: ST(2, K) = L
Next  K
For  I = 1 To  N - 1
Print  "端点号，另一端点号，距离"
Print  ST(1, I); "      "; ST(2, I); "          "; DM(I); "     "; : Print
T11(I) = ST(1, I): T22(I) = ST(2, I): DT(I) = DM(I)
Next  I
Print
D = 0
For  I = 1 To  N - 1
D = D + DM(I)
Next  I
DMEAN = 2 * D / (N - 1)
Print  "半径 R 值="; DMEAN
Print  "样品编号，密度数"
For  I = 1 To  N
P = 0
For  J = 1 To  N
If  J <> I  Then
D = EUD(I, J)
Else
GoTo 51
End  If
If  D <= DMEAN  Then
```

```
P = P + 1
End If
51 Next J
Print I; "              "; P; "    ";
I11(I) = I: P1(I) = P
Print
Next I
For I = 1 To N - 1
XN(I) = 0
Next I
For K = 1 To KK
EMAX = -1E+18
For I = 1 To N
LX(I) = 10000
LY(I) = 10000
Next I
For I = 1 To N - 1
If XN(I) <> 1 And DM(I) > EMAX Then
EMAX = DM(I)
L = I
End If
Next I
I1 = ST(1, L)
I2 = ST(2, L)
XN(L) = 1
LX(I1) = 1: LY(I2) = 1
N1 = 0
N2 = 0
D1 = 0
D2 = 0
For T = 1 To TT
For I = 1 To N
For W = 1 To 2
If W = 1 Then
Y = 2
Else
Y = 1
End If
If LX(I) = T Then
For J = 1 To N - 1
If (ST(W, J) = I And LX(ST(Y, J)) > T) And (LY(ST(Y, J)) > T) Then
N1 = N1 + 1
D1 = D1 + DM(J)
```

```
LX(ST(Y, J)) = T + 1
End If
Next J
End If

If LY(I) = T Then
For J = 1 To N - 1
If (ST(W, J) = I And LY(ST(Y, J)) > T) And (LX(ST(Y, J)) > T) Then
N2 = N2 + 1
D2 = D2 + DM(J)
LY(ST(Y, J)) = T + 1
End If
Next J
End If
Next W
Next I
Next T

Print "顺序号，第一端点号，第二端点号，两端点的距离"
Print "k="; K; "     "; "i1="; I1; "      "; "i2="; I2; "     "; "emax="; EMAX; ""
S1(K) = I1
S2(K) = I2
DM1(K) = EMAX
Print "离第一端点两步内包含的边数，离第二端点两步内包含的边数"
Print "n1="; N1; "   "; "n2="; N2;
N11(K) = N1
N22(K) = N2
Print "第一端点两步内平均边长";
If N1 = 0 Then
Print "d1="; D1
D11(K) = D1
Else
Print "d1/n1="; D1 / N1
D11(K) = D1 / N1
End If

Print "第二端点两步内平均边长"
If N2 = 0 Then
Print "d2="; D2
D22(K) = D2
Else
Print "d2/n2="; D2 / N2
D22(K) = D2 / N2
```

```
End If
Next K
End Sub
```

3.4 动态聚类分析

1. 动态聚类分析的方法与原理

Q模式系统聚类法、R模式系统聚类法以及图论聚类法，其基本原理是建立距离矩阵，然后按照一定的方法逐渐合并。其缺点是需要占用较大的计算机内存，而且在合并过程中，需要将每一个样本和其他所有样本逐一加以比较，以决定其所属归类，需要花费较长的时间来完成有关的计算。为了节省计算机的内存和计算时间，产生了动态聚类分析方法。该计算方法既简单，又占用计算机的内存小，计算工作量也小。

动态聚类又称为逐步聚类方法，其基本思想是，开始按照一定的方法选取一批凝聚点，然后让样品向凝聚点凝聚，这样由点凝聚成类，得到初始的分类。初始的分类不一定合理，然后按照最近距离原则修改不合理的分类 ，直到分类比较合理为止。

动态分类的步骤：

(1) 选择凝聚点。所谓凝聚点就是一批被当成类中心的具有代表性的点。常用的方法有根据经验选择凝聚点，即依据专家的经验，预先将样品分为若干类，并从每一类中选择一个具有代表性的样品作为凝聚点；二是只确定预分的类，计算得到每一类的重心，将这些重心作为凝聚点；三是用密度法选择凝聚点，以某个整数 d 为半径，在 m 维空间中，落在以 d 为半径的球内的样品数，称为以该样品为中心的空间中点的密度。当所有的样品点的密度计算好后，首先选择密度较大的样品作为第一凝聚点，并且人为地确定一个正数 D，然后选出次大密度的点，若它与第一凝聚点的距离大于 D，则作为第二凝聚点，否则该样品点被取消。这样依次进行，直到全部样品选择完毕；四是用前 K 个样品作为凝聚点。在实际工作中，常用第二种方法来进行动态聚类分析。

(2) 初始分类。第一种方法是凭经验人为地将样品进行初步分类；二是选择凝聚点后每个样品按照与其最近距离的凝聚点进行归类；三是选择一批凝聚点后每个凝聚点自成一类，将样品依次归入与其距离最近的凝聚点的第一类，并立即重新计算该类的重心，以代替原来的凝聚点，再计算下一个样品的凝聚点，直到所有样品都归类为止；四是按照最大最小原则进行归类，首先将样品的原始数据进行标准化处理，用 x_{ij} 表示已标准化处理后的第 i 个样品第 j 个指标，则有：

$$S(i)=\sum_{i=1}^{m}x_{ij} \tag{3.15}$$

$$\mathrm{MA}=\max_{1\leqslant i\leqslant m}S(i) \tag{3.16}$$

$$\mathrm{MI}=\min_{1\leqslant j\leqslant n}S(i) \tag{3.17}$$

欲将全部样本分为 K 类，对于每一个样本 x_i 计算：

$$\frac{(K-1)(S(i)-\mathrm{MI})}{(\mathrm{MA}-\mathrm{MI})}+1 \tag{3.18}$$

如果与这个数接近的整数为 K，则将样本 x_i 归入第 K 类。

(3) 分类函数。动态聚类的方法很多，有按批修改法、逐个修改法、等混合法。动态聚类分析的不同方法主要是以修改分类的不同原则来区分。下面主要讨论按批修改方法。在按批修改法中，每一步修改都将使对应的分类函数缩小，并且分类函数最终趋于定值，即计算过程是收敛的。

假定 $x_1, x_2, \cdots, x_n$ 表示 n 个样品点，初始分类为 K 类，即 $G_1, G_2, \cdots, G_k$，它们的重心记为 $\bar{x}_1, \bar{x}_2, \cdots, \bar{x}_n$，每类样品数记为 $n_1, n_2, \cdots, n_K$。

定义 x_i 与类 G_j 的距离为

$$D_{ij}^2=(\bar{x}_i-\bar{x}_j)'(\bar{x}_i-\bar{x}_j) \tag{3.19}$$

定义分类函数为

$$e(G_1, G_2, \cdots, G_K)=\sum_{i=1}^{n} D_{iL(i)}^2 \tag{3.20}$$

其中，$L_{(i)}$ 表示 x_i 所属类的标号。

按批修改的原理就是使式(3.20)的分类函数逐渐减小，直至不能再减小为止。该式所定义的分类函数，实质上是系统聚类中的离差平方和。

2. 动态聚类分析应用实例

为了研究 1990 年甘肃省不同县区的农业区域经济发展情况，根据甘肃省农业生产的统计资料，共抽取了 30 个县区的农业生产统计数据，每个县区有 7 个指标，即农业人口、农业总产值、农作物播种面积、粮食产量、农民家庭人均纯收入、人均农业总产值和人均粮食拥有量，原始数据见表 3.8。

表 3.8 甘肃省县区农业生产发展统计资料

县区名称	农业人口/人	农业总产值/万元	农作物播种面积/万亩	粮食产量/吨	农民家庭人均纯收入/元	人均农业总产值/元	人均粮食拥有量/千克
安定区	314 000	12 467	180	125 000	367	397	398
安宁区	35 700	962.7	1.56	100	1118	270	2.13
白银区	82 900	2641.8	15.5	21 900	580	124	320
北道区	411 000	9970	82.93	131 700	403	199	103
成县	208 000	6816.2	56.1	92 800	403	258	255
城关区	47 500	1835.9	3.4	1100	1006	386	398
崇信县	76 400	2434	47	32 900	363.45	325	257
宕昌县	260 000	7304.6	47.3	496 000	274	276	282
甘谷县	469 700	8554	89.99	116 900	341	172	178
皋兰县	142 500	4166.4	39.81	45 200	492	292	111
广河县	155 800	2283.6	21.22	41 300	342.27	146.57	250
合水县	130 500	5899.5	47.03	64 900	414.27	422	272
红古区	53 200	3144.1	8.54	17 000	823	600	235

续表

县区名称	农业人口/人	农业总产值/万元	农作物播种面积/万亩	粮食产量/吨	农民家庭人均纯收入/元	人均农业总产值/元	人均粮食拥有量/千克
华池县	99 900	3794	50.92	46 500	378.01	351	247
华亭县	122 000	3549.3	47.9	45 200	385.33	292	187
环县	273 500	7243.9	143.91	84 400	298.87	257	413
徽县	177 000	6818.6	56.8	111 200	499	348	265
会宁县	476 400	8919.5	194.3	123 300	291	184	567
金川区	46 700	2410	11.1	22 900	701	160	526
泾川县	281 200	9448.6	108.9	129 800	413.93	338	240
景泰县	171 200	5308.1	57.5	67 900	380	283	262
靖远县	372 000	8008.7	96	100 100	375	205	539
静宁县	401 200	8652.3	159.8	126 100	309.63	216	440
康县	172 000	4858.9	51.5	59 400	296	251	254
崆峒区	291 300	8474.9	119.2	118 400	471	295	315
礼县	413 000	8031.5	101	107 800	294	179	291
两当县	38 000	1650.6	14.3	24 700	431	351	300
临夏市	85 100	2015.6	7.67	189 000	493.46	236.85	431
灵台县	200 000	6919.8	108.1	107 300	368.19	348	465
陇西县	381 000	8538	126	98 000	332	224	452

3. 动态聚类计算结果分析

根据表3.8的原始数据，有30个样品，每个样品有7个指标，预定的分类结果为3类。第一次、第二次迭代函数值分别为149 395 173 819.265、149 395 173 819.265，可以看出，在初次分类后，经过两次迭代的函数已相同，分类的结果也没有改变，证明计算过程是收敛的，动态分类就此结束。所有的计算结果见表3.9、表3.10。

表3.9　1990年甘肃省县区农业生产发展统计资料动态聚类分析结果

样品的顺序号	初次分类号	距凝聚点的距离	第一次迭代分类号	距凝聚点的距离
1	2	4 564 193 241	2	3 402 243 329
2	1	10 650 094 831	1	9 095 094 774
3	1	2 735 292 310	1	2 042 788 364
4	2	1 091 739 834	2	1 866 846 513
5	1	8 714 522 732	1	10 348 357 962
6	1	8 636 135 172	1	7 283 191 278
7	1	2 643 594 119	1	1 875 555 469
8	3	0	3	0

续表

样品的顺序号	初次分类号	距凝聚点的距离	第一次迭代分类号	距凝聚点的距离
9	2	7 854 502 464	2	9 687 665 981
10	1	550 871 396.3	1	934 158 488.9
11	1	1 380 149 212	1	1 974 601 255
12	1	144 854 521.7	1	387 592 029.7
13	1	6 302 940 110	1	5 095 517 178
14	1	590 549 156.3	1	260 592 149.9
15	1	130 495 278.6	1	168 463 837.3
16	2	12 686 489 571	2	10 484 702 125
17	1	6 013 337 048	1	7 182 122 391
18	2	9 117 244 202	2	11 120 338 997
19	1	6 808 488 132	1	5 509 598 013
20	2	10 122 324 827	2	8 346 857 963
21	1	2 550 397 684	1	3 487 321 055
22	2	393 800 821.9	2	214 017 042.9
23	2	475 424 731.3	2	1 024 476 486
24	1	2 509 184 198	1	3 433 170 862
25	2	8 061 340 092	2	6 414 056 840
26	2	1 118 262 546	2	1 787 082 388
27	1	8 078 959 492	1	6 638 894 296
28	1	18 890 508 839	1	18 750 672 417
29	1	8 662 682 905	1	10 206 652 274
30	2	388 824 631.5	2	372 542 063.8

表 3.10 甘肃省县区农业生产发展统计资料动态聚类重心值

指　标	初次分类			一次迭代		
	一类	二类	三类	一类	二类	三类
农业人口	121 994.7368	381 080	260 000	113 577.7778	371 300	260 000
农业总产值	3934.368 421	9106.45	7304.6	3750.505 556	8937.127 273	7304.6
农作物播种面积	41.571 578 95	125.812	47.3	35.886 111 11	127.457 272 7	47.3
粮食产量	56 615.789 47	117 710	496 000	55 072.222 22	114 681.8182	496 000
农民家庭人均纯收入	514.360 526 3	359.756	274	526.332 222 2	354.220 909 1	274
人均农业总产值	300.074 736 8	240.9	276	302.467 777 8	242.363 636 4	276
人均粮食拥有量	286.848 947 4	352.3	282	279.840 555 6	357.818 181 8	282

根据表3.9的最终分类结果，可以看出，2、3、5、6、7、10、11、12、13、14、15、17、19、21、24、27、28、29等18个样品分为第一类；1、4、9、16、18、20、22、23、25、26、30等11个样品分为第二类；8为第三类。第一类对应的县区分别为安宁区、白银区、成县、城关区、崇信县、皋兰县、广河县、合水县、红古区、华池县、华亭县、徽县、金川区、景泰县、康县、两当县、临夏市、灵台县；第二类对应的县区分别为安定区、北道区、甘谷县、环县、会宁县、泾川县、靖远县、静宁县、崆峒区、礼县、陇西县；第三类只有一个县，宕昌县。

4. 动态聚类分析源代码设计

动态聚类分析程序由两个独立模块组成，第一个模块用于读入所需的原始数据，其顺序见表3.8。第二个模块用来进行动态聚类分析。本例首先将原始数据预分为3类。迭代1次后得到最终结果。样品的个数为N，指标数为M、预定的分类数K可通过文本框或Inputbox函数输入。每迭代一次，输出一次的计算结果，因此本计算过程输出信息量大，计算结果需要认真整理、归类，建议最后将其输出到Excel表格中。动态聚类分析在标准模块中所定义的变量为

```
Public N As Integer, M As Integer, X(200, 100) As Double, B(100, 100) As Double, BB(100) As Double, NF(200) As Double, NN(200) As Double, T(100) As Double
Public DP As Integer, K As Integer, R2 As Integer, R1 As Integer, LL As Integer, MIN As Double, II As Integer, TP As Double, QQ As Double, NC11(200, 200) As Double, DN11(200, 200) As Double
Public MAX As Double, R As Integer, G1 As Double, G2 As Double, G3 As Double, G4 As Double, QKR As Double, TR As Double, RA As Integer, KI As Integer, DS As Double, D As Double, H As Integer, NC2(200) As Integer, XS11(200, 200) As Double, DS1(200) As Double
Public P As Integer, I As Integer, J As Integer, TA(100) As String, TB(100) As String, C As String, A As Double, B1 As Double, SU(200) As Double, NC(200) As Integer, NC1(200) As Double, NK(200) As Integer, XS(200, 200) As Double
```

动态聚类分析主程序代码：

```
Private Sub Command1_Click()
N = Val(InputBox("样品的个数","有多少个样品"))
M = Val(InputBox("样品的指标数","有多少个变量"))
K = Val(InputBox("预分为几类数","预分类数"))
Open "E:\应用实例\dtjlfenxi.txt" For Input As #1
For I = 1 To N
For J = 1 To M
Input #1, X(I, J)
Next J
Next I
Close #1
End Sub

Private Sub Command2_Click()
```

```
XMAX = -1E+18
XMIN = 1E+18
For I = 1 To N
SU(I) = 0
For J = 1 To M
SU(I) = SU(I) + X(I, J)
Next J
If SU(I) >= XMAX Then
XMAX = SU(I)
End If
If SU(I) <= XMIN Then
XMIN = SU(I)
End If
Next I
For I = 1 To N
If SU(I) = XMAX Then
NC(I) = K
Else
NC(I) = Int((K - 1) * (SU(I) - XMIN) / (XMAX - XMIN)) + 1
End If
Next I

Print "预计的分类数="; K
Print "初始的分类"
For I = 1 To N
Print "样品号("; I; ")="; NC(I);
NC1(I) = NC(I)
If I Mod 10 = 0 Then Print
Next I
Print
Call dtjl1(NK, XS, NC, X, K, M, N, KI)
SMIN = 1E+18
Call dtjl3(DS, X, XS, NC, N, M)
KI = 1
12 Print "第"; KI; "次迭代"
If DS < SMIN Then
SMIN = DS
End If
For I = 1 To N
DMIN = 1E+18
For J = 1 To K
L = I
H = J
```

```
Call dtjl2(D, X, XS, H, I, M)
If D < DMIN Then
DMIN = D
KL = J
End If
Next J
NC(I) = KL
Print "样品号="; I; "迭代后的分类号="; KL; "距凝聚点的距离="; DMIN;
NC11(KI, I) = KL
DN11(KI, I) = DMIN
Next I
Print

Call dtjl1(NK, XS, NC, X, K, M, N, KI)
Call dtjl3(DS, X, XS, NC, N, M)
If DS < SMIN Then
KI = KI + 1
GoTo 12
End If

Print "最终的分类排列顺序"
For I = 1 To N
Print "样品编号("; I; ")="; NC(I);
NC2(I) = NC(I)
If I Mod 10 = 0 Then Print
Next I
Print
Print "以上是分为"; K; "类的动态分类最终结果"
End Sub

Public Sub dtjl1(NK( ) As Integer, XS ( ) As Double, NC( ) As Integer, X( ) As Double, K
As Integer, M As Integer, N As Integer, KI As Integer)
For II = 1 To K
NK(II) = 0
For JJ = 1 To M
XS(JJ, II) = 0
Next JJ
Next II
For II = 1 To N
NK(NC(II)) = NK(NC(II)) + 1

For JJ = 1 To M
XS(JJ, NC(II)) = XS(JJ, NC(II)) + X(II, JJ)
```

```
Next JJ
Next II

For II = 1 To K
For JJ = 1 To M
If NK (II) <  > 0   Then
XS(JJ, II) = XS(JJ, II) / NK(II)
End  If
Next JJ
Next II

Print "每类重心的坐标"
For II = 1 To K
Print "第"; II; "类的重心坐标";
For JJ = 1 To M
Print XS(JJ, II);
Next JJ
Print
Next II
KT = 0
If KI < 1 Then
For II = 1 To K
For JJ = 1 To M
XS11(II, JJ) = XS(JJ, II)
Next JJ
Next II
ElseIf KI > 1 Or KI = 1 Then
For II = KI * K + 1 To KI * 2 * K
KT = KT + 1
For JJ = 1 To M
XS11(II, JJ) = XS(JJ, KT)
Next JJ
Next II
End If
End Sub

Public Sub dtjl2(D As Double, X( ) As Double, XS( ) As Double, H As Integer, I As Integer,
M As Integer)
DD = 0
For II = 1 To M
DD = DD + (X(I, II) - XS(II, H)) ^ 2
Next II
D = DD
```

```
    End Sub

    Public Sub dtjl3(DS As Double, X( ) As Double, XS( ) As Double, NC( ) As Integer, N As
Integer, M As Integer)
    DS = 0
    For II = 1 To N
    For JJ = 1 To M
    DS = DS + (X(II, JJ) - XS(JJ, NC(II))) ^ 2
    Next JJ
    Next II
    Print "每次迭代的分类函数值="; DS
    DS1(KI) = DS
    End Sub
```

3.5 模糊聚类分析

1. 模糊聚类分析方法与原理

聚类的过程是从样品的相似性尺度矩阵出发，利用递推公式完成。模糊聚类也是首先计算出样品的相似性尺度矩阵，但以后的聚类过程是将集合 G 分为若干个子集 g，每个子集叫作一类，G 中的任一元素都必须属于而且仅属于某一类。设集 G 上的模糊等价关系可以用一个 N 阶的模糊等价矩阵 $\boldsymbol{R}$ 表示，$\boldsymbol{R}$ 的元素记为 r_{ij}，每个元素的等价关系可用下式表示：

(1) 反身性。每个元素自己与自己同类，用数学表达式表示：

$$r_{ij}=1 \tag{3.21}$$

(2) 对称性。若甲与乙同类，则乙与甲也同类，用数学表达式表示：

$$r_{ij}=r_{ji} \tag{3.22}$$

(3) 传递性。若甲与乙同类，乙与丙同类，则甲与丙也同类。

$$\boldsymbol{R}\circ\boldsymbol{R}\leqslant\boldsymbol{R} \tag{3.23}$$

式(3.23)定义的 $\boldsymbol{R}\circ\boldsymbol{R}$ 运算结果仍为一 N 阶矩阵，记为 $\boldsymbol{S}$，其元素 s_{ij} 按照下列表达式计算：

$$s_{ij}=\bigvee_{k=1}^{n}(r_{ik}\wedge r_{kj}) \tag{3.24}$$

实际上在模糊聚类时得到的样品相似性尺度矩阵 $\boldsymbol{R}$，不满足模糊等价关系，需加以改造。首先将 $\boldsymbol{R}$ 的元素 r_{ij} 变换的满足反身性和对称性，为此应进行极差变换，使 $0\leqslant r_{ij}^{*}\leqslant 1$。当 $\boldsymbol{R}$ 是相关矩阵时，取

$$r_{ij}^{*}=0.5+\frac{r_{ij}}{2} \tag{3.25}$$

其中 r_{ij}^{*} 是变换后的元素。当 $\boldsymbol{R}$ 是距离矩阵时，用 $r_{\max}$ 表示所有元素中的最大者，取

$$r_{ij}^{*}=1-\frac{r_{ij}}{r_{\max}} \tag{3.26}$$

经过式(3.25)或式(3.26)的变换，矩阵 $\boldsymbol{R}$ 即满足反身性和对称性，为使其满足传递性，取

$$\boldsymbol{R}^m=\boldsymbol{R}\circ\boldsymbol{R}\circ\boldsymbol{R}\circ\cdots\circ\boldsymbol{R} \tag{3.27}$$

经过这样的运算，$\boldsymbol{R}^m$ 即满足传递性。实际运算时采用二次幂的方法，即

$$\boldsymbol{R}\to\boldsymbol{R}^2\to\boldsymbol{R}^4\cdots$$

经过有限多步(步数$\leqslant \lg N/\lg 2$)，就可将 $\boldsymbol{R}$ 改造成模糊等价矩阵。利用这一矩阵就可以进行模糊聚类。

改造后矩阵中的元素表示待分类对象彼此间的相似程度，给定任意的 $\lambda(0\leqslant\lambda\leqslant 1)$值，使得矩阵中的元素

$$r_{ij}=\begin{cases}0, & \text{若 } r_{ij}\geqslant\lambda \\ 1, & \text{否则}\end{cases} \tag{3.28}$$

则得到一个普通的等价关系，即决定了一个分类。在模糊聚类中，当 λ 值变动时，分类亦随之变动。可根据具体的问题，选择不同 λ 值，可得到相应的分类。

2. 模糊聚类应用实例及计算结果分析

模糊聚类所采用的原始数据见表 3.3，是阳起石岩的硅酸盐分析数据，共有 16 个样品，每个样品有 11 个变量。模糊聚类分析的计算过程：

在实际进行分类时，对表 3.3 的原始数据作了对数变换，模糊等价关系是在计算样品的欧几里得距离矩阵基础上得到的。表 3.11 为不同 λ 水平下的分类结果，据此作出样品的模糊聚类谱系图，见图 3.4。

表 3.11　模糊聚类分析结果

第一端点号	第二端点号	不同水平的 λ 值
1	4	0.837 915 912
11	15	0.801 000 935
1	2	0.789 491 687
9	13	0.771 196 717
6	7	0.770 247 482
1	3	0.763 919 919
1	6	0.750 424 783
8	12	0.748 578 985
9	10	0.724 233 436
1	5	0.717 245 30
8	16	0.697 451 494
1	11	0.689 275 775
1	8	0.673 380 938
9	14	0.666 291 917
1	9	0.556 609 622

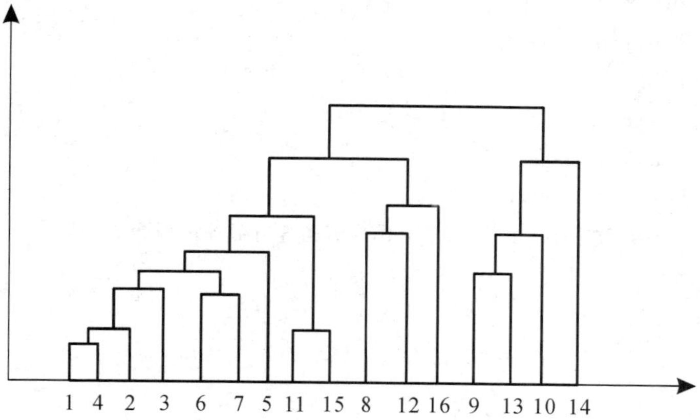

图 3.4　模糊聚类谱系图

3. 模糊聚类分析源代码设计

模糊聚类的程序代码设计由两个独立模块构成，第一个模块用于读入分析所用的原始数据，第二个模块进行模糊聚类分析，程序运行时只需输入样品数、样品的指标数、输入 1 对原始数据进行对数变换，输入其他数据程序不对原始数据进行转换。选择 1 计算欧几里得距离，选择 2 计算样品间的相关系数。在标准模块中定义的全部变量为

```
Public Exl As Object, Exl1 As Object, M As Integer, N As Integer, I As Integer, J As Integer, X(200, 100) As Double, K1 As Integer, K2 As Integer, K3 As Integer, S As Double, R(200, 100) As Double, K As Integer
Public Y(200) As Double, SI As Double, SJ As Double, Y1(200) As Double, RR(200, 100) As Double, MAX As Double, II As Integer, JJ As Integer, KK As Integer, DD1(200) As Integer, DD2(200) As Integer, DD(200) As Double
```

模糊聚类分析主程序全部代码：

```
Private Sub Command1_Click()
N = Val(InputBox("样本数", "参与分析的样本有多少"))
M = Val(InputBox("样本的指标数", "样本的变量"))
Open "e:\应用实例\mhjlfx1.txt" For Input As #1
For  I = 1  To  N
For  J = 1  To  M
Input #1, X(I, J)
Next  J
Next  I
Close #1
End Sub

Private Sub Command2_Click()
K2 = Val(InputBox("输入 1 对原始数据进行对数变换", "数据中有负数或 0 则不能进行变换"))
K3 = Val(InputBox("输入 1－2, 1 计算样品间的欧几里得距离, 2－计算样品间的相关系数",
```

```
"计算样品间的相似程度"))
    If  K2 = 1  Then
    For  I = 1  To  N
    For  J = 1  To M
    X(I, J) = Log(X(I, J))
    If   X(I, J) <= 0    Then
    MsgBox   "原始数据小于或等于 0", 0, "不能进行数据的对数转换"
    End
    End If
    Next  J
    Next  I
    End If
    If  K3 = 1  Then
    For  I = 1  To  N
    For  J = 1  To  N
    S = 0
    For  K = 1  To  M
    S = S + (X(I, K) - X(J, K)) ^ 2
    Next  K
    R(I, J) = Sqr(S)
    Next  J
    Next  I
    S = 0
    For  I = 1  To  N
    For  J = 1  To  N
    If  R(I, J) > S  Then
    S = R(I, J)
    End If
    Next  J
    Next  I
    For  I = 1  To  N
    For  J = 1  To  N
    R(I, J) = 1 - R(I, J) / S
    Next  J
    Next  I
    ElseIf  K3 = 2  Then
    For  I = 1  To  N
    S = 0
    For  J = 1  To M
    S = S + X(I, J)
    Next  J
    Y(I) = S / M
    Next  I
```

```
For I = 1 To N
For J = 1 To N
S = 0
SI = 0
SJ = 0
For K = 1 To M
S = S + (X(I, K) - Y(I)) * (X(J, K) - Y(J))
SI = SI + (X(I, K) - Y(I)) ^ 2
SJ = SJ + (X(J, K) - Y(J)) ^ 2
Next K
R(I, J) = S / Sqr(SI * SJ)
Next J
Next I
For I = 1 To N
For J = 1 To N
R(I, J) = 0.5 + R(I, J) / 2
Next J
Next I
End If
11 For I = 1 To N
For J = 1 To N
For K = 1 To N
If R(I, K) < R(J, K) Then
Y1(K) = R(I, K)
Else
Y1(K) = R(J, K)
End If
Next K
S = 0
For K = 1 To N
If Y1(K) > S Then
S = Y1(K)
End If
Next K
RR(I, J) = S
Next J
Next I
For I = 1 To N
For J = 1 To N
If RR(I, J) <> R(I, J) Then GoTo 22
Next J
Next I
GoTo 33
```

```
22  For  I = 1  To  N
For  J = 1  To  N
R(I, J) = RR(I, J)
Next  J
Next  I
GoTo 11
33 Print "分类结果"
Print  "类          号"; "              "; "兰姆达值 "
For  K = 1  To  N - 1
MAX = 0
For  I = 1  To  N
For  J = I + 1  To  N
If  RR(I, J) > MAX  Then
MAX = RR(I, J)
II = I
JJ = J
End If
Next  J
Next  I

Print II; "          "; JJ; "      "; "MAX="; MAX
DD1(K) = II
DD2(K) = JJ
DD(K) = MAX
If  II > JJ  Then
KK = II
Else
KK = JJ
End If
For  I = 1  To  N
RR(KK, I) = 0
RR(I, KK) = 0
Next  I
Next  K
End Sub
```

3.6 费歇最优分段法

1. 费歇最优分段法的方法与原理

先后次序不能改变的样本称为有序样本。如某水文站所观测到的若干年来最高水位的数值就是有序样本，再比如某人在成长过程中体重增长数也是有序样本数，作物生长期内株高的观测数据，以及某段时间内空气质量指数(AQI)都是有序样本。对于给定的 N 个有序样品分成 K 类，一共有 $\binom{N-1}{K-1}$ 种分法。所谓“最优”分法是基于类内距离平方和最小，类间距离平方和最大的原则。对于给定的有序样品 X_1，X_2，…，X_i，X_{i+1}，…X_j，X_{j+1}…，X_N，若 D_{ij} 表示(X_i，X_{i+1}…，X_j)类的离差平方和，此处 X 为 M 维向量，M 为变量数，又 $1 \leqslant i < j \leqslant N$。费歇准则要求：

$$\sum_{l=1}^{k} D_{ij} = \min \tag{3.29}$$

即各类 D_{ij} 之和为最小。

最优分段的具体计算步骤：

(1) 计算类内离差平方和 D_{ij}。

$$D_{ij} = \sum_{l=1}^{j} (X_l - \bar{X}_{ij})'(X_l - \bar{X}_{ij}) \tag{3.30}$$

其中

$$\bar{X}_{ij} = \frac{1}{j-i+1} \sum_{l=i}^{j} X_l \tag{3.31}$$

(2) 计算误差函数。

将 N 个样品分为 K 类，每类的分类误差函数由下式定义：

$$E[P(N, K)] = \sum_{l=1}^{k} D_{j_{l-1}+1,\, j_l} \tag{3.32}$$

其中，$j_0=0$，$D_{j_{l-1}+1,\, j_l}$ 为($X_{j_{l-1}+1}$，…，X_{j_l})类的离差平方和。分类要合理，式(3.32)应当最小。当 N 和 K 固定时，将误差值达到最小时的分类称为最优分类。实际计算时一般采用以下递推公式：

$$E[(i, 2)] = \min_{2 \leqslant j \leqslant i} \{D_{1, j-1} + D_{ji}\}, \quad 2 \leqslant i \leqslant N \tag{3.33}$$

$$E[P(i, K)] = \min_{K \leqslant j \leqslant i} \{E[j-1, K-1)] + D_{ji}\} \tag{3.34}$$

其中，$K \geqslant 3$，$3 \leqslant i \leqslant N$，$P(j-1, K-1)$表示将($X_1$，$X_2$，…，$X_{j-1}$)分成 $K-1$ 类的最优分类。

(3) 分类。当样品数 N 和分类数 K 给定时，由

$$E[P(N, K)] = E[P(j_K - 1, K-1)] + D_{j_k} N \tag{3.35}$$

可得类 $G_k = (X_{j_K}, X_{j_K+1}, \cdots, X_N)$以及分割点 j_K，然后由

$$E[P(j_K - 1, K-1)] = E[P(j_{K-1} - 1, K-2)] + D_{j_{K-1},\, j_{K-1}} \tag{3.36}$$

得到 G_{K-1}，用类似的方法便可得到所有的类 G_1，G_2，…，G_K。

2. 费歇最优分段法的应用实例

本例的原始数据采用兰州市 2017 年 6 月空气质量指数(AQI)，具体数据见表 3.12。

表 3.12 兰州市 2017 年 6 月份空气质量指数

样品号	空气质量指数	样品号	空气质量指数	样品号	空气质量指数
1	85	11	93	21	64
2	99	12	79	22	73
3	67	13	66	23	97
4	64	14	58	24	83
5	48	15	56	25	82
6	64	16	70	26	83
7	65	17	89	27	79
8	66	18	77	28	76
9	58	19	88	29	78
10	64	20	73	30	76

3. 费歇最优分段计算结果分析

原始数据未作变换，分段数 $K=2$ 至 $K=10$，所得到的计算结果分别为分段情况、分段后每个段内的平均值、方差，具体内容分别见表 3.13～表 3.15。

表 3.13 误差函数及分段结果

K	误差函数	K_1	K_2	K_3	K_4	K_5	K_6	K_7	K_8	K_9	K_{10}
2	3653.464 286	1～16	17～30								
3	2431.142 857	1～2	3～16	17～30							
4	2193.047 619	1～2	3～10	11～16	17～30						
5	1456.714 286	1～2	3～10	11～12	13～16	17～30					
6	1358.714 286	1	2	3～10	11～15	13～16	17～30				
7	1067.166 667	1～2	3～10	11～12	13～16	17～19	20～22	23～30			
8	801.380 952 4	1～2	3～10	11～12	13～16	17～19	20～22	23	24～30		
9	703.380 952 4	1	2	3～10	11～12	13～16	17～19	20～22	23	24～30	
10	571.080 952 4	1～2	3～4	5	6～10	11～12	13～16	17～19	20～22	23	24～30

表 3.14 各分段数及段内平均值

K	K_1	K_2	K_3	K_4	K_5	K_6	K_7	K_8	K_9	K_{10}
2	68.875	79.8571								
3	92	65.5714	79.857 14							
4	92	62	70.333 33	79.857 14						
5	92	62	86	62.5	79.857 14					
6	85	99	62	86	62.5	79.857 143				

续表

K	K_1	K_2	K_3	K_4	K_5	K_6	K_7	K_8	K_9	K_{10}
7	92	62	86	62.5	84.666 67	70	81.75			
8	92	62	86	62.5	84.666 67	70	97	79.571 429		
9	85	99	62	86	62.5	84.666 667	70	97	79.5714	
10	92	65.5	48	63.4	86	62.5	84.6667	70	97	79.5714

表 3.15 各分段数及段内方差

K	K_1	K_2	K_3	K_4	K_5	K_6	K_7	K_8	K_9	K_{10}
2	13.6571	8.113 21								
3	9.899	10.6606	8.113 21							
4	9.899	6.256 43	13.894 84	8.113 21						
5	9.899	6.256 43	9.899 495	6.608 076	8.113 21					
6	0	0	6.256 425	9.899 495	6.608 076	8.113 21				
7	9.899	6.256 43	9.899 495	6.608 076	6.658 328	5.196 152 4	6.798 11			
8	9.899	6.256 43	9.899 495	6.608 076	6.658 328	5.196 152 4	0	3.101 459		
9	0	0	6.256 425	9.899 495	6.608 076	6.658 328 1	5.196 15	0	3.101 46	
10	9.899	2.121 32	0	3.130 495	9.899 495	6.608 075 9	6.658 33	5.196 152 4	0	3.101 46

4. 费歇最优分段法源代码设计

费歇最优分段程序设计由两个独立模块，第一个模块的作用是完成原始数据的读入，第二个模块完成费歇最优分段的计算。原始数据的转换有对数转换、正规化转换、标准化转换和不转换4种方式，本例采用原始数据不转换方式。分段数为2到 $N/2$ 段，若需要分更多段，可修改源程序的有关语句。

```
Public  N As Integer, M As Integer, L As Integer, I As Integer, J As Integer, K As Integer, L1 As Integer, H As Integer, T As Integer, MA As Integer, I1 As Integer, J1 As Integer
Public A As Double, B As Double, C As Double, X(200, 200) As Double, XII(200, 200) As Double, D(200) As Double, R(200) As Double, COV(200) As Double, OPT2(200) As Double, OPT3(200, 100) As Double, OPT4(200, 100) As Double
Public EPN(200, 200) As Double, DIJ(100) As Double, EP(100) As Double, OPT(100) As Integer, R1(200) As Double, COV1(200) As Double, EPN1(200, 2) As Double, OPT1(200, 100) As Integer
Private Sub Command1_Click()
N = Val(InputBox("样品数", "样品的总数"))
M = Val(InputBox("变量的个数", "样品的指标数"))
L1 = Val(InputBox("数据变化的方式 1—对数变换, 2—标准化变换, 3—正规化变换, 0—不变换", "数据变换方式"))
Open "e:\应用实例\fxzyfdfx1.txt" For Input As #1
```

```
For I = 1 To N
For J = 1 To M
Input #1, X(I, J)
Next J
Next I
Close #1
End Sub

Private Sub Command2_Click()
If L1 = 1 Then
For I = 1 To M
For J = 1 To N
If X(I, J) <= 0 Then
MsgBox ("负数或 0 不能求对数")
End
End If
X(J, I) = Log(X(J, I))
Next J
Next I
ElseIf L1 = 2 Then
For I = 1 To M
B = 0: C = 0
For J = 1 To N
B = B + X(J, I)
B = B / N
Next J
For J = 1 To N
C = C + (X(J, I) - B) ^ 2
C = Sqr(C / (N - 1))
Next J
For J = 1 To N
X(J, I) = (X(J, I) - B) / C
Next J
Next I
ElseIf L1 = 3 Then
For I = 1 To M
B = X(1, I)
C = X(1, I)
For J = 1 To N
If X(J, I) > B Then B = X(J, I)
If X(J, I) < C Then C = X(J, I)
Next J
For J = 1 To N
```

```
X(J, I) = (X(J, I) - C) / (B - C)
Next J
Next I
End If
For I = 1 To M
R(I) = 0
A = 0
For J = 1 To N
R(I) = R(I) + X(J, I)
Next J
R(I) = R(I) / N
For J = 1 To N
A = A + (X(J, I) - R(I)) ^ 2
Next J
COV(I) = Sqr(A / (N - 1))
Next I
Print "打印均值"
For I = 1 To M
Print R(I);
Next I
Print
Print "打印方差"
For I = 1 To M
Print COV(I);
Next I
Print
For I = 1 To N
For J = 1 To M
A = 0
For K = 1 To I
A = A + X(K, J)
Next K
XII(I, J) = A / I
Next J
Next I
For I = 1 To N
A = 0
For J = 1 To I
For K =1 To M
A = A + (X(J, K) - XII(I, K)) ^ 2
Next K
Next J
D(I) = A
```

```
Next I
For I = 2 To N
EPN(I, I) = 0
Next I
For I = 3 To N
For J = 2 To I
For K = 1 To M
A = 0
For L = J To I
A = A + X(L, K)
Next L
XII(J, K) = A / (I - J + 1)
Next K
Next J
For J = 2 To I
B = 0
For K = J To I
For L = 1 To M
If J <> I Then
B = B + (X(K, L) - XII(J, L)) ^ 2
Else
B = 0
End If
Next L
Next K
DIJ(J) = B
Next J
For J = 2 To I - 1
If J = 2 Then
For K = 1 To I - 1
EP(K) = D(K) + DIJ(K + 1)
Next K
MA = 1
A = EP(1)
For K = 2 To  I - 1
If EP(K) < A Then
A = EP(K)
MA = K
End If
Next K
EPN(I, J) = A
EPN(J, I) = MA
Else
```

```
For K = J - 1 To I - 1
EP(K) = EPN(K, J - 1) + DIJ(K + 1)
Next K
A = EP(J - 1)
MA = J - 1
For K = J To I - 1
If EP(K) < A Then
A = EP(K)
MA = K
End If
Next K
End If
EPN(I, J) = A
EPN(J, I) = MA
Next J
Next I
K = 2
100  I = K
J = N
Print "分段数="; K;
Print "相应的最小误差函数="; EPN(J, I);
Print
110  OPT(I - 1) = EPN(I, J)
J = EPN(I, J)
I = I - 1
If J = 2 Then
OPT(I - 1) = 1
I = I - 1
End If
If J = I Then
For MA = I To 2 Step -1
OPT(MA - 1) = MA - 1
Next MA
GoTo 120
End If
If I >= 2 Then GoTo 110
120  OPT(0) = 0
OPT(K) = N
Print "各分割段最后一位号码"
For T = 1 To K
Print OPT(T);
Next T
Print
```

```
For L = 1 To K
Print "分段顺序号";
Print L; ":";
For T = 1 To M
A = 0: B = 0
For H = OPT(L) To OPT(L - 1) + 1 Step -1
A = X(H, T) + A
Next H
R(T) = A / (OPT(L) - OPT(L - 1))
For H = OPT(L) To OPT(L - 1) + 1 Step -1
If OPT(L) - OPT(L - 1) > 1 Then
B = B + (X(H, T) - R(T)) ^ 2
End If
Next H
If OPT(L) - OPT(L - 1) = 1 Then
COV(T) = 0
Else
COV(T) = Sqr(B / (OPT(L) - OPT(L - 1) - 1))
End If
Print "段内各变量均值"; R(T); "段内各变量标准差="; COV(T)
Next T
Next L

K = K + 1
If K <= N / 2 Then GoTo 100
End Sub
```

3.7 非线性映射

1. 非线性映射的方法与原理

非线性映射是一种几何降维的数学方法，即将高维变量综合为少数几个综合变量，使得综合指标能够最大限度地表达原来多个指标的信息。非线性映射通过某种非线性变换，将高维空间的几何图像变换成低维(一维、二维、三维)空间的几何图像，并要求变换后仍能近似地保持原来的几何关系。这种方法直观、形象，使人们能够在低维空间中看到一些高维空间中样本点相互关系的近似图像。通常将 M 维空间的 N 个样品点映射到二维空间，并使二维空间中映射点之间的距离近似于 M 维空间中对应点间的距离，从而得到平面上的直观图像。

假定所讨论的对象具有 N 个样品、M 个变量。第 p 个样品与第 q 个样品在 M 维空间的欧几里得距离为 $d_{pq}^{\times}$，映射到二维空间的欧几里得距离为 d_{pq}，定义目标函数：

$$K=\frac{1}{\sum_{p<q}^{N} d_{pq}^{*}} \sum_{p<q}^{N} \frac{(d_{pq}^{*}-d_{pq})^{2}}{d_{pq}^{*}} \tag{3.37}$$

非线性映射就是调整样品 p，q 在二维空间的位置，使得对于所有的样品点，式(3.37)值为最小。即使原空间的距离与新空间的距离之差的加权平方和达到最小。

通常采用最速下降法或松弛法求解样品点在二维空间中坐标值。本程序使用松弛法迭代求解，并且为了计算方便，这里所说的距离实际上是距离平方。在迭代求解过程中，每次使得两点 X_p，X_q 的$(d_{pq}^{*}-d_{pq})^{2}/d_{pq}^{*}$达到极小，依次使得 $p<q=1, 2, 3, \cdots, N$，相应的项均达到极小，经过多次迭代，最后使式(3.37)达到极小。此处的 X_p，X_q 代表 M 维空间中的两点，是 M 维向量。

假定 X_p，X_q 在二维空间的映射点为 Y_p，Y_q，经过迭代后，映射点调整为 Y_p'，Y_q'，显然 Y_p，Y_q，Y_p'，Y_q'均为二维向量，并有下列关系：

$$Y_p'=Y_p-C\ \nabla_{Y_p}(d_{pq}^{*}-d_{pq})^{2} \tag{3.38}$$

$$Y_q'=Y_q-C\ \nabla_{Y_q}(d_{pq}^{*}-d_{pq})^{2} \tag{3.39}$$

式(3.38)、式(3.39)中的 C 为正的订正因子，∇_{Y_p}和∇_{Y_q}分别为对 Y_p、Y_q 的梯度算子，由于样品间采用欧几里德距离，故有

$$\nabla_{Y_p}(d_{pq}^{*}-d_{pq})^{2}=-4(d_{pq}^{*}-d_{pq})(Y_p-Y_q) \tag{3.40}$$

$$\nabla_{Y_q}(d_{pq}^{*}-d_{pq})^{2}=4(d_{pq}^{*}-d_{pq})(Y_p-Y_q) \tag{3.41}$$

因此式(3.38)、式(3.39)可写为

$$Y_p'=Y_p+4C(d_{pq}^{*}-d_{pq})(Y_p-Y_q) \tag{3.42}$$

$$Y_q'=Y_q-4C(d_{pq}^{*}-d_{pq})(Y_p-Y_q) \tag{3.43}$$

将 Y_p'与 Y_q'间的欧几里得距离记为 d_{pq}'，计算时取 $d_{pq}^{*}=d_{pq}'$来决定 C。由于

$$|Y_p'-Y_q'|^{2}=d_{pq}'=d_{pq}^{*}$$

故

$$|(Y_p-Y_q)[1+8C(d_{pq}^{*}-d_{pq})]|^{2}=d_{pq}^{*}$$

$$[1+8C(d_{pq}^{*}-d_{pq})]^{2}=\frac{d_{pq}^{*}}{d_{pq}}$$

从而求解出 C。

$$C=-\frac{1}{8}\frac{1-\sqrt{\frac{d_{pq}^{*}}{d_{pq}}}}{d_{pq}^{*}-d_{pq}} \tag{3.44}$$

将式(3.44)代入式(3.42)、式(3.43)，得到

$$Y_p'=Y_p-\frac{1}{2}\left(1-\sqrt{\frac{d_{pq}^{*}}{d_{pq}}}\right)(Y_p-Y_q) \tag{3.45}$$

$$Y_q'=Y_q+\frac{1}{2}\left(1-\sqrt{\frac{d_{pq}^{*}}{d_{pq}}}\right)(Y_p-Y_q) \tag{3.46}$$

显然在调整 Y_p 和 Y_q 时，d_{pl}'和 d_{ql}' $(l\neq p, q)$跟着改变。但在实际计算过程中，不可能保证对于一切的 i，j 使得 $d_{ij}'=d_{ij}^{*}$都成立，解决办法是当 d_{ij}^{*}较小时使 d_{ij}'非常接近 d_{ij}^{*}，而当 d_{ij}^{*}较大时则不过分要求 d_{ij}'接近 d_{ij}^{*}，为此引入一个校正因子 $1/(1+d_{ij}^{*})$，使式(3.45)、

式(3.46)变为

$$Y_p' = Y_p - \frac{1}{2}\frac{(1-\sqrt{d_{pq}^*/d_{pq}})(Y_p - Y_q)}{1+d_{pq}^*} \tag{3.47}$$

$$Y_q' = Y_q + \frac{1}{2}\frac{(1-\sqrt{d_{pq}^*/d_{pq}})(Y_p - Y_q)}{1+d_{pq}^*} \tag{3.48}$$

有了校正因子，当 d_{ij}^* 较大时，订正因子的值被校正后变小。

具体的迭代过程是，先任意选定二维空间的坐标值：

$$Y_1 = \begin{pmatrix} y_{11} \\ y_{12} \end{pmatrix}$$

$$Y_2 = \begin{pmatrix} y_{21} \\ y_{22} \end{pmatrix}$$

……

$$Y_N = \begin{pmatrix} y_{N1} \\ y_{N2} \end{pmatrix}$$

然后按照下列顺序系统地进行迭代

(Y_1, Y_2)，(Y_1, Y_3)，…，(Y_1, Y_N)，…，(Y_2, Y_1)，(Y_2, Y_3)，…，(Y_2, Y_N)…，(Y_N, Y_1)，(Y_N, Y_2)，…，(Y_N, Y_{N-1})

如此一轮为一次迭代，直到下一次迭代与前一次迭代目标函数之差小于事先给定的精度为止，这样就得到了二维平面上的映像。但精度的规定如果太高，会导致迭代过程不能收敛。实际计算时，可根据具体的运算结果对精度进行调整。

2. 非线性映射的应用实例

在实际应用中，采用的分析数据是 2017 年 5 月兰州市空气质量与有关气象因子的观测数据，有日平均风速、日平均温度、日平均相对湿度、空气质量指数(AQI)，具体的数据见表 3.16。

表 3.16　2017 年 5 月份兰州市空气质量指数观测数据

样品号	风速/($m \cdot s^{-1}$)	平均温度	平均相对湿度	空气质量
1	3.140 735 802	14	43.4	83
2	4.992 637 7	19	41.9	75
3	3.140 735 802	10.5	75	97
4	3.726 142 415	11	54.3	387
5	5.670 705 478	16.5	25	321
6	2.924 343 118	10.5	34.4	325
7	4.526 233 915	17.5	25.5	94
8	3.610 848 573	13.5	43	83
9	3.555 496 366	18	17	88
10	3.812 460 197	18	35.2	132

续表

样品号	风速/(m·s^{-1})	平均温度	平均相对湿度	空气质量
11	2.743 488 975	16	37.3	75
12	3.140 735 802	17.5	22.8	87
13	3.059 861 001	21	20.2	105
14	4.343 983 425	16.5	41.3	71
15	3.899 434 403	15	56.2	60
16	3.007 496 725	13	55.3	71
17	3.059 861 001	18	34.3	73
18	3.163 971 767	18	60.7	65
19	3.471 178 516	19	38.8	75
20	3.899 434 403	22.5	39.3	79
21	4.253 798 737	24	32.3	81
22	5.474 044 757	19	53.3	122
23	2.666 210 475	13.5	64.5	66
24	4.063 782 228	19	37.9	73
25	3.214 866 15	16.5	45.3	73
26	3.610 848 573	17	38	79
27	3.304 580 155	18	33.6	82
28	3.261 570 774	21.5	22.4	81
29	3.812 460 197	24.5	33.2	88
30	3.163 971 767	22	28.6	135
31	2.513 879 297	24	28	128

3. 非线性映射计算结果分析

经过计算得到非线性映射的目标函数为 0.030 587 834 254 886 9，降维后 2017 年兰州市 5 月份空气质量指数的二维坐标值见表 3.17。

表 3.17　兰州市空气质量指数非线性映射分析计算结果

样品序号	第一坐标	第二坐标
1	3.582 672 134	17.626 637 03
2	3.794 784 867	18.048 881 4
3	3.796 223 376	17.289 755 6
4	4.239 661 736	17.607 977 43
5	4.056 693 955	18.401 850 16
6	4.140 426 854	17.722 144 03

续表

样品序号	第一坐标	第二坐标
7	3.710 221 381	18.083 997 22
8	3.731 387 343	17.691 968 35
9	3.199 297 65	17.862 647 76
10	3.617 907 848	17.896 640 57
11	3.387 238 721	17.644 512 59
12	3.293 836 879	17.767 459 59
13	3.247 904 252	17.902 018 66
14	3.742 506 968	17.861 739 63
15	3.765 272 122	17.665 931 17
16	3.676 280 408	17.520 424 25
17	3.404 312 329	17.764 399 03
18	3.538 909 074	17.550 325 47
19	3.507 830 964	17.829 664 72
20	3.549 143 578	18.063 945 06
21	3.518 748 254	18.197 183 79
22	3.961 853 167	18.115 495 32
23	3.613 258 916	17.395 426 02
24	3.618 490 458	17.930 893 17
25	3.537 728 517	17.689 798 46
26	3.560 778 288	17.796 539 92
27	3.451 483 21	17.802 316 24
28	3.297 667 145	17.914 420 06
29	3.438 286 661	18.155 347 23
30	3.321 940 331	17.998 997 14
31	3.149 828 698	18.034 532 64

4. 非线性映射源代码设计

非线性映射分析的程序设计有两个模块，模块一用于读出分析所用的原始数据，模块二计算非线性映射的结果。在程序中，二维映像的初值采用原始数据的第一坐标与第二坐标，如果要改变初选因子的值，可改变程序中 F=1：G=2 的值。假如初选因子选择第三、第四坐标值，可设 F=3：G=4。注意迭代的精度不能太高，否则会影响过程的收敛。

```
Public Exl As Object, Exl1 As Object, Exl11 As Object, X1(200) As Double, X2(200) As Double, I As Integer, J As Integer, M As Integer, N As Integer, L As Integer, K As Integer, F As Integer, G As Integer
Public L1 As Integer, D As Double, II As Integer, V As Double, W As Double, KE As Double, KE1 As Double, XB As Double, XR As Double, DIJ As Double, DSIJ As Double
Public X11(200, 200) As Double, X(200, 200) As Double, XS(200, 200) As Double, XU1(200) As Double, XU2(200) As Double, Y(200, 200) As Double, YU1(200) As Double, YU2
```

```
(200) As Double, DS(200, 200) As Double, DSS(200, 200) As Double, X111(200) As Double,
X112(200) As Double
    Private Sub Command1_Click()
    N = Val(InputBox("样品数", "样品的总数"))
    M = Val(InputBox("变量的个数", "样品的指标数"))
    L = Val(InputBox("1—进行数据的对数转换,0—不进行转换", "选择是否进行数据转换"))
    Open "H:\应用实例\fxxyshzh.txt" For Input As #1
    For I = 1 To N
    For J = 1 To M
    Input #1, X11(I, J)
    Next J
    Next I
    Close #1
    End Sub

    Private Sub Command2_Click()
    For I = 1 To N
    For J = 1 To M
    X(J, I) = X11(I, J)
    Next J
    Next I

    If L = 1 Then
    For I = 1 To M
    For J = 1 To N
    If X(I, J) <= 0 Then
    MsgBox "负数和 0 没有对数", 0, "程序停止运行"
    End
    End If
    X(I, J) = Log(X(I, J))
    Next J
    Next I
    End If
    F = 1:G = 2
    For I = 1 To N
    Y(1, I) = X(F, I)
    Y(2, I) = X(G, I)
    Next I
    For I = 1 To M
    XB = 0
    For J = 1 To N
    XB = XB + X(I, J)
    Next J
    XB = XB / N
```

```
For J = 1 To N
XS(I, J) = X(I, J) - XB
Next J
XR = 0
For J = 1 To N
XR = XR + XS(I, J) * XS(I, J)
Next J
XR = Sqr(XR)
For J = 1 To N
XS(I, J) = XS(I, J) / XR
Next J
Next I
For I = 1 To N
For J =I+ 1 To N
For K = 1 To M
XU1(K) = XS(K, I)
XU2(K) = XS(K, J)
Next K

Call fxxyshfx(XU1, XU2, M, DSIJ)
DSS(I, J) = DSIJ
DSS(J, I) = DSIJ
Next J
Next I
KE = 1
10 For I = 1 To N
For J = 1   To N
If I <> J Then
For K = 1 To 2
YU1(K) = Y(K, I)
YU2(K) = Y(K, J)
Next K

Call fxxyshfx(YU1, YU2, 2, DIJ)
For K = 1 To 2
Y(K, I) = Y(K, I) - (1 - Sqr(DSS(I, J) / DIJ)) * (Y(K, I) - Y(K, J)) / (1 + DSS(I,
J)) / 2
Y(K, J) = Y(K, J) + (1 - Sqr(DSS(I, J) / DIJ)) * (Y(K, I) - Y(K, J)) / (1 + DSS(I,
J)) / 2
Next K
End If
Next J
Next I
For I = 1 To N
```

```
For J = I + 1 To N
For K = 1 To 2
YU1(K) = Y(K, I)
YU2(K) = Y(K, J)
Next K
Call fxxyshfx(YU1, YU2, 2, DIJ)
DS(I, J) = DIJ
DS(J, I) = DIJ
Next J
Next  I
V = 0
W = 0
For I = 1 To N
For J = I + 1 To N
V = V + DSS(I, J)
W = W + (DSS(I, J) - DS(I, J)) * (DSS(I, J) - DS(I, J)) / DSS(I, J)
Next J
Next I
KE1 = W / V
If Abs((KE - KE1) / KE1) > 0.01 Then
KE = KE1
GoTo 10
End If
Print
Print "各样品点映射后的坐标"
Print "序号  "; "  第一坐标  "; "        "; "    第二坐标  "
For I = 1 To N
Print I;
For J = 1 To 2
Print Y(J, I);
Next J
Print
Next I
Print "目标函数="; KE1
End Sub

Public Sub fxxyshfx(X111() As Double, X112() As Double, L1 As Integer, D As Double)
D = 0
For II = 1 To L1
D = D + (X111(II) - X112(II)) * (X111(II) - X112(II))
Next II
D=Sqr(D)
End Sub
```

第 4 章 概率统计模型

4.1 一维时间序列分析

1. 一维时间序列分析方法与原理

在经济社会活动中，经常会遇到许多以时间为序列的数据，如经济总产值、居民收入、气象资料、空气质量数据。它们的共同规律是按照年、月、日的顺序构成。这些数据随时间变化的趋势、规律，可通过时间序列进行分析与研究。

对于随机过程 $X(t)$，当固定时刻 t 时，$X(t)$为一随机变量。对于一个指定的基本事件，$X(t)$是 t 的函数，称为随机过程 $X(t)$的一个“现实”，记为 $x(t)$。当我们在时刻 $t_1 < t_2 < \cdots < t_N$ 对 $x(t)$进行测量便得到下列以 t 为自变量的有序数集：

$$x(t_1),\ x(t_2),\ \cdots,\ x(t_N) \tag{4.1}$$

该数集被称为数字时间序列。对于等间距获取的一维时间序列，式(4.1)可以记为

$$x_1,\ x_2,\ \cdots,\ x_i,\ \cdots,\ x_N \tag{4.2}$$

滑动平均法是研究时间序列特征的最简单的方法，它可以将序列分解为趋势和剩余差两部分。滑动平均法可分为等权和不等权两类，其中等权平均法的模型为

$$x_i' = \frac{x_{i-L} + x_{i-(L-1)} + \cdots + x_{i-1} + x_i + x_{i+1} + \cdots + x_{i+L}}{2L+1} \tag{4.3}$$

式(4.3)中的 $2L+1$ 是滑动平均的“窗口”大小。不等权滑动平均依照窗口大小有以下 5 种计算公式：

(1) 五点公式：

$$x_i' = (17x_i + 12(x_{i-1} + x_{i+1}) - 3(x_{i-2} + x_{i+2}))/35 \tag{4.4}$$

(2) 十一点公式一：

$$\begin{aligned} x_i' = (&89x_i + 84(x_{i-1} + x_{i+1}) + 69(x_{i-2} + x_{i+2}) + \\ &44(x_{i-3} + x_{i+3}) + 9(x_{i-4} + x_{i+4}) - \\ &36(x_{i-5} + x_{i+5}))/429 \end{aligned} \tag{4.5}$$

(3) 十一点公式二：

$$\begin{aligned} x_i' = (&143x_i + 120(x_{i-1} + x_{i+1}) + 60(x_{i-2} + x_{i+2}) - \\ &10(x_{i-3} + x_{i+3}) - 45(x_{i-4} + x_{i+4}) + \\ &18(x_{i-5} + x_{i+5}))/429 \end{aligned} \tag{4.6}$$

(4) 十五点公式：

$$\begin{aligned} x_i' = (&74x_i + 67(x_{i-1} + x_{i+1}) + 46(x_{i-2} + x_{i+2}) + \\ &21(x_{i-3} + x_{i+3}) + 3(x_{i-4} + x_{i+4}) - \\ &5(x_{i-5} + x_{i+5}) - 6(x_{i-6} + x_{i+6}) - \\ &3(x_{i-7} + x_{i+7}))/320 \end{aligned} \tag{4.7}$$

(5) 二十一点公式：

$$x_i' = (60x_i + 57(x_{i-1} + x_{i+1}) + 47(x_{i-2} + x_{i+2}) + 33(x_{i-3} + x_{i+3}) + 18(x_{i-4} + x_{i+4}) + 6(x_{i-5} + x_{i+5}) - 2(x_{i-6} + x_{i+6}) - 5(x_{i-7} + x_{i+7}) - 5(x_{i-8} + x_{i+8}) - 3(x_{i-9} + x_{i+9}) - (x_{i-10} + x_{i+10}))/350 \tag{4.8}$$

一般用随机过程 $X(t)$ 的一些数字特征来描述其统计特性，当随机过程的统计特性不随时间原点的选取而改变时，称为平稳过程。如果平稳过程是各态遍历的，即可用平均值代替总体平均时，可用随机过程的一个现实求得总体的统计特性。根据式(4.2)得到 $X(t)$ 的均值、方差、协方差函数以及相关函数的无偏估计或渐近无偏估计，其计算公式分别为

$$\bar{x} = \frac{1}{N}\sum_{t=1}^{N} x_t \tag{4.9}$$

$$s^2 = \frac{1}{N}\sum_{t=1}^{N} (x_t - \bar{x})^2 \tag{4.10}$$

$$c_k = \frac{1}{N-k}\sum_{t=1}^{N-k} (x_t - \bar{x})(x_{t+k} - \bar{x}) \tag{4.11}$$

$$r_k = \frac{c_k}{s^2} \tag{4.12}$$

式(4.11)中的 $k=0, 1, 2, \cdots, m$，m 为最大相关延迟，且 $m \ll N$，当 $N>50$ 时，可取 $m<N/4$，通常取 $m=N/10$ 左右即可。$\bar{x}$、s^2、c_k、r_k 分别为均值、方差、协方差函数与相关函数的估计。显然 $s^2=C_0$。

相关函数从时域上给出了平稳过程 $X(t)$ 的基本统计特性，其傅里叶变换从频域上描述了平稳过程 $X(t)$ 的基本统计特性，称为随机过程的谱密度，对于数字时间序列(式(4.2))，可得到谱密度的估计值为

$$g_k = 2\left[r_0 + \sum_{j=1}^{m-1} r_j \cos\frac{kj\pi}{m} + (-1)^k r_m\right] \tag{4.13}$$

为了减少由于采样数据长度所限以及随机摄动形成的离差，通常用“谱窗”的平滑权函数来进行平滑处理，得到新的平滑谱估计，有如下递推公式：

$$g_s(0) = bg_0 + 2ag_1 \tag{4.14}$$

$$g_s(k) = ag_{k-1} + bg_k + ag_{k+1} \quad (k=1, 2, 3, \cdots, m-1) \tag{4.15}$$

$$g_s(m) = 2ag_{m-1} + bg_m \tag{4.16}$$

常用的谱窗有 Hamming 和 Hann 窗两种。对于前者，$a=0.23$，$b=0.54$；对于后者，则有 $a=0.25$，$b=0.50$。

2. 一维时间序列分析应用实例

本例分析的原始数据为 2017 年 7 月 1—31 日兰州市空气质量与相关气象因子的观测数据，有平均风速、空气质量(AQI)、平均温度和平均相对湿度 4 个变量，具体数据见表4.1。

表 4.1　2017 年 7 月兰州市空气质量与相关气象因子

序号	平均风速/(m/s)	AQI	平均温度/℃	平均相对湿度
1	1.502 563 722	72	24	38.2
2	1.409 638 623	77	25.5	32.3
3	1.866 659 909	71	26	40.5
4	1.004 788 244	77	20.5	51.9
5	1.168 345 518	56	24	68
6	0.942 647 753	65	19	62.7
7	1.053 480 405	76	23.5	40.5
8	0.942 647 753	91	26	32.9
9	1.637 073 862	62	24	31.8
10	1.600 265 347	70	25.5	25.5
11	1.347 908 229	87	27	24.2
12	1.245 364 282	95	28	24.9
13	1.535 830 069	87	29.5	35.6
14	1.110 417 792	72	29	35.1
15	1.600 265 347	75	28	41
16	1.347 908 229	78	27.5	34.6
17	1.798 785 599	69	28	40.4
18	1.535 830 069	73	28.5	42.8
19	0.902 860 95	81	29.5	39.1
20	2.075 240 477	129	31.5	32.5
21	1.731 754 502	75	29	37
22	1.731 754 502	78	29.5	38
23	2.004 897 149	60	28.5	41.8
24	1.935 367 084	53	25.5	48.8
25	1.569 338 358	58	25	67.1
26	1.053 480 405	63	26	52.9
27	1.265 229 336	41	19	74.1
28	1.168 345 518	42	17.5	82.8
29	1.472 283 624	59	22	66.9
30	1.053 480 405	74	24.5	55.3
31	1.227 246 934	76	25.5	42.3

3. 一维时间序列计算结果分析

本例利用 2017 年 7 月兰州市空气质量与相关气象因子的原始数据，包含 4 个事件序列，每个序列长度为 31 个点，平滑公式采用十一点不等权平滑公式(4.5)。经过计算，得出的计算结果见表 4.2～表 4.7。

表 4.2　十一点不等权平滑结果趋势值

样品号	平均风速	AQI	平均温度	平均相对湿度/(%)
6	1.127 129 47	69.734 265 73	22.639 860 14	51.283 216 78
7	1.150 750 309	69.249 417 25	22.747 086 25	47.668 531 47
8	1.151 142 45	72.629 370 63	23.442 890 44	39.849 650 35
9	1.327 419 073	77.510 489 51	24.974 358 97	32.295 804 2
10	1.344 690 447	82.212 121 21	26.040 792 54	26.261 771 56
11	1.421 178 725	82.207 459 21	27.501 165 5	26.248 717 95
12	1.399 731 766	82.046 620 05	27.771 561 77	28.715 617 72
13	1.420 549 459	80.969 696 97	28.080 419 58	30.946 853 15
14	1.436 915 468	81.482 517 48	28.486 013 99	33.959 207 46
15	1.373 712 697	74.076 923 08	28.317 016 32	37.781 585 08
16	1.432 156 652	76.034 965 03	28.518 648 02	39.375 990 68
17	1.485 880 183	78.468 531 47	28.629 370 63	39.597 902 1
18	1.502 439 839	84.004 662	28.867 132 87	38.276 456 88
19	1.598 123 973	87.860 139 86	29.494 172 49	37.447 319 35
20	1.664 972 543	86.412 587 41	29.777 389 28	35.748 018 65
21	1.797 540 413	82.524 475 52	29.449 883 45	38.799 533 8
22	1.786 743 21	79.766 899 77	29.335 664 34	39.680 652 68
23	1.804 372 208	72.090 909 09	28.421 911 42	43.004 895 1
24	1.725 452 261	60.515 151 52	26.321 678 32	50.986 013 99
25	1.538 880 706	49.074 592 07	24.101 398 6	59.676 689 98
26	1.439 530 602	50.456 876 46	22.664 335 66	66.240 093 24

表 4.3　十一点不等权平滑结果剩余差

样品号	平均风速	AQI	平均温度	平均相对湿度
6	−0.184 481 717	−4.734 265 734	−3.639 860 14	11.416 783 22
7	−0.097 269 904	6.750 582 751	0.752 913 753	−7.168 531 469
8	−0.208 494 696	18.370 629 37	2.557 109 557	−6.949 650 35
9	0.309 654 789	−15.510 489 51	−0.974 358 974	−0.495 804 196
10	0.255 574 901	−12.212 121 21	−0.540 792 541	−0.761 771 562

续表

样品号	平均风速	AQI	平均温度	平均相对湿度
11	−0.073 270 496	4.792 540 793	−0.501 165 501	−2.048 717 949
12	−0.154 367 484	12.953 379 95	0.228 438 228	−3.815 617 716
13	0.115 280 61	6.030 303 03	1.419 580 42	4.653 146 853
14	−0.326 497 676	−9.482 517 483	0.513 986 014	1.140 792 541
15	0.226 552 65	0.923 076 923	−0.317 016 317	3.218 414 918
16	−0.084 248 423	1.965 034 965	−1.018 648 019	−4.775 990 676
17	0.312 905 416	−9.468 531 469	−0.629 370 629	0.802 097 902
18	0.033 390 229	−11.004 662	−0.367 132 867	4.523 543 124
19	−0.695 263 023	−6.860 139 86	0.005 827 506	1.652 680 653
20	0.410 267 933	42.587 412 59	1.722 610 723	−3.248 018 648
21	−0.065 785 911	−7.524 475 524	−0.449 883 45	−1.799 533 8
22	−0.054 988 708	−1.766 899 767	0.164 335 664	−1.680 652 681
23	0.200 524 941	−12.090 909 09	0.078 088 578	−1.204 895 105
24	0.209 914 823	−7.515 151 515	−0.821 678 322	−2.186 013 986
25	0.030 457 652	8.925 407 925	0.898 601 399	7.423 310 023
26	−0.386 050 198	12.543 123 54	3.335 664 336	−13.340 093 24

表 4.4　协方差函数的计算结果

k	平均风速	AQI	平均温度	平均相对湿度
0	0.108 624 761	260.476 586 9	11.252 861 6	217.881 644 1
1	0.025 089 258	113.165 348 6	8.050 364 204	172.669 280 6
2	0.023 883 25	47.762 567 73	6.164 824 716	111.652 894 3
3	0.009 471 946	1.946 224 171	4.621 850 379	56.428 102 42
4	−0.003 691 441	28.271 322 31	2.013 267 43	13.774 484 91

表 4.5　相关函数计算结果

k	平均风速	AQI	平均温度	平均相对湿度
0	1	1	1	1
1	0.230 971 81	0.434 454 973	0.715 405 955	0.792 491 177
2	0.219 869 3	0.183 366 069	0.547 845 067	0.512 447 456
3	0.087 198 774	0.007 471 782	0.410 726 67	0.258 985 114
4	−0.033 983 418	0.108 536 904	0.178 911 596	0.063 220 034

表 4.6　谱密度计算结果

k	平均风速	AQI	平均温度	平均相对湿度
0	4.084 192 702	4.718 245 102	9.053 733 962	8.382 135 056
1	2.474 618 394	2.990 617 036	2.503 939 97	3.382 542 96
2	1.052 555 964	1.483 609 536	0.166 442 921	0.076 650 243
3	1.661 315 279	0.575 235 35	0.780 413 657	0.364 576 913
4	1.538 828 028	1.182 831 063	0.044 672 956	−0.029 675 272

表 4.7　Hamming 谱窗平滑后的谱密度

k	平均风速	AQI	平均温度	平均相对湿度
0	3.343 788 52	3.923 536 192	6.040 828 726	6.082 322 692
1	2.517 746 126	3.041 359 766	3.472 768 267	3.772 093 817
2	1.519 644 965	1.621 295 198	0.845 280 512	0.903 228 702
3	1.493 128 569	0.923 908 427	0.469 980 027	0.207 675 776
4	1.595 172 163	0.903 337 035	0.383 113 679	0.151 680 733

4. 一维时间序列分析源代码设计

本程序适用于一维时间序列分析，但允许同时输入有着相同样品数的时间序列，每个序列被看作是各自独立的序列依次处理。程序中最大延迟时间为 N/10，如果用户需要改动这个参数，可在第一个模块中修改相应的语句。本程序计算 Hamming 谱窗平滑后的谱密度，计算时程序中设置 A=0.23，B=0.54。若需用 Hamming 谱窗平滑，在程序相应处输入 A=0.25，B=0.5。本例用十一点不等权滑动对一维时间序列进行平滑，即在程序执行时选择 2。在标准模块中定义的变量如下：

```
Public N As Integer, M As Integer, I As Integer, J As Integer, P  As Integer, W As Integer, D As Integer, L1 As Integer, A As Double, B As Double
Public Z(200, 100) As Double, TE(200, 100) As Double, RE(200, 100) As Double, MEAN(100) As Double, W1(100, 100) As Double, L(100, 100) As Double, LI(100, 100) As Double, WR(100, 100) As Double
```

一维时间序列分析的主程序有两个独立模块：

```
Private Sub Command1_Click()
N = Val(InputBox("样品数", "样品的总数"))
M = Val(InputBox("变量的个数", "样品的指标数"))
L1 = Val(InputBox("数据平滑的不等权模式 1－5, 1－五点公式, 2－十一点公式一, 3－十一点公式二, 4－十五点公式, 5－二十一点公式, 0－等权公式", "数据进行等权或不等权平滑"))
If Int(N / 10) * 10 = N Then
D = N / 10
Else
D = Int(N / 10) + 1
```

```
End If
Open "e:\应用实例\ywshjxlfx1.txt" For Input As #1
For I = 1 To N
For J = 1 To M
Input #1, Z(I, J)
Next J
Next I
Close #1
End Sub

Private Sub Command2_Click()
If L1 = 1 Then
W = 2
ElseIf L1 = 2 Then
W = 5
ElseIf L1 = 3 Then
W = 5
ElseIf L1 = 4 Then
W = 7
ElseIf L1 = 5 Then
W = 10
ElseIf L1 = 0 Then
W=0
End If

For I = 1 To N
For J = W + 1 To N - W
If L1 = 1 Then
TE(J, I) = (17 * Z(J, I) + 12 * (Z(J + 1, I) + Z(J - 1, I)) - 3 * (Z(J + 2, I) +
Z(J - 2, I))) / 35
ElseIf L1 = 2 Then
TE(J, I) = (89 * Z(J, I) + 84 * (Z(J + 1, I) + Z(J - 1, I)) + 69 * (Z(J + 2, I) +
Z(J - 2, I)) + 44 * (Z(J + 3, I) + Z(J - 3, I)) + 9 * (Z(J + 4, I) + Z(J - 4, I)) - 36 *
(Z(J + 5, I) + Z(J - 5, I))) / 429
ElseIf L1 = 3 Then
TE(J, I) = (143 * Z(J, I) + 120 * (Z(J + 1, I) + Z(J - 1, I)) + 60 * (Z(J + 2, I) +
Z(J - 2, I)) - 10 * (Z(J + 3, I) + Z(J - 3, I)) - 45 * (Z(J + 4, I) + Z(J - 4, I)) +
18 * (Z(J + 5, I) + Z(J - 5, I))) / 429
ElseIf L1 = 4 Then
TE(J, I) = (74 * Z(J, I) + 67 * (Z(J + 1, I) + Z(J - 1, I)) + 46 * (Z(J + 2, I) + Z
(J - 2, I)) + 21 * (Z(J + 3, I) + Z(J - 3, I)) + 3 * (Z(J + 4, I) + Z(J - 4, I)) - 5 *
(Z(J + 5, I) + Z(J - 5, I)) - 6 * (Z(J + 6, I) + Z(J - 6, I)) - 3 * (Z(J + 7, I) +
Z(J - 7, I))) / 320
```

```
ElseIf L1 = 5 Then
TE(J, I) = (60 * Z(J, I) + 57 * (Z(J + 1, I) + Z(J - 1, I)) + 47 * (Z(J + 2, I) + Z(J - 2, I)) + 33 * (Z(J + 3, I) + Z(J - 3, I)) + 18 * (Z(J + 4, I) + Z(J - 4, I)) + 6 * (Z(J + 5, I) + Z(J - 5, I)) - 2 * (Z(J + 6, I) + Z(J - 6, I)) - 5 * (Z(J + 7, I) + Z(J - 7, I)) - 5 * (Z(J + 8, I) + Z(J - 8, I)) - 3 * (Z(J + 9, I) + Z(J - 9, I)) - Z(J + 10, I) - Z(J - 10, I)) / 350
ElseIf L1 = 0 Then
A = 0
For P = J - W To J + W
A = A + Z(P, I)
Next P
TE(J, I) = A / (2 * W + 1)
End If

RE(J, I) = Z(J, I) - TE(J, I)
Next J
Next I
Print "趋势值"

For J = W + 1 To N - W
Print Tab(10);
Print J;
Print Tab(16);
For I = 1 To M
Print TE(J, I); "   ";
Next I
Print
Next J

Print "剩余差"
For J = W + 1 To N - W
Print Tab(10);
Print J;
Print Tab(16);
For I = 1 To M
Print RE(J, I); "   ";
Next I
Print
Next J
Print
For I = 1 To M
A = 0
For J = 1 To N
```

```
A = A + Z(J, I)
Next J
MEAN(I) = A / N
Next I
For P = 0 To D
For J = 1 To M
A = 0
For I = 1 To N - P
A = A + (Z(I, J) - MEAN(J)) * (Z(I + P, J) - MEAN(J))
Next I
W1(P, J) = A / (N - P)
WR(P, J) = W1(P, J) / W1(0, J)
Next J
Next P
Print  "平均值"
For I = 1 To M
Print Tab(16);
Print MEAN(I); "   ";
Next I
Print
Print  "协方差函数计算结果"
For J = 0 To D
Print Tab(10);
Print J;
Print Tab(16);
For I = 1 To M
Print W1(J, I); "   ";
Next I
Print
Next J
Print
Print  "相关函数计算结果"
For J = 0 To D
Print Tab(10);
Print J;
Print Tab(16);
For I = 1 To M
Print WR(J, I);
Next I
Print
Next J
Print
```

```
For P = 0 To D
For J = 1 To M
A = 0
For I = 1 To D - 1
A = A + WR(I, J) * Cos(3.14159265 * P * I / D)
Next I
L(P, J) = (2 * A + WR(0, J) + WR(D, J) * (-1) ^ P) * 2
Next  J
Next P
Print  "谱密度计算结果"
For J = 0 To D
Print  Tab(10);
Print J;
Print Tab(16);
For  I = 1 To M
Print L(J, I);
Next I
Print
Next J
A = 0.23
B = 0.54
For J = 1 To M
LI(0, J) = 2 * A * L(1, J) + B * L(0, J)
LI(D, J) = 2 * A * L(D - 1, J) + B * L(D, J)
Next J
For J = 1 To M
For P = 1 To D - 1
LI(P, J) = A * (L(P - 1, J) + L(P + 1, J)) + B * L(P, J)
Next P
Next J
Print  "Hamming 谱窗平滑后的谱密度"

For P = 0 To D
Print Tab(10);
Print P;
Print Tab(16);
For J = 1 To M
Print LI(P, J);
Next J
Print
Next P
End Sub
```

4.2 马尔科夫链分析

1. 马尔科夫链分析的方法与原理

马尔科夫过程分析用来解决与动态系统有关的问题，如商品销路问题、设备更新问题、人口增长问题、工厂布局问题，特别是用于市场需求的预测。在现实生活中所预测问题的未来，可能与历史状态关系不大。例如毛巾的平均使用期为两年，那么预测两年以后毛巾的需求量与前两年卖出的毛巾没有多大关系。又如研究植物群落演变过程，该过程是一个动态的随机性系统，用马尔科夫过程的理论和方法来研究，能得到植物群落的演变趋势。空气质量的变化也是一个动态的随机性系统，马尔科夫过程的理论方法同样可用来研究空气质量指数的动态变化趋势。

马尔科夫过程是一种无后效的随机过程。若随机过程 $\xi(t)$在 t 时刻取 $x(t)$，而在时刻 $\tau(\tau>t)$ 取值 $x(\tau)$，$x(\tau)$只与 $x(t)$有关，而与 t 以前的取值无关，则称该过程为马尔科夫过程。

马尔科夫过程主要解决两个问题，一是假定系统现在处于 γ_i 状态，从现在起走 n 步以后，系统的状态转移到 γ_j 状态的概率有多大，从而研究系统的动态特性。二是如果系统原来处于 γ_i 状态，当 $t\to\infty$(或 $n\to\infty$)时，是否存在一个与 γ_i 无关的极限概率 p_j(p_j 表示系统处于状态 γ_j 的概率)，这是研究系统的稳定性问题。

最简单的一种马尔科夫过程是状态和时间均为离散的，称之为马尔科夫链。如果某随机过程的第 $n+1$ 步的状态 $x(n+1)$的条件概率与 $x(0)$，$x(1)$，$x(2)$，…，$x(n-1)$等状态无关，仅与 $x(n)$状态有关。设

$$x(n)=\gamma_i,\ x(n+1)=\gamma_j$$

在已知 $x(0)$，$x(1)$，$x(2)$，…，$x(n)$的条件下，出现 $x(n+1)=\gamma_j$ 的条件概率可表示为

$$p_{ij}=p(x(n+1)=\gamma_j\,|\,x(n)=\gamma_i) \tag{4.17}$$

上式中的 p_{ij}表示从状态 $x(n)=\gamma_i$ 走一步后转移到状态 $x(n+1)=\gamma_j$ 的概率，称为转移概率。如果从第 n 步的状态 $x(n)=\gamma_i$，走一步到状态 $x(n+1)=\gamma_j$ 的概率 p_{ij}与 n 无关，这种情况称为齐次马尔科夫链。实际工作中一般只考虑这种情况。

马尔科夫链转移概率矩阵的一般形式为

$$\boldsymbol{P}=\begin{bmatrix} p_{11} & p_{12} & \cdots & p_{1m} \\ p_{21} & p_{22} & \cdots & p_{2m} \\ \vdots & \vdots & & \vdots \\ p_{m1} & p_{m2} & \cdots & p_{mm} \end{bmatrix} \tag{4.18}$$

在式(4.18)的矩阵中，有如下的性质：

$$0\leqslant p_{ij}\leqslant 1$$

$$\sum_{j=1}^{m} p_{ij}=1$$

即矩阵的每一元素都是 0～1 之间的正数，且矩阵行之和等于 1。实际工作中一个转移概率矩阵是由一个转移频数矩阵估计的。假设一转移频数矩阵 $\boldsymbol{F}$，其矩阵组成为

$$\boldsymbol{F}=\begin{bmatrix} f_{11} & f_{12} & \cdots & f_{1m} \\ f_{21} & f_{22} & \cdots & f_{2m} \\ \vdots & \vdots & & \vdots \\ f_{m1} & f_{m2} & \cdots & f_{mm} \end{bmatrix} \tag{4.19}$$

下面以一个简单的例子来说明转移频数矩阵的每个元素构成。例如对于一个具有 3 个状态的时间序列，其构成为

1、2、2、3、1、2、2、1、2

此时状态数 $m=3$，序列长度 $n=9$。该时间序列为每一个状态转移到其他状态的次数，可经统计得到。上面时间序列的转移频数矩阵为

$$\boldsymbol{F}=\begin{bmatrix} 0 & 3 & 0 \\ 1 & 2 & 1 \\ 1 & 0 & 0 \end{bmatrix}$$

转移频数矩阵的第一行数据表明，状态 1 由 1 转移到 1 的次数为 0，由 1 转移到 2 的次数为 3，由 1 转移到 3 的次数为 0，其余依次类推。转移概率矩阵的元素由下式计算而得：

$$p_{ij}=\frac{f_{ij}}{f_i} \tag{4.20}$$

其中，f_i 为转移频数矩阵第 i 行之和。依据式(4.20)，得到相应的转移概率矩阵为

$$\boldsymbol{P}=\begin{bmatrix} 0 & 1 & 0 \\ 0.25 & 0.5 & 0.25 \\ 1 & 0 & 0 \end{bmatrix}$$

对于依据转移频数矩阵生成的转移概率矩阵，是否具有马尔科夫链性质，必须进行检验，检验统计量的表达式为

$$\hat{\chi}^2=2\sum_{i=1}^{m}\sum_{j=1}^{m} f_{ij}\left|\ln \frac{\hat{p}_{ij}}{\hat{p}_j}\right| \tag{4.21}$$

上式中 $\hat{p}_{ij}$ 表示 p_{ij} 的估计值，$\hat{p}_j$ 表示转移概率矩阵第 j 列之和。若状态的排列是随机的，这个统计量服从自由度 $\nu=(m-1)^2$ 的 χ^2 分布。选定置信度 α，查表得到 $\chi^2_{\nu,\alpha}$，如果计算所得的 $\hat{\chi}^2$ 大于 $\chi^2_{\nu,\alpha}$，则认为该序列符合马尔科夫链模式。

在考虑第 r 步的转移时，根据 Uhapman-Kolmogorov 方程，即查普曼-科尔莫哥洛夫方程，只要知道一步的转移概率矩阵，取其 r 次幂可得到第 r 步的转移概率矩阵。如果用 $p_{ij}(r)$ 表示此时的转移概率，在符合一定的数学条件下，极限

$$\lim_{r\to\infty} p_{ij}(r)=p_t \tag{4.22}$$

存在，此时的 p_t 称为各态遍历概率，在计算一转移概率矩阵的 r 次幂时，随着 r 的不断变大，其各行的值变得几乎相等，此时可称该行的值为平衡向量，也可叫固定向量，或稳定向量。

在不计状态转移为其自身的情况下，一般采用嵌入式马尔科夫链。该嵌入链的转移概

率矩阵由一转移概率矩阵计算而得：

$$p_{ij}^{*}=\frac{p_{ij}}{1-p_{ii}} \tag{4.23}$$

而 $p_{ii}^{*}=0$，当检验嵌入链的马尔科夫性质时，如仍用 $\hat{\chi}^2$ 值，其自由度应该减少 m。

在实际工作中，还可以用差值矩阵来反映转移矩阵的特殊倾向。假设嵌入链的转移频数矩阵为 $\boldsymbol{Q}=(q_{ij})$，若该矩阵的行之和为 q_i，列之和为 q_j，总转移次数为 T，因此期望矩阵的 $\boldsymbol{E}(e_{ij})$ 元素为

$$e_{ij}=\frac{q_i \times q_j}{(T-1)-q_i} \tag{4.24}$$

则差值矩阵 $\boldsymbol{D}=\boldsymbol{Q}-\boldsymbol{E}$，其元素的构成为

$$d_{ij}=q_{ij}-e_{ij} \tag{4.25}$$

这里的基本思想是，由状态 i 向状态 j 转移过程中，若无特殊性倾向，其频数应该为 e_{ij}，而实际的频数为 q_{ij}，两者之差则表明转移的优先倾向。

离散状态时间序列的转移概率用于说明状态与状态的转移优先情况。在实际工作中，计算转移次数一般由过去到现在，即由左向右来逐个计算转移次数，这种转移概率称为向上转移概率或向左转移概率，其相应的左代换矩阵 $\boldsymbol{L}$ 的元素可由下式求得：

$$l_{ij}=\frac{\sum_{k=1}^{m} p_{ik}p_{jk}}{\left(\sum_{k=1}^{m} p_{ik}^{2} \sum_{k=1}^{m} p_{jk}^{2}\right)^{1/2}} \tag{4.26}$$

其中 $0 \leqslant l_{ij} \leqslant 1$，$l_{ij}$ 越接近 1，说明状态 i 与状态 j 在序列中的地位之相似度越高，而 l_{ij} 越接近 0，则表明这两个状态的地位很不一样。

如果一个序列从右到左逐个计算转移次数，则称此转移概率为向右转移概率或向下转移概率。其代换矩阵 $\boldsymbol{R}$ 的代换系数 r_{ij} 仍可按照式(4.26)计算，只是表达式中 p 的值应为向右转移概率。如果要从左右两个方向说明某些状态地位的相似性，可通过互代换系数来实现。如果定义互代换系数矩阵为 $\boldsymbol{C}=(c_{ij})$，则左、右代换的系数为

$$c_{ij}=r_{ij}l_{ij} \tag{4.27}$$

很明显，c_{ij} 的值越接近 1，表明状态 i 与状态 j 在序列中的相似程度越高。

为了进一步分析转移概率矩阵所包含的信息，可计算转移概率矩阵的特征值与特征向量。在实际计算中，转移概率矩阵的特征值和特征向量有可能出现复数，如此得到的特征向量是共轭的复特征向量。

在计算一般实矩阵的特征值和特征向量时，首先要把该矩阵化为 Hessenberg 矩阵，一般简写为上 $\boldsymbol{H}$－阵，即 $\boldsymbol{H}$ 的元素当 $i>j+1$ 时 $h_{ij}=0$。采用该方法可节省较多的计算量。化一般实矩阵为上 $\boldsymbol{H}$－矩阵，经常采用初等变换矩阵或正交矩阵，即 Householder 变换来实现，一般均可达到较稳定的效果。本程序采用 Householder 变换把一实矩阵化为上 $\boldsymbol{H}$－阵。在此基础上，利用带原点位移的双步 QR 算法，进行有限步的迭代，最终求出上 $\boldsymbol{H}$－阵的全部特征值和特征向量，再用回代的方法求出原实矩阵的特征向量。

在利用本程序计算特征值和特征向量的过程中，当矩阵的特征值均为实数时，输出的特征向量与特征值相对应；而当矩阵的第 i 与 $i+1$ 个特征值为一对复共轭特征值时，则 i

行与第 $i+1$ 行给出与特征值相应的复共轭特征向量的实部和虚部。

2. 马尔科夫链分析的应用实例

我们知道，某一城市的空气质量指数(AQI)就是一典型的时间序列，而空气质量指数的划分等级，根据我国发布的《环境空气质量指数 AQI 技术规定》(试行)，AQI 共分为 6 级：空气污染指数划分为 0～50、51～100、101～150、151～200、201～300 和大于 300 共 6 挡，对应于空气质量指数的 6 个级别，指数越大，级别越高，说明污染越严重，对人体健康的影响也越大。在研究兰州市空气质量指数的动态变化过程时，我们依据上面的划分等级，将 AQI 的实际观测值转化为 1～6 个状态，即 0～50 状态数为 1，51～100 状态数为 2，101～150 状态数为 3，151～200 状态数为 4，201～300 状态数为 5，300 以上状态数为 6。本程序分析所用的时间序列，从 2012 年 10 月 1 日起，至 2017 年 12 月 31 日止，共 1908 个数据。由于原始数据太多，故数据未予列出。

3. 马尔科夫链计算结果分析

根据以上的算法，本例首先建立兰州市空气质量指数状态的频数矩阵，即建立由过去到现在各状态的转移概率，这种转移概率称为向上转移概率或向左转移概率。其相应的矩阵 $\boldsymbol{P}$ 的元素可由式(4.20)求得，在此基础上计算向上转移概率矩阵的平衡向量，或称为稳定转移概率。然后将向上转移概率矩阵化为 Hessenberg 矩阵，再通过带原点位移的双步 QR 算法，计算向上转移概率矩阵的全部特征值和特征向量。至于嵌入链的转移概率矩阵的计算，首先利用式(4.23)，计算出嵌入链的转移概率矩阵，重复以上计算过程，再计算出嵌入链矩阵的每一结果。

计算马尔科夫链从右到左(从现在到过去)的转移次数，同样首先计算得到一频数矩阵，在此基础上利用式(4.20)计算得到一转移概率矩阵，其矩阵称为向右转移概率矩阵或向下转移概率矩阵。最后利用式(4.27)计算得到一互代换矩阵。全部的计算结果见表 4.8～表4.24。

表 4.8　向上转移概率矩阵

状态	1	2	3	4	5	6
1	0.346 153 846	0.641 025 641	0.012 820 513	0	0	0
2	0.038 284 839	0.821 592 649	0.128 637 06	0.007 656 968	0.002 297 09	0.001 531 394
3	0	0.414 043 584	0.493 946 731	0.079 903 148	0.007 263 923	0.004 842 615
4	0.012 987 013	0.129 870 13	0.454 545 455	0.311 688 312	0.064 935 065	0.025 974 026
5	0	0.076 923 077	0.230 769 231	0.461 538 462	0	0.230 769 231
6	0	0.05	0.05	0.2	0.15	0.55

通过计算得到 $\chi^2=765.888\,077\,096\,372$，自由度 $\nu=25$，置信度 $\alpha=0.001$，而 $\chi^2_{25,\,0.001}=52.618$。由此可见，计算所得的 $\hat{\chi}^2$ 大于 $\chi^2_{\nu,\,\alpha}$，则认为该序列符合马尔科夫性质。

表 4.9 向上转移平衡向量

状态	1	2	3	4	5	6
	0.040 867 96	0.684 110 58	0.216 016 35	0.040 791 71	0.007 409 50	0.010 803 91

表 4.10 向上转移期望矩阵

状态	1	2	3	4	5	6
1	5.040 697 67	23.029 069 77	20.558 139 53	5.238 372 09	1.383 720 93	0.889 534 88
2	35.577 844 31	162.541 916 17	145.101 796 41	36.973 053 89	9.766 467 07	6.278 443 11
3	29.773 743 02	136.025 139 66	121.430 167 60	30.941 340 78	8.173 184 36	5.254 189 94
4	5.258 754 86	24.025 291 83	21.447 470 82	5.464 980 54	1.443 579 77	0.928 015 56
5	1.196 750 90	5.467 509 03	4.880 866 43	1.243 682 31	0.328 519 86	0.211 191 34
6	0.822 580 65	3.758 064 52	3.354 838 71	0.854 838 71	0.225 806 45	0.145 161 29

表 4.11 向上转移差值矩阵

状态	1	2	3	4	5	6
1	−5.040 697 674	26.970 930 23	−19.558 139 53	−5.238 372 093	−1.383 720 93	−0.889 534 884
2	14.422 155 69	−162.541 916 2	22.898 203 59	−26.973 053 89	−6.766 467 066	−4.278 443 114
3	−29.773 743 02	34.974 860 34	−121.430 167 6	2.058 659 218	−5.173 184 358	−3.254 189 944
4	−4.258 754 864	−14.025 291 83	13.552 529 18	−5.464 980 545	3.556 420 233	1.071 984 436
5	−1.196 750 903	−4.467 509 025	−1.880 866 426	4.756 317 69	−0.328 519 856	2.788 808 664
6	−0.822 580 645	−2.758 064 516	−2.354 838 71	3.145 161 29	2.774 193 548	−0.145 161 29

表 4.12 向上转移矩阵特征值的实部、虚部、模、相角

状态	实部	虚部	模	相角
1	1	0	1	0
2	0.664 818 435	0	0.664 818 435	0
3	0.299 421 008	0	0.299 421 008	0
4	0.185 732 409	0	0.185 732 409	0
5	−0.110 580 558	0	0.110 580 558	0
6	0.483 990 244	0	0.483 990 244	0

表 4.13 向上转移矩阵特征值向量

状态	1	2	3	4	5	6
1	0.408 248 29	0.408 248 29	0.408 248 29	0.408 248 29	0.408 248 29	0.408 248 29
2	−0.088 518 46	−0.044 920 16	0.045 807 82	0.216 805 40	0.535 088 75	1.077 081 19
3	−1.101 079 05	0.079 612 90	0.032 966 07	−0.499 366 01	−0.296 989 07	0.553 887 67

续表

状态	1	2	3	4	5	6
4	−0.186 539 87	0.051 510 68	−0.241 384 61	0.644 118 03	0.605 307 87	−0.576 845 42
5	−0.004 217 03	0.003 295 13	−0.014 523 51	0.192 320 25	−1.244 846 74	0.225 293 31
6	0.615 553 30	0.143 188 65	−0.541 471 96	−0.839 791 60	0.153 971 49	2.496 248 64

表 4.14　嵌入链转移概率矩阵

状态	1	2	3	4	5	6
1	0	0.980 392 157	0.019 607 843	0	0	0
2	0.214 592 275	0	0.721 030 043	0.042 918 455	0.012 875 536	0.008 583 691
3	0	0.818 181 818	0	0.157 894 737	0.014 354 067	0.009 569 378
4	0.018 867 925	0.188 679 245	0.660 377 358	0	0.094 339 623	0.037 735 849
5	0	0.076 923 077	0.230 769 231	0.461 538 462	0	0.230 769 231
6	0	0.111 111 111	0.111 111 111	0.444 444 444	0.333 333 333	0

表 4.15　嵌入链的平衡向量

状态	1	2	3	4	5	6
	0.089 543 622	0.408 902 866	0.366 337 28	0.094 086 864	0.024 832 616	0.016 296 752

表 4.16　嵌入链矩阵特征值的实部、虚部、模、相角

状态	实部	虚部	模	相角
1	1	0	1	0
2	−0.914 787 051	0	0.914 787 051	0
3	0.377 593 423	0	0.377 593 423	0
4	0.042 760 982	0	0.042 760 982	0
5	−0.211 285 283	0	0.211 285 283	0
6	−0.294 282 07	0	0.294 282 07	0

表 4.17　嵌入链矩阵的特征向量

状态	1	2	3	4	5	6
1	−0.408 248 29	−0.408 248 29	−0.408 248 29	−0.408 248 29	−0.408 248 29	−0.408 248 29
2	−0.576 093 949	0.548 339 841	−0.539 824 473	0.296 699 617	−0.025 327 289	−0.135 955 377
3	0.183 914 427	0.070 473 527	0.018 012 437	−0.200 342 763	−0.755 130 433	−0.876 391 321
4	−0.758 988 8	−0.037 641 811	0.226 880 12	0.391 558 464	−0.730 477 001	−1.132 805 403
5	−0.442 421 659	0.092 712 429	0.131 715 012	−0.743 432 874	0.183 608 339	1.156 140 387
6	0.118 940 251	−0.035 116 487	−0.029 276 801	0.279 401 738	−0.843 116 196	0.557 339 398

要计算互代换矩阵，必须首先计算出向上转移的概率矩阵和向下转移的概率矩阵。由于向上转移的概率矩阵已经求出，只要求出向下转移的概率矩阵(见表 4.18)，就可利用式(4.26)求出向上、向下的互代换矩阵。

表 4.18　向下代换转移概率矩阵

状态	1	2	3	4	5	6
1	0.346 153 846	0.641 025 641	0	0.012 820 513	0	0
2	0.038 284 839	0.821 592 649	0.130 934 15	0.007 656 968	0.000 765 697	0.000 765 697
3	0.002 427 184	0.407 766 99	0.495 145 631	0.084 951 456	0.007 281 553	0.002 427 184
4	0	0.129 870 13	0.428 571 429	0.311 688 312	0.077 922 078	0.051 948 052
5	0	0.214 285 714	0.214 285 714	0.357 142 857	0	0.214 285 714
6	0	0.1	0.1	0.1	0.15	0.55

通过计算得到 $\chi^2=650.171\ 546\ 378\ 41$，自由度 $\nu=25$，置信度 $\alpha=0.001$，而 $\chi^2_{25,\ 0.001}=52.618$。由此可见，计算所得的 $\hat{\chi}^2$ 大于 $\chi^2_{\nu,\alpha}$，则随机变量的零假设被拒绝，即认为从状态现在开始向过去转移(由后向前转移)，序列同样符合马尔科夫性质。

在代换过程中，当状态数大于 3 时，重复进行代换；当互代换矩阵的最大元素小于 0.5 时，代换停止。下面只给出第一次和最后一次计算互代换矩阵的结果，见表 4.19～表 4.21。

表 4.19　向上代换矩阵

状态	1	2	3	4	5	6
1	1	0.892 784 715	0.574 199 383	0.225 031 812	0.125 745 735	0.073 762 913
2	0.892 784 715	1	0.747 773 191	0.354 114 998	0.203 759 087	0.099 189 053
3	0.574 199 383	0.747 773 191	1	0.819 574 402	0.496 127 44	0.164 857 556
4	0.225 031 812	0.354 114 998	0.819 574 402	1	0.813 155 104	0.332 964 558
5	0.125 745 735	0.203 759 087	0.496 127 44	0.813 155 104	1	0.676 110 425
6	0.073 762 913	0.099 189 053	0.164 857 556	0.332 964 558	0.676 110 425	1

表 4.20　向下代换矩阵

状态	1	2	3	4	5	6
1	1	0.889 849 257	0.558 483 402	0.216 298 029	0.378 206 306	0.150 610 322
2	0.889 849 257	1	0.743 304 267	0.358 515 552	0.482 547 723	0.194 570 488
3	0.558 483 402	0.743 304 267	1	0.816 071 364	0.673 086 864	0.262 518 787
4	0.216 298 029	0.358 515 552	0.816 071 364	1	0.849 104 948	0.385 864 154
5	0.378 206 306	0.482 547 723	0.673 086 864	0.849 104 948	1	0.640 054 338
6	0.150 610 322	0.194 570 488	0.262 518 787	0.385 864 154	0.640 054 338	1

表 4.21　互代换矩阵

状态	1	2	3	4	5	6
1	1	0.794 443 815	0.320 680 825	0.048 673 937	0.047 557 83	0.011 109 456
2	0.794 443 815	1	0.555 823 004	0.126 955 734	0.098 323 483	0.019 299 263
3	0.320 680 825	0.555 823 004	1	0.668 831 2	0.333 936 863	0.043 278 206
4	0.048 673 937	0.126 955 734	0.668 831 2	1	0.690 454 023	0.128 479 087
5	0.047 557 83	0.098 323 483	0.333 936 863	0.690 454 023	1	0.432 747 411
6	0.011 109 456	0.019 299 263	0.043 278 206	0.128 479 087	0.432 747 411	1

由式(4.27)计算得到互代换矩阵。

最后一次的计算结果，即有 3 个状态时的代换矩阵见表 4.22～表 4.24。

表 4.22　向上代换矩阵

状态	1	2	3
1	1	0.093 242 177	0.737 680 266
2	0.093 242 177	1	0.184 221 892
3	0.737 680 266	0.184 221 892	1

表 4.23　向下代换矩阵

状态	1	2	3
1	1	0.186 999 921	0.734 079 341
2	0.186 999 921	1	0.285 145 417
3	0.734 079 341	0.285 145 417	1

表 4.24　互代换矩阵

状态	1	2	3
1	1	0.017 436 28	0.541 515 843
2	0.017 436 28	1	0.052 530 028
3	0.541 515 843	0.052 530 028	1

在实际工作中，有时候手中的资料不一定是时间序列，而是一转移概率矩阵，这时整个计算的过程将会极大减少，可直接从转移概率矩阵出发，进而求得平衡向量、转移概率矩阵的特征值和特征向量，以及嵌入链矩阵的特征值和特征向量。表 4.25 就是一转移概率矩阵，经计算所得结果见表 4.26～表 4.32。

表 4.25　直接消耗系数矩阵作为向上转移概率矩阵

状态	1	2	3	4
1	0.297	0.217	0.24	0.246
2	0.625	0.148	0.096	0.131
3	0.455	0.187	0.358	0
4	0.668	0.287	0.045	0

表 4.26　由直接消耗系数矩阵计算平衡向量

0.448 427 775	0.206 142 931	0.208 096 324	0.137 332 97

表 4.27　直接消耗系数矩阵计算所得的特征值的实部、虚部、模、相角

1	1	0	1	0
2	−0.309 837 094	0	0.309 837 094	0
3	0.237 133 613	0	0.237 133 613	0
4	−0.124 296 519	0	0.124 296 519	0

表 4.28　直接消耗系数矩阵的特征值所对应的特征向量

1	0.5	0.5	0.5	0.5
2	0.583 238 821	−0.537 285 126	−0.246 918 518	−0.723 900 955
3	0.077 387 256	0.354 799 939	−0.840 256 688	0.487 955 785
4	0.422 803 427	−1.076 958 756	0.018 693 33	0.207 674 954

表 4.29　嵌入链计算所得的转移概率矩阵

1	0	0.308 677 098	0.341 394 026	0.349 928 876
2	0.733 568 075	0	0.112 676 056	0.153 755 869
3	0.708 722 741	0.291 277 259	0	0
4	0.668	0.287	0.045	0

表 4.30　由嵌入链转移矩阵计算的平衡向量

0.413 862 905	0.230 550 216	0.175 348 572	0.180 238 307

表 4.31　由嵌入链转移矩阵计算的特征值的实部、虚部、模、相角

1	1	0	1	0
2	−0.689 724 407	0	0.689 724 407	0
3	−0.286 142 209	0	0.286 142 209	0
4	−0.024 133 384	0	0.024 133 384	0

表 4.32　嵌入链矩阵特征值所对应的特征向量

1	−0.5	−0.5	−0.5	−0.5
2	−0.676 692 789	0.556 767 205	0.460 204 018	0.393 678 13
3	−0.256 330 525	0.952 237 682	−0.334 441 779	−0.304 091 957
4	0.021 806 718	−0.117 006 108	0.771 806 443	−0.651 273 125

4. 马尔科夫链分析源代码设计

马尔科夫链分析程序由 4 个独立模块和 8 个子过程构成。其中第一个独立模块用来读入离散状态序列的原始数据，也称为序列长度。如本例用第一个模块来读入 1908 个空气质量指数 AQI 的观测数据，以及状态数(本例状态数为 6)。第二个模块计算马尔科夫链的有关参数，主要数据有转移概率矩阵、平衡向量、转移矩阵期望值、特征值、特征向量、模和相角。子过程 maerkv1 用原点移动的 QR 方法及 LR 分解求 Hessenberg 矩阵的全部特征值及对应的特征向量；maerkv2 子过程用做复数的除法；maerkv3 子过程用于计算嵌入链转移概率矩阵；maerkv4 子过程用于计算转移概率矩阵、检验统计量 χ^2 及其自由度；maerkv5 子过程用于计算左代换矩阵或右代换矩阵；maerkv6 子过程根据代换矩阵最大元素位置进行代换，以减少离散状态的数目；Maerkv7 子过程用于将一般的实矩阵变换为 Hessenberg 矩阵，即 $\boldsymbol{H}$－阵；Maerkv8 子过程用于计算实矩阵变为 Hessenberg 矩阵过程中的一系列正交变换的乘积。此外，考虑到有些使用者已经得到转移概率矩阵，则设计了第三、第四个模块用以计算原始数据为转移概率矩阵的平衡向量、特征值和特征向量。其中第三个模块用来读入转移概率矩阵，第四个模块用来计算第三模块读入的数据。程序运行时，可直接运行第三、第四个模块。在标准模块中所定义的全部变量如下：

Public I As Integer, J As Integer, X2 As Double, K As Integer, NOTLAST As Boolean, L1 As Integer, X22(10) As Double, V1(100, 100) As Double, VV(100, 100) As Double

Public N As Integer, N1 As Integer, M As Integer, S(2000) As Double, S1(2000) As Double, CNT(100) As Integer, P(100, 100) As Double, PR(100, 100) As Double, PE(100, 100) As Double, D(100, 100) As Double, C(100) As Integer, E(100, 100) As Double

Public V(100, 100) As Double, RI(100) As Double, RJ(100) As Double, EV(100) As Double, CABS(100) As Double, ACTA(100) As Double, WW(100) As Double, p1(100, 100) As Double, LT1(100, 100) As Double, CS(100) As Double, MAX As Double

Public Q(100, 100) As Double, Z(100, 100) As Double, Y(100) As Double, L(100) As Double, VECS(100) As Double, WR(100) As Double, WI(100) As Double, YE(100) As Double, LT(100, 100) As Double, RI1(100) As Double, RJ1(100) As Double, W1 As Double

Public P2(100, 100) As Double, PR2(100, 100) As Double, PR1(100, 100) As Double, RT(100, 100) As Double, RI2(100) As Double, RJ2(100) As Double, PRO(100, 100) As Double, PO(100, 100) As Double, RTO(100, 100) As Double, LTO(100, 100) As Double, RIO(100) As Double, RJO(100) As Double, Q1 As Double

Public XR As Double, XI As Double, YR As Double, YI As Double, ZR As Double, ZI As Double, VR As Double, VI As Double, ZZ As Double, KK As Integer, ITS As Integer, LTO1(100, 100) As Double, LTO2(100, 100) As Double, RTO1(100, 100) As Double, RTO2(100, 100) As

```
Double, PRO1(100, 100) As Double, PRO2(100, 100) As Double
    Public MA As String, D1(100, 100) As Double, e1(100, 100) As Double, RI11(100) As
Double, RI22(100) As Double, RJ11(100) As Double, RJ22(100) As Double, CABS11(100) As
Double, CABS22(100) As Double, ACTA11(100) As Double, ACTA22(100) As Double, EV1(100)
As Double, DEN As Double, NORM As Double, H1 As Double
    Public EN As Integer, NA As Double, T As Double, X As Double, Y11 As Double, SS As
Double, PP As Double, R As Double, M1 As Integer, v11(100, 100) As Double, ESP As Double,
EN1 As Integer, PSH As String, IM As Integer, JM As Integer, EV2(100) As Double, A(100,
100) As Double
    Public Exll As Object, Exll1 As Object, Exll11 As Object, Exl As Object, Exl1 As Object,
Exl11 As Object
```

马尔科夫链分析主程序所包含的 4 个独立模块及 8 个子过程的全部代码如下：

```
Private Sub Command1_Click()
N = Val(InputBox("序列长度", "序列的总数"))
M = Val(InputBox("状态数", "有几种不同的数据类别"))
Open "E:\应用实例\maerkv.txt"  For  Input  As  #1
For  I = 1   To N
Input   #1, S(I)
Next   I
Close #1
End Sub
Private Sub Command2_Click()
For  I = 1   To   N
If   S(I) > M   Then
MsgBox ("数据不规范(大于最大数), 请检查数据状态")
End
End If
Next   I
For  I = 1   To   M
For  J = 1   To   M
P(I, J) = 0
Next   J
Next   I
For  I = 1   To   N - 1
P(S(I), S(I + 1)) = P(S(I), S(I + 1)) + 1
Next   I
Print
Call   maerkv4(P, PR, RI, RJ, M, X2, "向上转移矩阵")
X22(1) = X2
For  I = 1   To   M
For  J = 1   To   M
Q(I, J) = PR(I, J)
Next   J
```

```
Next  I
H = 1
5  For  I = 1  To  M
For  J = 1  To  M
Z(I, J) = 0
For KK = 1  To  M
Z(I, J) = Z(I, J) + PR(I, KK) * Q(KK, J)
Next  KK
Next  J
Next  I
H = H + 1
For  I = 1  To  M
For  J = 1  To  M
If  Abs(Z(I, J) - Q(I, J)) > 0.0001  Then
For  i1 = 1  To  M
For  j1 = 1  To  M
Q(i1, j1) = Z(i1, j1)
Next  j1
Next  i1
If  H <= 30  Then
GoTo  5
Else
GoTo  3
End  If
End If
Next  J
Next  I
Print  "向上转移平衡向量"
For  KK = 1  To  M
EV(KK) = Z(1, KK)

Print  EV(KK);
EV1(KK) = EV(KK)
Next  KK
Print
GoTo  4
3 MsgBox ("计算向上转移平衡向量的步骤失败，未得到平衡向量，可计算其他结果")
4  For  I = 1  To  M
P(I, I) = 0
L(I) = 0
C(I) = 0
Next  I
SS = 0
```

```
For  I = 1  To  M
For  J = 1  To  M
SS = SS + P(I, J)
L(I) = L(I) + P(J, I)
C(I) = C(I) + P(I, J)
Next  J
Next  I
For  I = 1  To  M
For  J = 1  To  M
E(I, J) = C(I) * L(J) / (SS - 1 - C(I))
Next  J
Next  I
Print  "向上转移期望矩阵"
For  I = 1  To  M
For  J = 1  To  M
Y(J) = E(I, J)
Print  Y(J);
Next  J
Print
Next  I
For  I = 1  To  M
For  J = 1  To  M
D(I, J) = P(I, J) - E(I, J)
Next  J
Next  I
Print  "向上转移差值矩阵"
For  I = 1  To  M
For  J = 1  To  M
Y(J) = D(I, J)
Print  Y(J);
Next  J
Print
Next  I

For  I = 1  To  M
For  J = 1  To  M
PE(I, J) = PR(I, J)
Next  J
Next  I

Call  maerkv7(PE, EV)
Call  maerkv8(PE, EV, V)
Call  maerkv1(PE, V, RI, RJ, CNT, "向上")
```

```
Call   maerkv3(PR, PE, M)
For   I = 1   To M
For   J = 1   To M
Q(I, J) = PE(I, J)
Next   J
Next   I
H = 1
55   For   I =   1   To   M
For   J = 1   To   M
Z(I, J) = 0
For   K = 1   To   M
Z(I, J) = Z(I, J) + PE(I, K) * Q(K, J)
Next   K
Next   J
Next   I

H = H + 1
For   I = 1   To   M
For   J = 1   To   M
If   Abs(Z(I, J) - Q(I, J)) > 0.0001   Then
For   KK = 1   To   M
For   L1 = 1   To   M
Q(KK, L1) = Z(KK, L1)
Next   L1
Next   KK
If   H <= 200   Then
GoTo   55
Else
MsgBox ("计算嵌入链平衡向量的步骤失败，未得到嵌入链平衡向量")

End   If
End   If
Next   J
Next   I
Print   "计算嵌入链平衡向量"
For   KK = 1 To M
EV(KK) = Z(1, KK)
EV2(KK) = EV(KK)
Print   EV(KK);
Next   KK
Print
Call   maerkv7(PE, EV)
Call   maerkv8(PE, EV, V)
```

```
Call  maerkv1(PE, V, RI, RJ, CNT, "嵌入链")

For  H = 1  To  N
S1(H) = S(H)
Next  H
N1 = M
140  K = N1
For  I = 1  To  K
For  J = 1  To  K
PO(I, J) = 0
Next  J
Next  I
For  I = 1  To  N - 1
PO(S1(I), S1(I + 1)) = PO(S1(I), S1(I + 1)) + 1
Next  I
Call  maerkv4(PO, PRO, RIO, RJO, K, X2, "左代换矩阵")

X22(4) = X2
Call  maerkv5(LTO, PRO, K)
If  K = M  Then
For  I = 1  To K
For  J = 1  To  K
LTO1(I, J) = LTO(I, J)
Next  J
Next  I
End  If
For  I = 1  To  K
For  J = 1  To  K
PO(I, J) = 0
Next  J
Next I
For  I = N  To  2  Step -1
PO(S1(I), S1(I - 1)) = PO(S1(I), S1(I - 1)) + 1
Next  I
Call  maerkv4(PO, PRO, RIO, RJO, K, X2, "右代换矩阵")
If  K = M  Then
For  I = 1  To  M
For  J = 1  To  M
PRO2(I, J) = PRO(I, J)
Next  J
Next  I
End  If
X22(5) = X2
```

```
Call  maerkv5(RTO, PRO, K)
If  K = M  Then
For  I = 1  To  K
For J = 1 To  K
RTO1(I, J) = RTO(I, J)
Next  J
Next  I
End If
For  I = 1  To  K
For  J = 1  To  K
PRO(I, J) = LTO(I, J) * RTO(I, J)
Next  J
Next  I
If  K = M  Then
For  I = 1  To  K
For  J = 1  To  K
PRO1(I, J) = PRO(I, J)
Next  J
Next  I
End  If
Print  "由左右代换矩阵计算所得的代换矩阵"
For  I = 1  To  K
For  J = 1  To  K
Y(J) = PRO(I, J)
Print  Y(J);
Next  J
Print
Next  I
Call  maerkv6(S1, PRO, N, K, N1)
If  MAX < 0.5  Then GoTo  150
If  N1 > 3  Then GoTo  140
150  MsgBox ("OK，计算结束")
End Sub

Public Sub maerkv1(PE1( ) As Double, V1( ) As Double, RI1( ) As Double, RJ1( ) As Double, CNT( )  As Integer, MA  As String)
ESP = 0.000000000001

For  I = 1  To  M
RI1(I) = 0
RJ1(I) = 0
CNT(I) = 0
Next  I
```

```
EN = M
T = 0
X = 0
Y11 = 0
SS = 0
PP = 0
Q1 = 0
R = 0
ZZ = 0
40  If  EN < 1  Then GoTo  50
ITS = 0
NA = EN - 1
45 For  LL = EN  To  2  Step -1
If  Abs(PE1(LL, LL - 1)) <= ESP * (Abs(PE1(LL - 1, LL - 1)) + Abs(PE1(LL, LL))) Then GoTo 51
Next  LL
LL = 1
51  X = PE1(EN, EN)
If  LL = EN  Then GoTo  555
Y11 = PE1(NA, NA)
W1 = PE1(EN, NA) * PE1(NA, EN)
If  LL = NA  Then GoTo 60
If  ITS = 30  Then
CNT(EN) = 31
MsgBox ("迭代超过 30 次，求 Hessenberg 矩阵的特征值及 A 矩阵的特征向量失败")
End
End If
If  ITS = 10  Or  ITS = 20  Then
T = T + X
For  I = 1  To  EN
PE1(I, I) = PE1(I, I) - X
Next  I
SS = Abs(PE1(EN, NA)) + Abs(PE1(NA, EN - 2))
Y11 = 0.75 * SS
X = 0.75 * SS
W1 = -0.4375 * SS * SS
End  If
ITS = ITS + 1
For  M1 = EN - 2  To  LL  Step -1
ZZ = PE1(M1, M1)
R = X - ZZ
SS = Y11 - ZZ
PP = (R * SS - W1) / PE1(M1 + 1, M1) + PE1(M1, M1 + 1)
```

```
Q1 = PE1(M1 + 1, M1 + 1) - ZZ - R - SS
R = PE1(M1 + 2, M1 + 1)
SS = Abs(PP) + Abs(Q1) + Abs(R)
PP = PP / SS
Q1 = Q1 / SS
R = R / SS
If  M1 = LL  Then GoTo  70
If  Abs(PE1(M1, M1 - 1)) * (Abs(Q1) + Abs(R)) <= 0.000000000001 * Abs(PP) * (Abs(PE1(M1 - 1, M1 - 1)) + Abs(ZZ) + Abs(PE1(M1 + 1, M1 + 1)))  Then GoTo 70
Next  M1
70 For  I =  M1 + 2  To  EN
PE1(I, I - 2) = 0
Next  I
For  I = M1 + 3  To  EN
PE1(I, I - 3) = 0
Next  I
For  K = M1  To  NA
If  K <> M1  Then
PP = PE1(K, K - 1)
Q1 = PE1(K + 1, K - 1)
If  K <> NA  Then
R = PE1(K + 2, K - 1)
Else
R = 0
End  If
X = Abs(PP) + Abs(Q1) + Abs(R)
If  X = 0  Then GoTo  11

PP = PP / X
Q1 = Q1 / X
R = R / X
End If
SS = Sqr(PP * PP + Q1 * Q1 + R * R)
If  PP < 0  Then  SS = -SS
If  K <> M1  Then
PE1(K, K - 1) = -SS * X
ElseIf  LL <> M1  Then
PE1(K, K - 1) = -PE1(K, K - 1)
End If

PP = PP + SS
X = PP / SS
Y11 = Q1 / SS
```

```
ZZ = R / SS
Q1 = Q1 / PP
R = R / PP
For  J = K   To M
PP = PE1(K, J) + Q1 * PE1(K + 1, J)
If  K <> NA  Then
PP = PP + R * PE1(K + 2, J)
PE1(K + 2, J) = PE1(K + 2, J) - PP * ZZ
End  If
PE1(K + 1, J) = PE1(K + 1, J) - PP * Y11
PE1(K, J) = PE1(K, J) - PP * X
Next  J
If  K + 3 < EN  Then
J = K + 3
Else
J = EN
End If
For  I = 1  To  J
PP = X * PE1(I, K) + Y11 * PE1(I, K + 1)
If  K <> NA  Then
PP = PP + ZZ * PE1(I, K + 2)
PE1(I, K + 2) = PE1(I, K + 2) - PP * R
End  If
PE1(I, K + 1) = PE1(I, K + 1) - PP * Q1
PE1(I, K) = PE1(I, K) - PP
Next  I
For  I = 1  To  M
PP = X * V1(I, K) + Y11 * V1(I, K + 1)
If  K <> NA  Then
PP = PP + ZZ * V1(I, K + 2)
V1(I, K + 2) = V1(I, K + 2) - PP * R
End  If
V1(I, K + 1) = V1(I, K + 1) - PP * Q1
V1(I, K) = V1(I, K) - PP
Next  I

11  Next K
GoTo  45

555  PE1(EN, EN) = X + T
RI1(EN) = PE1(EN, EN)
```

```
RJ1(EN) = 0
CNT(EN) = ITS
EN = NA
GoTo 40
60 PP = (Y11 - X) / 2
Q1 = PP * PP + W1
ZZ = Sqr(Abs(Q1))

PE1(EN, EN) = X + T
X = PE1(EN, EN)

PE1(NA, NA) = Y11 + T
CNT(EN) = -ITS
CNT(NA) = ITS
If  Q1 > 0  Then
If  PP < 0  Then
ZZ = PP - ZZ
Else
ZZ = PP + ZZ
End If
RI1(NA) = X + ZZ
SS = X - W1 / ZZ
RI1(EN) = SS

RJ1(NA) = 0
RJ1(EN) = 0
X = PE1(EN, NA)
R = Sqr(X * X + ZZ * ZZ)
PP = X / R
Q1 = ZZ / R
For  J = NA  To  M
ZZ = PE1(NA, J)
PE1(NA, J) = Q1 * ZZ + PP * PE1(EN, J)
PE1(EN, J) = Q1 * PE1(EN, J) - PP * ZZ
Next  J
For  I = 1  To  EN
ZZ = PE1(I, NA)
PE1(I, NA) = Q1 * ZZ + PP * PE1(I, EN)
PE1(I, EN) = Q1 * PE1(I, EN) - PP * ZZ
Next  I
For  I = 1  To  M
ZZ = V1(I, NA)
V1(I, NA) = Q1 * ZZ + PP * V1(I, EN)
```

```
V1(I, EN) = Q1 * V1(I, EN) - PP * ZZ
Next  I
Else
RI1(EN) = X + PP
RI1(NA) = RI1(EN)
RJ1(NA) = ZZ
RJ1(EN) = -ZZ
End  If
EN = EN - 2
GoTo 40

50 NORM = 0
K = 1
For  I = 1  To  M
For  J = K  To  M
NORM = NORM + Abs(PE1(I, J))
Next  J
K = I
Next  I
For  EN1 = M  To  1  Step -1
PP = RI1(EN1)
Q1 = RJ1(EN1)
NA = EN1 - 1
If  Q1 = 0  Then
M1 = EN1
PE1(EN1, EN1) = 1
For  I = NA  To  1  Step -1
W1 = PE1(I, I) - PP
R = PE1(I, EN1)
For  J = M1  To  NA
R = R + PE1(I, J) * PE1(J, EN1)
Next  J
If  RJ1(I) < 0  Then
ZZ = W1
SS = R
Else
M1 = I
If  RJ1(I) = 0  Then
If  W1 <> 0  Then
PE1(I, EN1) = -R / W1
Else
PE1(I, EN1) = -R / (ESP * NORM)
End  If
```

```
Else
M1 = I
X = PE1(I, I + 1)
Y11 = PE1(I + 1, I)
Q1 = (RI1(I) - PP) ^ 2 + RJ1(I) ^ 2
T = (X * SS - ZZ * R) / Q1
PE1(I, EN1) = T
If  Abs(X) > Abs(ZZ)  Then
PE1(I + 1, EN1) = (-R - W1 * T) / X
Else
PE1(I + 1, EN1) = (-SS - Y11 * T) / ZZ
End If
End If
End If
Next I
ElseIf Q1 < 0 Then
M1 = NA
If  Abs(PE1(EN1, NA)) > Abs(PE1(NA, EN1))  Then
PE1(NA, NA) = -(PE1(EN1, EN1) - PP) / PE1(EN1, NA)
PE1(NA, EN1) = -Q1 / PE1(EN1, NA)
Else
Call  maerkv2(-PE1(NA, EN1), 0, PE1(NA, NA) - PP, Q1, PE1(NA, NA), PE1(NA,
EN1))
End If
PE1(EN1, NA) = 1
PE1(EN1, EN1) = 0
For  I = NA - 1  To  1  Step -1
W1 = PE1(I, I) - PP
RA = PE1(I, EN1)
SA = 0
For  J = M1  To  NA
RA = RA + PE1(I, J) * PE1(J, NA)
SA = SA + PE1(I, J) * PE1(J, EN1)
Next  J
If  RJ1(I) < 0  Then
ZZ = W1
R = RA
SS = SA
Else
M1 = I
If  RJ1(I) = 0  Then
Call  maerkv2(-RA, -SA, W1, Q1, PE1(I, NA), PE1(I, EN1))
Else
```

```
X = PE1(I, I + 1)
Y11 = PE1(I + 1, I)
VR = (RI1(I) - PP) ^ 2 + RJ1(I) ^ 2 - Q1 * Q1
VI = (RI1(I) - PP) * 2 * Q1
If  VR = 0  And  VI = 0  Then
VR = ESP * NORM * (Abs(W1) + Abs(Q1) + Abs(X) + Abs(Y11) + Abs(ZZ))
End If
Call maerkv2(X * R - ZZ * RA + Q1 * SA, X * SS - ZZ * SA - Q1 * RA, VR, VI,
PE1(I, NA), PE1(I, EN1))
If  Abs(X) > (Abs(ZZ) + Abs(Q1))  Then
PE1(I + 1, NA) = (-RA - W1 * PE1(I, NA) + Q1 * PE1(I, EN1)) / X
PE1(I + 1, EN1) = (-SA - W1 * PE1(I, EN1) - Q1 * PE1(I, NA)) / X
Else
Call maerkv2(-R - Y11 * PE1(I, NA), -SS - Y11 * PE1(I, EN1), ZZ, Q1, PE1(I +
1, NA), PE1(I + 1, EN1))
End  If
End  If
End  If
Next  I
End  If
Next  EN1

LL = 0
For  J = M  To  1  Step -1
If  J <= M  Then
M1 = J
Else
M1 = M
End  If
LL = J - 1
If  RJ1(J) < 0  Then
For  I = 1  To  M
Y11 = 0
ZZ = 0
For  K = 1  To M1
Y11 = Y11 + V1(I, K) * PE1(K, LL)
ZZ = ZZ + V1(I, K) * PE1(K, J)
Next  K
V1(I, LL) = Y11
V1(I, J) = ZZ
Next  I
ElseIf  RJ1(J) = 0  Then
For  I = 1  To  M
```

```
ZZ = 0
For  K = 1  To  M1
ZZ = ZZ + V1(I, K) * PE1(K, J)
Next  K
V1(I, J) = ZZ
Next  I
End  If
Next  J
Print
Print  MA & "转移矩阵数的实部、虚部、模、相角"
For  I = 1  To  M
x1 = Abs(RI1(I))
Y1 = Abs(RJ1(I))
If  x1 = 0  Then
CABS(I) = Y1
ElseIf  Y1 = 0 Then
CABS(I) = x1
ElseIf  x1 > Y1  Then
CABS(I) = x1 * Sqr(1 + (Y1 / x1) ^ 2)
Else
CABS(I) = Y1 * Sqr(1 + (x1 / Y1) ^ 2)
End  If
Next  I
Print
For  I = 1  To  M
X = RI1(I)
YY = RJ1(I)
If  X = 0  Then
ACTA(I) = 100000000000#
Else
ACTA(I) = Atn(YY / X) * 180 / 3.1415926
End  If
Next  I
Print Tab(1); "状态号"; Tab(15); "实数部分"; Tab(50); "虚数部分"; Tab(80); "数的模"; Tab(110); "相角"
For  I = 1  To  M
Print  Tab(1); I; Tab(15); RI1(I); Tab(50); RJ1(I); Tab(80); CABS(I); Tab(110); ACTA(I)
Next  I
Print
For  I = 1  To  M
If  MA = "向上"  Then
RI11(I) = RI1(I)
```

```
RJ11(I) = RJ1(I)
CABS11(I) = CABS(I)
ACTA11(I) = ACTA(I)
ElseIf  MA = "嵌入链"  Then
RI22(I) = RI1(I)
RJ22(I) = RJ1(I)
CABS22(I) = CABS(I)
ACTA22(I) = ACTA(I)
End  If
Next I
Print  MA & "转移矩阵特征向量"
For  J = 1  To  M
R = 0
For  I = 1  To  M
If  Abs(V1(I, J)) > Abs(R)  Then  R = V1(I, J)
Next  I
Print  J;
For  I = 1  To  M
If  MA = "向上" Then

YE(I) = V1(I, J)
Print  YE(I);
v11(I, J) = V1(I, J)
Else
VV(I, J) = V1(I, J)
D1(I, J) = V1(I, J)
Print  D1(I, J);
End  If
Next  I
Print
Next  J
End Sub

Public Sub  maerkv2(XR As Double, XI As Double, YR As Double, YI As Double, ZR As Double, ZI As Double)
If  Abs(YR) >= Abs(YI)  Then
H1 = YI / YR
DEN = H1 * YI + YR
ZR = (XR + H1 * XI) / DEN
ZI = (XI - H1 * XR) / DEN
Else
H1 = YR / YI
DEN = H1 * YR + YI
```

```
ZR = (H1 * XR + XI) / DEN
ZI = (H1 * XI - XR) / DEN
End If
End Sub

Public Sub maerkv3(PR( ) As Double, PE( ) As Double, M As Integer)
For I = 1 To M
For J = 1 To M
PE(I, J) = PR(I, J) / (1 - PR(I, I))
Next J
PE(I, I) = 0
Next I
Print "计算嵌入链转移概率矩阵"
For I = 1 To M
For J = 1 To M
e1(I, J) = PE(I, J)
Y(J) = PE(I, J)
Print Y(J);
Next J
Print
Next I
End Sub

Public Sub maerkv4(P( ) As Double, PR( ) As Double, RI( ) As Double, RJ( ) As Double,
M As Integer, X2 As Double, MA As String)

X2 = 0
For I = 1 To M
RJ(I) = 0
RI(I) = 0
For J = 1 To M
RI(I) = RI(I) + P(I, J)
RJ(I) = RJ(I) + P(J, I)
Next J
X2 = X2 + RI(I)
Next I
For I = 1 To M
RJ(I) = RJ(I) / X2
For J = 1 To M
PR(I, J) = P(I, J) / RI(I)
Next J
Next I
Print "计算" & MA & "转移概率矩阵"
```

```
For  I = 1  To  M
For  J = 1  To  M
Y(J) = PR(I, J)
Print  Y(J);
Next  J
Print
Next  I
X2 = 0
For  I = 1  To  M
For  J = 1  To  M
If  PR(I, J) <> 0  And  RJ(J) <> 0  Then
X2 = X2 + P(I, J) * Log(PR(I, J) / RJ(J))
End  If
Next  J
Next  I
Print  "卡平方检验值";
X2 = X2 * 2
Print  X2; "自由度"; (M - 1) * (M - 1)
End  Sub

Public Sub maerkv5(LT( ) As Double, PR( ) As Double, M As Integer)
For  I = 1  To  M
CS(I) = 0
For  J = 1  To  M
LT(I, J) = 0
CS(I) = CS(I) + PR(I, J) ^ 2
Next  J
Next  I
For  I = 1  To  M
For  J = 1  To  M
For  KK = 1  To M
LT(I, J) = LT(I, J) + PR(I, KK) * PR(J, KK)
Next  KK
LT(I, J) = LT(I, J) / Sqr(CS(I) * CS(J))
Next  J
Next  I
End Sub

Public Sub maerkv6(S( ) As Double, P( ) As Double, NS As Integer, NP As Integer, N1 As Integer)
MAX = P(1, 2)
For  I = 1  To  NP
For  J = I  To  NP
```

```
If  J <> I  Then
If  P(I, J) >= MAX  Then
MAX = P(I, J)
IM = J
JM = I
End  If
End  If
Next  J
Next  I
Print  "被代换号"; IM; "代换后的号"; JM; "原序列中的最大号"; NP; "代换后的号"; IM
If  MAX > 0.5  Then
For  I = 1  To  NS
If  S(I) = IM  Then  S(I) = JM
Next  I
For  I = 1  To  NS
If  S(I) = NP  Then  S(I) = IM
Next  I
N1 = S(1)
For  I = 1  To  NS
If  S(I) >= N1  Then  N1 = S(I)
Next  I
Else
MsgBox ("代换矩阵的最大值已小于 0.5, 停止代换!")
End
End If
End Sub

Public  Sub  maerkv7(PE1( ) As Double, EV1( ) As Double)
g = 0:f = 0
LA = M - 1
For  M1 = 2  To  LA
H = 0
For  I = M  To  M1  Step -1
EV1(I) = PE1(I, M1 - 1)
f = EV1(I)
H = H + f * f
Next  I
If  H <= 0.000000000000001  Then
g = 0
GoTo 20
End If
If  f >= 0  Then
g = -Sqr(H)
```

```
Else
g = Sqr(H)
End  If
H = H - f * g
EV1(M1) = f - g
For  J = M1  To  M
f = 0
For  I = M  To  M1  Step -1
f = f + EV1(I) * PE1(I, J)
Next  I
f = f / H
For  I = M1  To  M
PE1(I, J) = PE1(I, J) - f * EV1(I)
Next  I
Next  J
For  I = 1  To  M
f = 0
For  J = M  To  M1  Step -1
f = f + EV1(J) * PE1(I, J)
Next  J
f = f / H
For  J = M1  To  M
PE1(I, J) = PE1(I, J) - f * EV1(J)
Next  J
Next  I
20 PE1(M1, M1 - 1) = g
Next  M1
End Sub

Public  Sub  maerkv8(PE1( ) As Double, EV1( ) As Double, V1( ) As Double)
For  I = 1  To  M
For  J = 1  To M
V1(I, J) = 0
Next  J
V1(I, I) = 1
Next  I
For  K = M - 2  To  1  Step -1
M1 = K + 1
yy1 = PE1(M1, K)
If  yy1 = 0  Then
GoTo 30
End If
yy1 = yy1 * EV1(M1)
```

```
For  I = K + 2  To M
EV1(I) = PE1(I, K)
Next  I
For  J = M1  To  M
X = 0
For  I = M1  To  M
X = X + EV1(I) * V1(I, J)
Next  I
X = X / yy1
For  I = M1  To  M
V1(I, J) = V1(I, J) + X * EV1(I)
Next  I
Next  J
30  Next  K
End  Sub
'由转移概率矩阵计算马尔科夫链各结果的程序代码
Private Sub Command3_Click()
M = Val(InputBox("矩阵的阶数", "行列的个数"))
Open "E:\应用实例\maerkv1.txt"  For  Input  As  #1
For  K = 1  To  M
For  J = 1  To  M
Input  #1, PR(K, J)
Next  J
Next  K
Close #1
End Sub

Private Sub Command4_Click()
For  I = 1  To  M
For  J = 1  To  M
Q(I, J) = PR(I, J)
Next  J
Next  I
H = 1
5 For  I = 1  To M
For  J = 1  To  M
Z(I, J) = 0
For  KK = 1  To  M
Z(I, J) = Z(I, J) + PR(I, KK) * Q(KK, J)
Next  KK
Next  J
Next  I
H = H + 1
```

```
For  I = 1  To  M
For  J = 1  To  M
If  Abs(Z(I, J) - Q(I, J)) > 0.0001  Then
For  i1 =  1  To  M
For  j1 =  1  To  M
Q(i1, j1) = Z(i1, j1)
Next  j1
Next  i1
If  H <= 30  Then
GoTo 5
Else
GoTo 3
End If
End  If
Next  J
Next  I
Print  "向上转移平衡向量"
For  KK = 1 To M
EV(KK) = Z(1, KK)

Print  EV(KK);
EV1(KK) = EV(KK)
Next  KK
Print
GoTo 4
3 MsgBox ("计算向上转移平衡向量的步骤失败，未得到平衡向量，可计算其他结果")
4 For  I = 1  To  M
For  J = 1  To  M
PE(I, J) = PR(I, J)
Next  J
Next  I
Call  maerkv7(PE, EV)
Call  maerkv8(PE, EV, V)

Call  maerkv1(PE, V, RI, RJ, CNT, "向上")
Call  maerkv3(PR, PE, M)
For  I = 1  To  M
For  J = 1  To  M
Q(I, J) = PE(I, J)
Next  J
Next  I
H = 1
55  For  I = 1  To  M
```

```
For  J = 1  To  M
Z(I, J) = 0
For  K = 1  To  M
Z(I, J) = Z(I, J) + PE(I, K) * Q(K, J)
Next  K
Next  J
Next  I

H = H + 1
For  I = 1  To  M
For  J = 1  To  M
If  Abs(Z(I, J) - Q(I, J)) > 0.0001  Then
For  KK = 1  To  M
For  L1 = 1  To  M
Q(KK, L1) = Z(KK, L1)
Next  L1
Next  KK
If  H <= 200  Then
GoTo 55
Else
MsgBox ("计算嵌入链平衡向量的步骤失败，未得到嵌入链平衡向量")
End If
End If
Next  J
Next  I
Print  "计算嵌入链平衡向量"
For  KK = 1 To M
EV(KK) = Z(1, KK)
EV2(KK) = EV(KK)
Print  EV(KK);
Next  KK
Print

Call  maerkv7(PE, EV)
Call  maerkv8(PE, EV, V)
Call  maerkv1(PE, V, RI, RJ, CNT, "嵌入链")
End  Sub
```

参 考 文 献

[1] 徐士良，马尔妮. 常用算法程序集(C/C++描述). 5 版. 北京：清华大学出版社，2017.
[2] 沈恒范. 概率论与数理统计教程. 6 版. 北京：高等教育出版社，2017.
[3] 祝国强，张学良，杭国明. 医药数理统计方法. 3 版. 北京：高等教育出版社，2017.
[4] 施妙根，顾丽珍. 科学和工程计算基础. 北京：清华大学出版社，2010.
[5] 何晓群. 实用回归分析. 北京：高等教育出版社，2008.
[6] 求实科技. Visual Basic 6.0 数据库开发技术与工程实践. 北京：人民邮电出版社，2004.
[7] 潘恩沛，周杨杞，刘序琼，陈宝树. 多元统计程序集. 北京：原子能出版社，1984.
[8] 罗积玉，邢瑛. 经济统计分析方法及预测. 北京：清华大学出版社，1985.
[9] 唐启义，冯明光. 实用统计分析及其计算机处理平台. 北京：中国农业出版社，1997.
[10] 中国科学院沈阳计算技术研究所，等. 电子计算机常用算法. 增订版. 北京：科学出版社，1983.
[11] 中国科学院成都计算机应用研究所第四研究室. 常用算法及应用程序. 重庆：科学技术文献出版社重庆分社，1984.
[12] 莫惠栋. 农业试验统计. 上海：上海科学技术出版社，1984.
[13] 方影，孙庆文. 高等数学与数学模型. 2 版. 北京：高等教育出版社，2009.
[14] 李启文，谢季坚. 线性代数理论与解题方法. 湖南：湖南大学出版社，2001.
[15] 石庆，陈凯，钱辉镜. 线性代数辅导. 北京：中国铁道出版社，1983.
[16] 梁国良，廖健平. 数学建模. 北京：冶金工业出版社，2004.